交通技工院校汽车运输类专业新课改教材

U0868101

汽车机械基础
（第2版）

（汽车维修、汽车钣金与涂装、汽车装饰与美容、汽车商务专业用）

刘根平　盛露晨　主　编
张则雷　主　审

人民交通出版社股份有限公司
北　京

内 容 提 要

本书是交通技工院校汽车运输类专业新课改教材之一,主要讲述了机械识图常识、汽车常用机构分析、机械传动分析、液压和液力传动分析、汽车常用材料的识别及其选用等方面知识。

本书是交通技工院校、中等职业学校的汽车维修、汽车钣金与涂装、汽车装饰与美容、汽车商务专业的专业基础课程教材,也可作为相关技术人员的参考用书。

图书在版编目(CIP)数据

汽车机械基础/刘根平,盛露晨主编.—2 版.—北京:人民交通出版社股份有限公司,2021.3

ISBN 978-7-114-16871-0

Ⅰ.①汽… Ⅱ.①刘… ②盛… Ⅲ.①汽车—机械学—中等专业学校—教材 Ⅳ.①U463

中国版本图书馆 CIP 数据核字(2020)第 183887 号

QICHE JIXIE JICHU

书　　名:汽车机械基础(第 2 版)
著 作 者:刘根平　盛露晨
责任编辑:郭　跃
责任校对:赵媛媛
责任印制:张　凯
出版发行:人民交通出版社股份有限公司
地　　址:(100011)北京市朝阳区安定门外外馆斜街 3 号
网　　址:http://www.ccpcl.com.cn
销售电话:(010)59757973
总 经 销:人民交通出版社股份有限公司发行部
经　　销:各地新华书店
印　　刷:北京市密东印刷有限公司
开　　本:787×1092　1/16
印　　张:10.75
字　　数:243 千
版　　次:2013 年 5 月　第 1 版
　　　　　2021 年 3 月　第 2 版
印　　次:2023 年11月　第 2 版　第 3 次印刷　累计第 8 次印刷
书　　号:ISBN 978-7-114-16871-0
定　　价:28.00 元

第2版前言

为适应社会经济发展和汽车运用与维修专业技能型人才培养的需求，交通职业教育教学指导委员会 汽车(技工)专业指导委员会陆续组织编写了汽车维修、汽车营销、汽车检测等专业技工、高级技工及技师教材，受到广大职业院校师生的欢迎。随着职业教育教学改革的不断深入，职业学校对课程结构、课程内容及教学模式提出了更高、更新的要求。《国家职业教育改革实施方案》中提出“引导行业企业深度参与技术技能人才培养培训，促进职业院校加强专业建设、深化课程改革、增强实训内容、提高师资水平，全面提升教育教学质量。”为此，人民交通出版社股份有限公司根据职业教育改革相关文件精神，组织全国交通类技工、高级技工及技师类院校再版修订了本套教材。

此次再版修订的教材总结了交通技工类院校多年来的汽车专业教学经验，将职业岗位所需要的知识、技能和职业素养融入汽车专业教学中，体现了职业教育的特色。本版教材改进如下：

1. 教材编入了汽车行业的最新知识、新技术、新工艺，更新现有标准规范，同时注意新设备、新材料和新方法的介绍，删除上一版中陈旧内容，替换老旧车型。

2. 对上一版中错漏之处进行了修订。

3. 新版教材中配有二维码，以动画、视频形式“助教助学”，“数纸一体”提升教学质量。

本书由杭州技师学院刘根平、杭州富春山居集团有限公司盛露晨担任主编，江苏汽车技师学院张则雷担任主审。项目一、二、三、四由刘根平编写；项目五、七由苏州建设交通高等职业技术学校金小云编写；项目六、十、十一由湖北交通职业技术学院李伟艳编写；项目九、十三由杭州富春山居集团有限公司盛露晨编写；项目八、十二由苏州建设交通高等职业技术学校徐君材编写。

限于编者经历和水平，教材内容难以覆盖全国各地中等职业学校的实际情况，希望各学校在选用和推广本系列教材的同时，注重总结教学经验，及时提出修改意见和建议，以便再版修订时改正。

编　者

2020 年 9 月

第1版前言

教育部关于全面推进素质教育深化中等职业教育教学改革的意见中提出："中等职业教育要全面贯彻党的教育方针，转变教育思想，树立以全面素质为基础、以能力为本位的新观念，培养与社会主义现代化建设要求相适应，德智体美劳全面发展，具有综合职业能力，在生产、服务、技术和管理第一线工作的高素质劳动者和中初级专门人才"。根据这一精神，交通职业教育教学指导委员会在专业调研和人才需求分析的基础上，通过与从事汽车运输行业一线专家共同分析论证，对汽车运输类专业所涵盖的岗位(群)进行了职业能力和工作任务分析。通过典型工作任务分析，行动领域归纳，学习领域转换等步骤和方法，形成了汽车运输类专业课程体系，于2011年3月，编辑出版了《交通运输类主干专业教学标准与课程标准》(适用于技工教育)。为更好地执行这两个标准，为全国交通运输类技工院校提供适应新的教学要求的教材，交通职业教育教学指导委员会汽车(技工)专业指导委员会于2011年5月启动了汽车运输类主干专业系列规划教材的编写。

本系列教材为交通职业教育教学指导委员会汽车(技工)专业指导委员会规划教材，涵盖了汽车运输类的汽车维修、汽车钣金与涂装、汽车装饰与美容、汽车商务等4个专业共26门专业基础课和专业核心课程，供全国交通运输类技工院校汽车专业教学使用。

本系列教材体现了以职业能力为本位，以能力应用为核心，以"必需、够用"为原则；紧密联系生产、教学实际；加强教学针对性，与相应的职业资格标准相互衔接。教材内容适应汽车运输行业对技能型人才的培养要求，具有以下特点：

1. 教材采用项目、课题的形式编写，以汽车维修企业、汽车4S店实际工作项目为依据设计，通过项目描述、项目要求、学习内容、学习任务(情境)描述、学习目标、资料收集、实训操作、评价与反馈、学习拓展等模块，构建知识和技能模块。

2. 教材体现职业教育的特点，注重知识的前沿性和全面性，内容的实用性和实践性，能力形成的渐进性和系统性。

3. 教材编入了汽车工业的新知识、新技术、新工艺和新标准，同时注意新设备、新材料和新方法的介绍，其工艺过程尽可能与当前生产情景一致。

4. 教材满足汽车专业中级工应知应会的知识技能要求，突出了技能训练和学习能力的培养，符合专业培养目标和职业能力的基本要求，取材合理，难易程度适中，适合中职、技工学生的学习需求。

5. 教材文字简洁，通俗易懂，以图附文，图文并茂，形象直观，形式生动，容易培养学员的学习兴趣，有利于提高学习效果。

本书根据交通职业教育教学指导委员会交通运输类主干专业教学标准与课程标准"汽

车机械基础”课程标准进行编写。它是交通技工院校、中等职业学校的汽车维修、汽车钣金与涂装、汽车装饰与美容、汽车商务专业的专业基础课程教材。本书主要讲述了机械识图常识、汽车常用机构分析、机械传动分析、液压和液力传动分析、汽车常用材料的识别及其选用等方面的知识。

本书由杭州技师学院刘根平担任主编,江苏汽车技师学院张则雷担任主审。项目一、二、三、四、十三由刘根平编写;项目五、七、八、十二由苏州建设交通高等职业学校金小云编写;项目六、九、十、十一由湖北汽车学校李伟艳编写。本书在编写过程中,得到了部分汽车修理厂家和汽车4S店的支持,在此表示感谢。

由于编者经历和水平有限,教材内容难以覆盖全国各地的实际情况,希望各地教学单位在积极选用和推广本教材的同时,总结经验并及时提出修改意见和建议,以便再版时进行修订。

交通职业教育教学指导委员会
汽车(技工)专业指导委员会
2013年2月

目　　录

项目一　简单形体的投影

项目要求

1. 知识目标

懂得投影的基本原理;理解三视图的形成及其投影规律;能运用形体分析法对简单组合体进行分析。

2. 技能目标

能熟练绘制简单形体的三视图;识图与绘制简单组合体的三视图。

3. 素养目标

通过绘图训练,逐渐增强学生的空间想象能力。

项目叙述

由于汽车上较复杂零件都可以看成是由若干简单形体,如棱柱、棱锥、圆柱、圆锥和球等按某种方式组合而成的。因此,能正确完成简单形体的投影作图是识读汽车零件图的基础。为此,我们必须懂得投影原理及其投影的基本性质,正确理解视图的形成原理与相互关系。

建议课时

8 课时。

课题一　投影的基本知识

知识链接

工程上准确表达物体形状、尺寸与技术要求的图形称为图样。图样俗称图纸,它包括机械制造、土木建筑、电气工程等图样。

在日常生活中,投影现象随处可见,如灯光或太阳光照射物体时,在墙面或地面上出现影子的现象。这种投射线通过物体向预定的平面投射,并在该平面上得到图形的方法,称为投影法;该预定平面称为投影面。投影法分为中心投影法和平行投影法两类。

一、投影法的基本概念

1. 中心投影法

如图 1-1 所示,投射线汇交于一点的投影法称为中心投影法。投射线的交点 S 称为投射中心。中心投影法立体感强,比较直观,但它不能准确反映物体的真实大小,故不适用于绘制机械图样。

2. 平行投影法

如果将投射中心 S 移到无穷远处,则所有的投射线都互相平行。这种投射线互相平行的投影法称为平行投影法。根据投射线与投影面是否垂直,平行投影法又可分为斜投影法和正投影法两种。

(1)斜投影法——投射线与投影面倾斜,如图 1-2a)所示。

(2)正投影法——投射线与投影面垂直,如图 1-2b)所示。

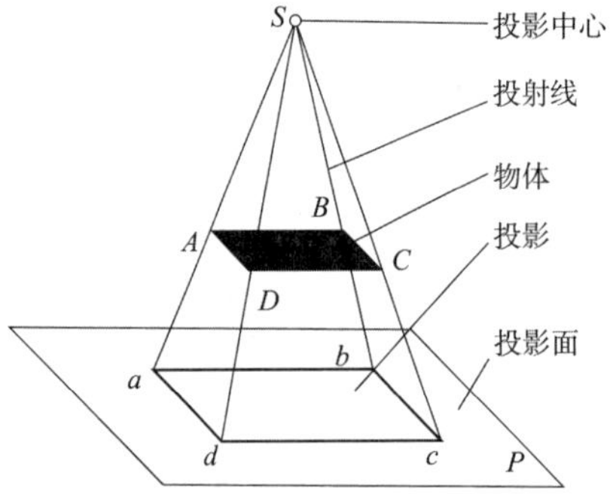

图 1-1　中心投影法

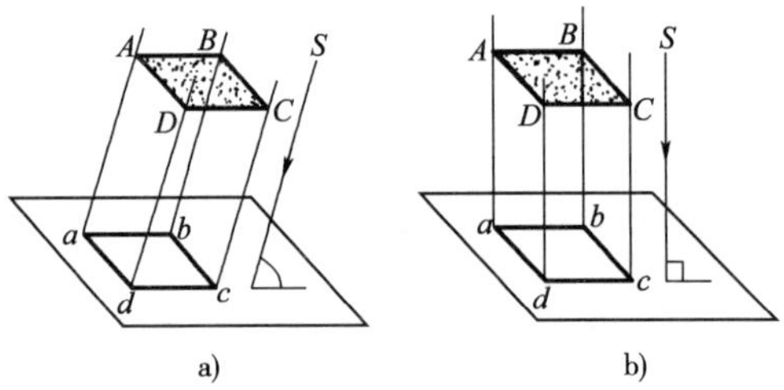

图 1-2　平行投影法

由于正投影法能准确地表达物体表面的真实大小和形状,不仅度量性好,而且绘图也比较方便,因此,在机械制图中得到广泛采用。

想一想:日常生活中,放映电影采用了何种投影法?

二、正投影的基本性质

正投影具有以下基本性质。

1. 真实性

当直线段或平面与投影面平行时,直线段的投影反映该直线段的实长,平面的投影反映该投影面的实形,这种投影性质称为真实性,如图 1-3a)所示。

2. 类似性

当直线段或平面与投影面倾斜时,它们的投影会缩短或缩小,但直线段的投影仍然是直线段,平面多边形的投影仍是边数相同的多边形。这种投影性质称为类似性,又称收缩性,如图 1-3b)所示。

3. 积聚性

当直线段或平面与投影面垂直时，直线段的投影积聚成一点，平面的投影积聚成一条直线段。这种投影性质称为积聚性，如图1-3c)所示。

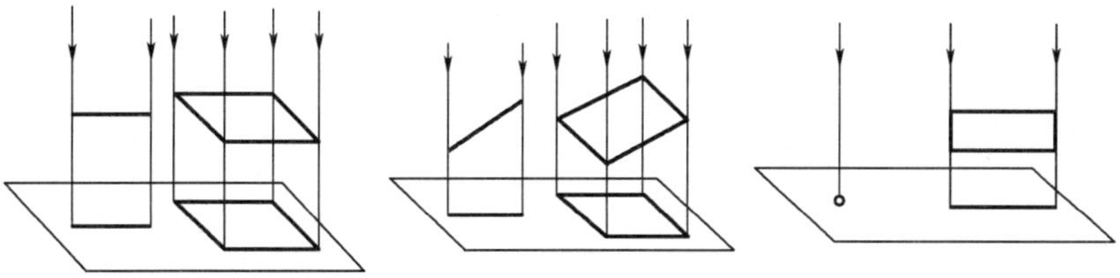

a)真实性　　b)类似性　　c)积聚性

图1-3　正投影的基本性质

课题小结

1. 投射线通过物体向预定的平面投射，并在该平面上得到图形的方法，称为投影法。

2. 投影法分为中心投影法和平行投影法。平行投影法又分斜投影法和正投影法，机械制图中采用的是正投影法。

3. 正投影法具有真实性、类似性和积聚性三个基本性质。

课题二　三视图的形成及投影规律

一、视图的概念

用正投影法绘制的物体投影图称为视图，如图1-4所示。

一个视图不能反映物体的具体形状，如图1-5所示。在同一投影面上完全相同的视图，可以由不同形状的物体投影而成；同时，这个视图只能反映出该物体的长度和高度，不能反映该物体的宽度。对于一个较为复杂的形体，即便是向两个投影面作投影，也不能确定物体的唯一形状，如图1-6所示。

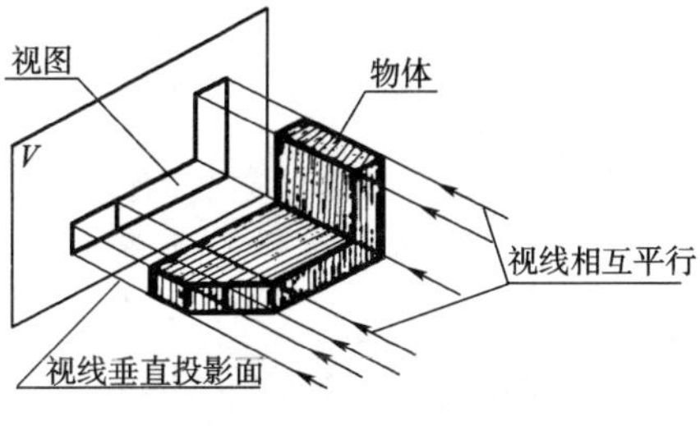

图1-4　视图的概念

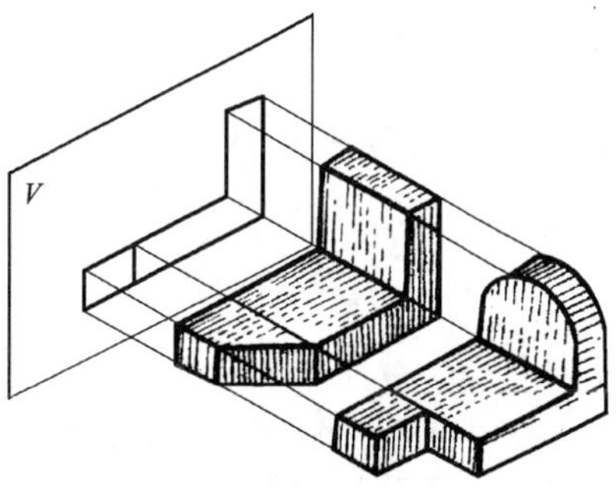

图1-5　一个视图不能确定物体形状

为反映物体的长、宽、高方向尺寸，通常是把物体放在由三个相互垂直的投影面所组成的三投影面体系中，然后按正投影原理从三个方向进行观察，这样就可以在三个投影面上画出三个视图,用以表达零件的结构形状,即三视图。

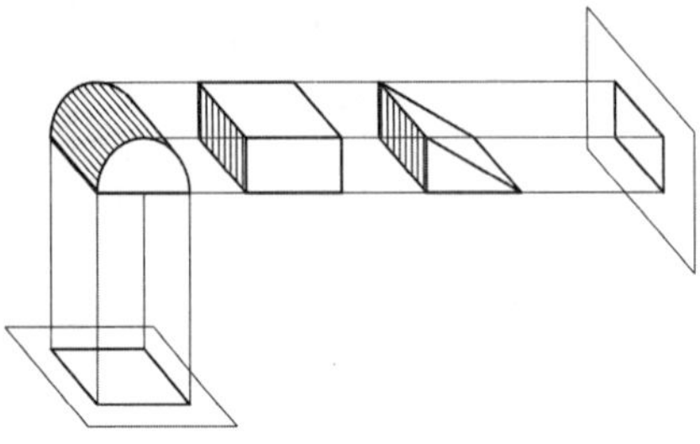

图 1-6　不同物体的两面投影

想一想:试设计 5 种同一视图为矩形的物体形状。

二、三视图的形成

三投影面体系的构成如图 1-7 所示。它由相互垂直的正投影面(简称 *V* 面)、水平投影面(简称 *H* 面)、侧投影面(简称 *W* 面)组成。三个投影面之间的交线称为投影轴,分别用 *OX*、*OY*、*OZ* 表示,三个投影轴的交点称为原点,用符号 *O* 表示。将物体放在三投影面体系中按正投影法投影得到三个视图:

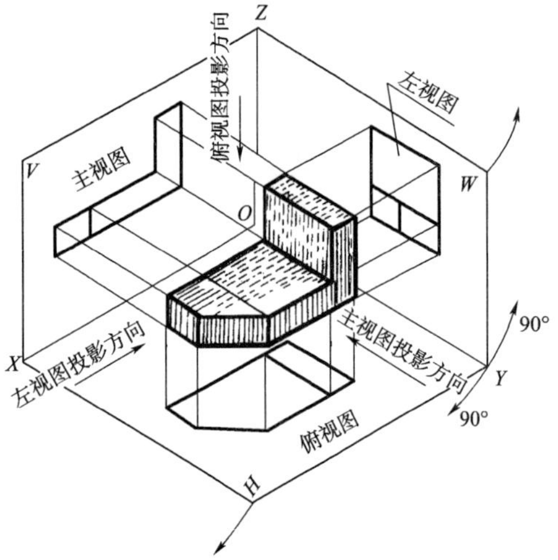

图 1-7　三视图及其投影体系

(1)主视图——由前向后投射,在 *V* 面上得到的视图;

(2)俯视图——由上向下投射,在 *H* 面上得到的视图;

(3)左视图——由左向右投射,在 *W* 面上得到的视图。

为将三视图画在同一平面内,需将三个投影面展开为一个平面。展开时,*V* 面不动,将 *H* 面绕 *OX* 轴向下旋转 90°,将 *W* 面绕 *OZ* 轴向右旋转 90°。

三、三视图的投影规律

物体有左右、前后、上下六个方位,它们分别反映物体的长度、宽度和高度。而每一视图只能反映两个方向的位置关系。只有将两个或三个视图联系起来,才能反映物体的完整形状。

主视图——反映物体的左右和上下位置关系,即物体的长度和高度;

俯视图——反映物体的左右和前后的位置关系,即物体的长度和宽度;

左视图——反映物体的前后和上下的位置关系,即物体的宽度和高度。

由于三个视图反映的是同一物体,由此可得出三视图的投影规律:主、俯视图长对正;主、左视图高平齐;俯、左视图宽相等,简称"长对正、高平齐、宽相等"。

课题小结

1. 用正投影法绘制的物体投影图称为视图。
2. 三视图是指主视图、俯视图和左视图。
3. 三视图的投影规律：长对正、高平齐、宽相等。

课题三　点、直线、平面的投影

点是形成物体的最小单元，点的三面投影规律是我们掌握制图的基础。

一、点的三面投影标记

空间某点用正投影法，向指定的投影面投射就得到点的投影。规定把空间点用大写字母 A、B、C 等标记，投影用对应的小写字母如 a、b、c 等标记。当两点处于同一投射线上，它们在该投射线所垂直的投影面上的投影重合在一起，这两点称为对该投影面的重影点。重影点需要判断其可见性，如图 1-8 中，空间两点在 H 面投影 b 被 a 遮住，将不可见点 b 用括号括起来，以示区别。

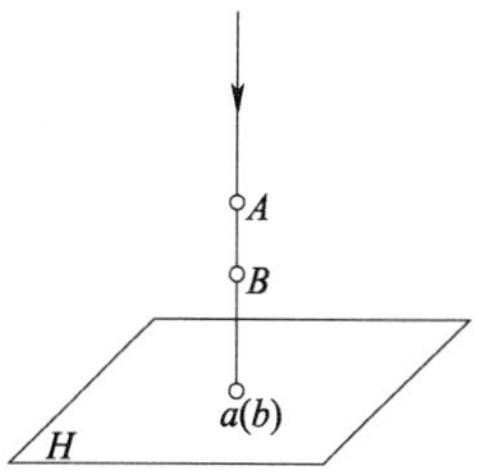

图 1-8　空间点的投影标记

二、点投影的绘制

三投影面体系中的某点分别向 H、V、W 面投射就得到点的三面投影。在 H 面上的投影称为点的水平投影，用小写字母表示，如 a、b、c 等；在 V 面上的投影称为正面投影，用小写字母加一撇表示，如 a'、b'、c' 等；在 W 面上的投影称为侧面投影，用小写字母加两撇表示，如 a''、b''、c''等。点的三面投影，如图 1-9a）所示，移去空间的点，保持 V 面不动，将 H 面绕 OX 轴向下旋转 90°，W 面绕 OZ 轴向右旋转 90°，则 H、W、V 都处于同一平面，即得到点的三面投影图，如图 1-9b）所示。

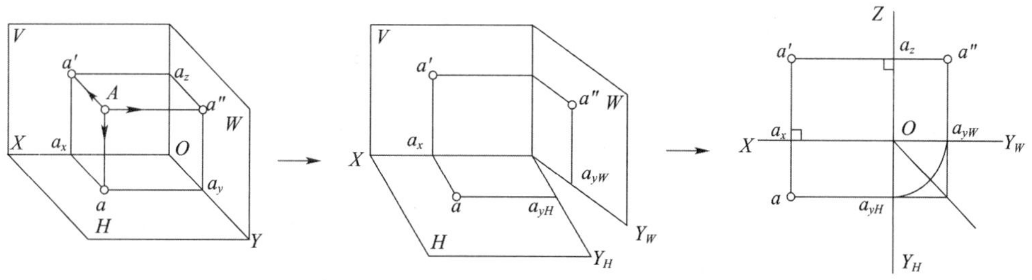

a）点的空间投影　　b）点的三视图

图 1-9　点的投影

【示例 1-1】 已知如图 1-10a）所示点 A 的正面投影 a' 和侧面投影 a''，试作其水平投影 a。作图方法及步骤，如图 1-10b）所示。

（1）由于 aa'垂直于 OX 轴，故过 a'作垂直于 OX 轴的垂线。

（2）由于 a 到 OX 轴的距离必等于 a''到 OZ 轴的距离，故作 $aa_x = a''a_z$，便得 a 的水平投影。

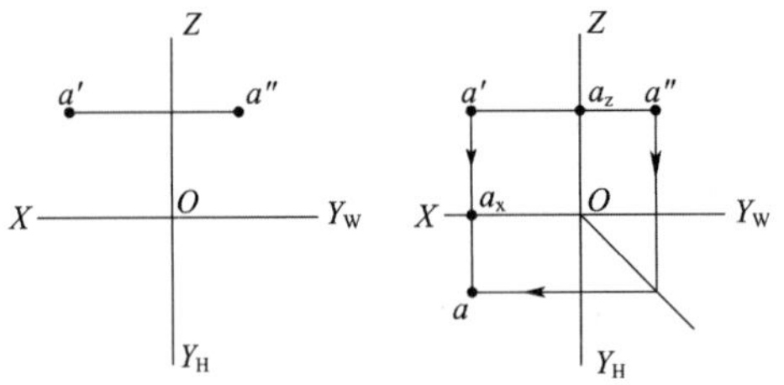

a)　　　　　　　　b)

图 1-10　已知点的两个投影求第三个投影

试一试：若已知 A 点的正面投影 a' 和水平投影 a，试作 A 点的侧面投影 a''。

三、直线投影的绘制

两点确定一条直线，只要作出属于直线上任意两点的投影，则两点的同面投影连线即为该直线的投影，所以绘制直线的投影图时，只要作出直线上两点的三面投影，然后将两点同面投影连接起来，便得到直线的三面投影。

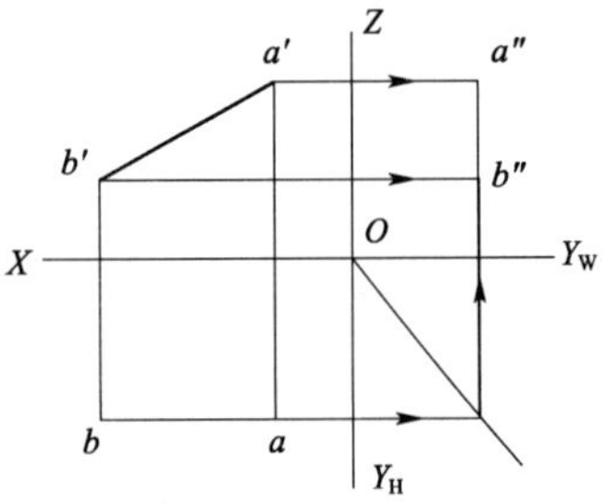

图 1-11　求直线 AB 的第三面投影

【示例 1-2】 如图 1-11 所示，已知直线 AB 正面投影和水平投影，试作直线 AB 的侧面投影。

作图步骤如下：首先，作 $a'a'' \perp OZ$，$b'b'' \perp OZ$；其次，使 AB 的水平投影 ab 到 OX 轴的距离等于侧面投影 $a''b''$ 到 OZ 轴的距离，从而分别求得 a'' 和 b''，连接 a'' 和 b'' 即得直线 AB 的侧面投影。

动一动：若已知直线 AB 的正面投影和侧面投影，试求作直线的水平投影。

四、平面投影的绘制

直线和平面都可以看作是由点组成的，点是直线、平面的最小基本单元。求平面的投影可以归结为求点的投影。

【示例 1-3】 试绘制如图 1-12a) 所示平面 $\triangle ABC$ 的三面视图。

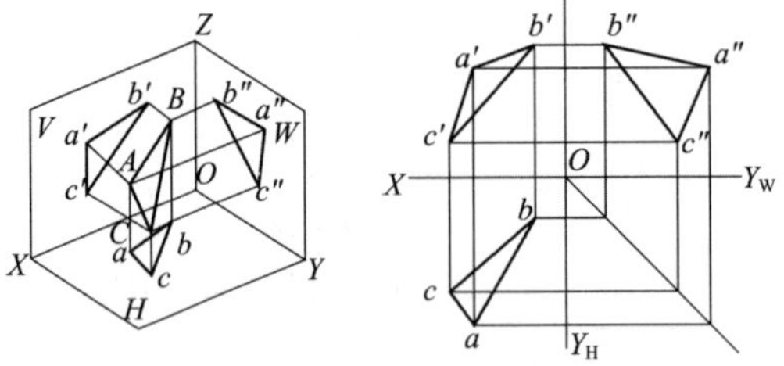

a)平面△ABC　　　　b)平面△ABC的投影

图 1-12　平面投影的绘制

作图方法和步骤如下：

(1)投影分析。由于平面△*ABC* 与三个投影面均倾斜，在三个投影面上均体现类似性。

(2)绘制平面△*ABC* 的投影。平面△*ABC* 可看作由三个点组成，故只要分别求出点 *A*、*B*、*C* 在三个投影面上的投影，然后依次连接同面投影上的点，即为△*ABC* 的投影，如图 1-12b)所示。

动一动：若已知平面△*ABC* 的任意两个平面投影，试求该平面△*ABC* 的第三面投影。

课题四　基本形体的投影

汽车上许多零件都可看作是由若干个简单形体，如棱锥、棱柱、圆柱、圆锥和球等按一定方式组合而成的，这些简单形体我们统称为基本形体。基本形体分为两大类：一类是完全由平面围成的立体，称为平面立体；另一类是由曲面或曲面与平面围成的立体，称为曲面立体。

一、平面立体的投影

工程中常见的平面立体有棱柱类、棱锥类及棱台类等，如图 1-13 所示。

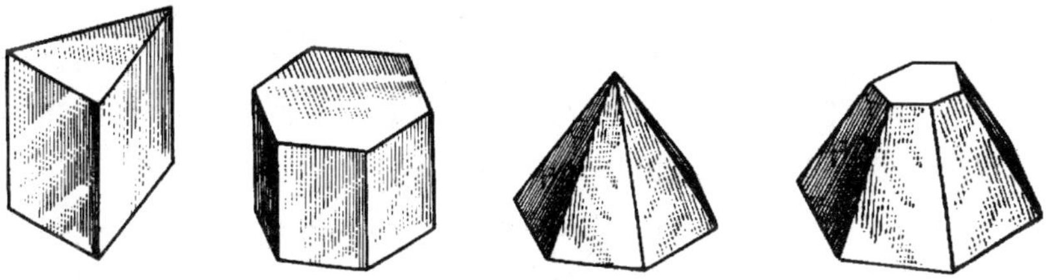

a)三棱柱　b)六棱柱　c)六棱锥　d)六棱台

图 1-13　平面立体

棱柱类的结构特点是上、下两底面互相平行，各侧面都是四边形且相邻两四边形的公共边(即棱边)都互相平行。棱锥类的结构特点是底面为多边形，其余侧面都是有一公共顶点的三角形。用一个平行于棱锥底面的平面去截棱锥，即可得到棱台。

画平面立体的三视图就是要画出组成平面立体的各个平面和各条棱线的投影；然后判别其可见性，要求将可见棱线的投影画成粗实线，不可见棱线的投影画成细虚线。

想一想：在正六棱柱投影中，哪个视图反映立体的形状特征？

【示例 1-4】试绘制图 1-14a)所示正六棱柱的投影。

(1)形体分析。正六棱柱上、下底面平行于 *H* 面，水平投影反映实形，正面和侧面投影积聚成平行于相应投影轴的直线；前、后两个棱面平行于 *V* 面，正面投影重合并反映实形，水平投影和侧面投影积聚成直线；其余四个棱面垂直于 *H* 面，且与 *V* 面和 *W* 面倾斜，其水平投影积聚成倾斜于投影轴的直线，*V* 面和 *W* 面投影是缩小的矩形。

知识链接

图中空间点用大写字母表示,如 A、B、C 等;其 H 面投影用相应的小写字母表示,如 a、b、c 等;V 面投影用相应小写字母再右上角加一撇表示,如 a'、b'、c'等;W 面投影用相应小写字母在右上角加两撇表示,如 a''、b''、c''等。

(2)绘图。画正六棱柱的三视图时,应先画出三个视图的对称中心线作为投影图的基准线,再画出反映其形状特征的俯视图,然后按投影规律完成三视图绘制,如图 1-14b)所示。

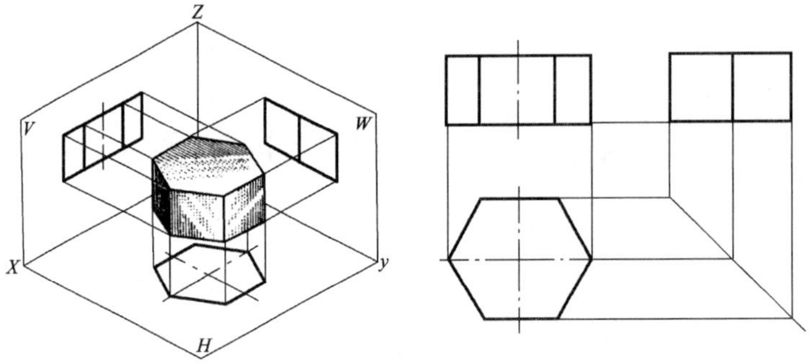

a)正六棱柱　　b)正六棱柱的三视图

图 1-14　正六棱柱的投影

【示例 1-5】 试绘制图 1-15a)所示正三棱锥的投影。

(1)形体分析。此正三棱锥是由三个三角形棱面和一个三角形底面所围成。其底面平行于 H 面,水平投影反映实形,正面和侧面投影分别积聚成直线;左、右两棱面均与两个投影面倾斜,三个投影分别为缩小的三角形;后棱面与 W 面垂直,而与 V 面和 H 面倾斜,W 面投影积聚成一条直线,V 面和 W 面投影为缩小的三角形。

(2)绘图。画三棱锥的视图时,应先画出反映形状特征的底面三角形,再画出锥顶 S 的三面投影,最后按投影规律画全三视图,如图 1-15b)所示。

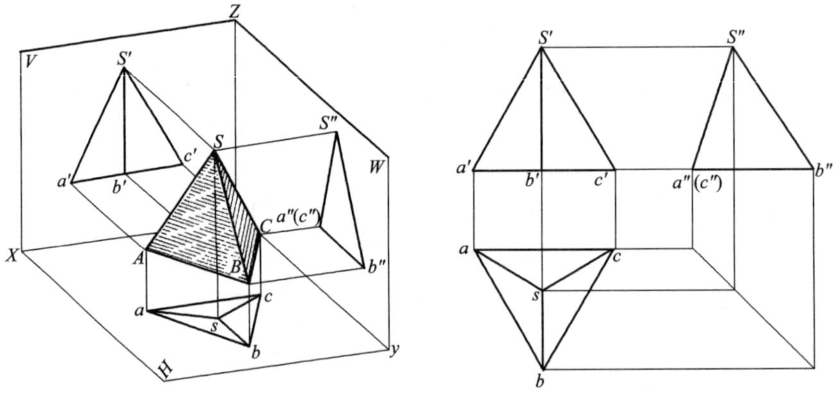

a)正三棱锥　　b)正三棱锥的三视图

图 1-15　正三棱锥的投影

二、曲面立体的投影

工程中常见的曲面立体有圆柱、圆锥、圆台、圆球等,如图 1-16 所示。曲面立体表面是光滑曲面，没有平面立体那样明显的棱线。它们的画法与曲面的形成条件有关。

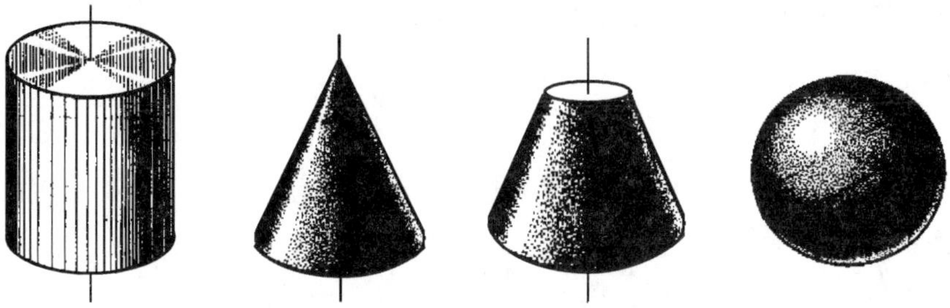

图 1-16　曲面立体

【示例 1-6】试绘制图 1-17a）所示圆柱体的投影。

（1）形体分析。圆柱体由顶面、底面和圆柱面所围成。圆柱轴线垂直于水平面；圆柱体的上、下底面均平行于水平面，其水平投影反映实形，正面和侧面投影分别积聚成一条直线；圆柱面的所有表面素线均平行于轴线，故水平投影积聚成一个圆，另两视图均为反映外形轮廓的矩形。

（2）绘图。画圆柱体的三视图时，先画出各投影的轴线和中心线，再画圆柱体的顶面和底面在水平面上反映形状特征的圆，最后画出另外两个投影为矩形的视图，如图 1-17b）所示。

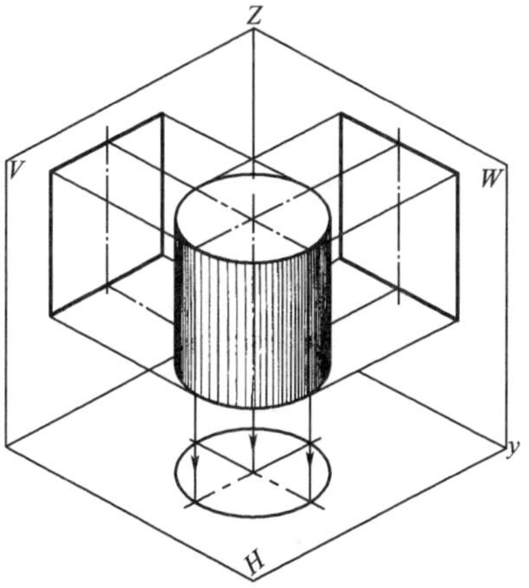

a）圆柱

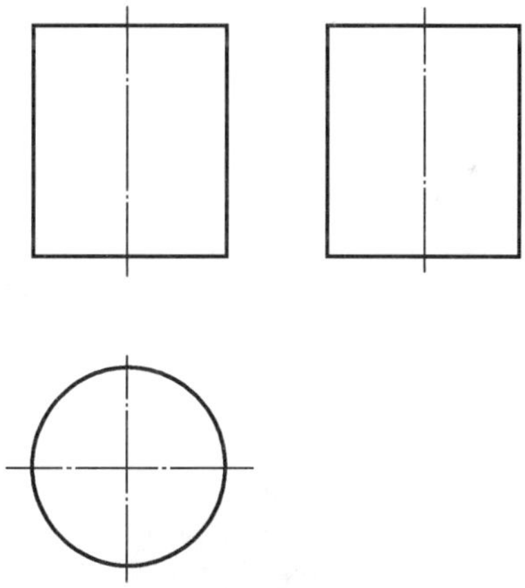

b）圆柱的三视图

图 1-17　圆柱的投影

想一想：此圆柱投影时，为何要轴线垂直于 *H* 面？如轴线与 *H* 面倾斜又将如何？

【示例 1-7】试绘制图 1-18a）所示圆锥的投影。

（1）形体分析。它是由圆锥面和垂直于轴线的底面所围成，轴线垂直水平面。圆锥的底圆平行于水平面，水平面投影为圆，正面和侧面投影积聚成平行于坐标轴的直线；圆锥面的水平投影与底圆的水平投影重合，正面和侧面投影为等腰三角形。

(2)绘图。绘制圆锥体的三视图时,先画出各投影的轴线和中心线,再画圆锥体底面在水平面上反映形状特征的圆,以及圆锥顶点的投影,最后按投影规律完成圆锥的三视图绘制。

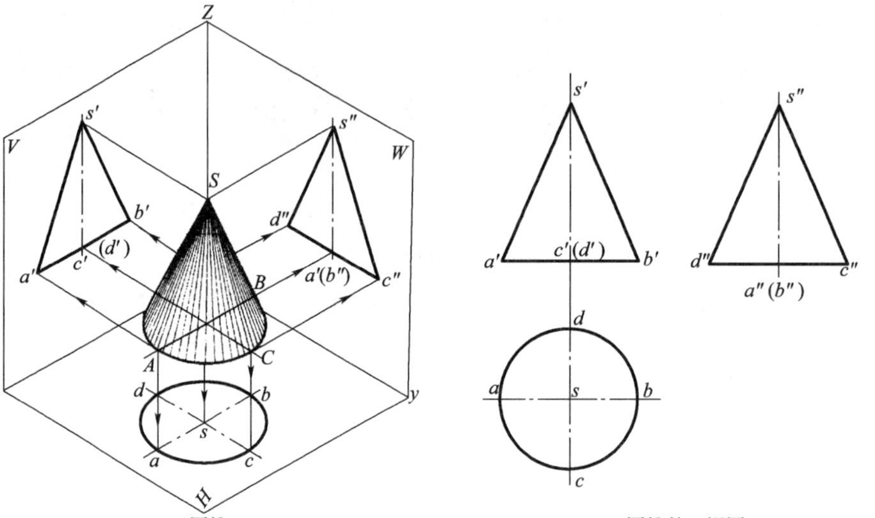

a)圆锥　　b)圆锥的三视图

圆 1-18　圆锥的投影

想一想:圆锥体底圆在三个投影面投影时,分别反映了何种投影特性?

【**示例 1-8**】试绘制图 1-19a)所示圆球的投影。

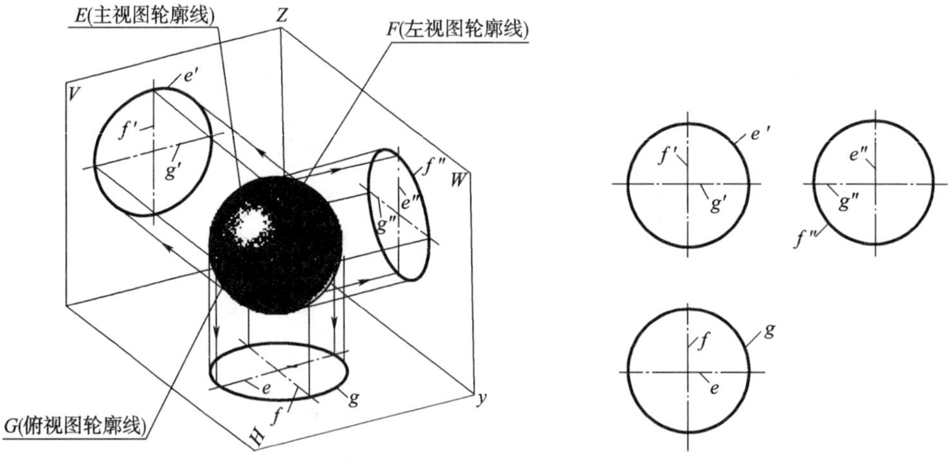

a)圆球　　b)圆球的三视图

图 1-19　圆球的投影

(1)形体分析。圆球的三个视图均为直径与球直径相等的圆,它们分别表示从三个不同方向得到的球的投影。

(2)绘图。画圆球的三视图时,先画出各投影图中的中心线,再以相同半径画圆球的各个视图即可。

课题小结

1. 基本形体分为平面立体和曲面立体两大类。

2. 基本形体的三视图画法。一般应先画出三个视图的对称线、轴线和中心线,作为投影图的基准线,再画出反映其形状特征的图形,然后按投影规律完成三视图绘制。

课题五　组合体的投影

由若干个基本形体按一定方式组合而成的较复杂形体称为组合体。

一、组合体的组合形式

组合体按其组合方式不同,可以分为:

(1)切割类组合体。由基本形体切割而成的组合体,如图 1-20、图 1-21 所示。

(2)叠加类组合体。由基本形体按一定方式叠加而成的组合体,如图 1-22 所示。

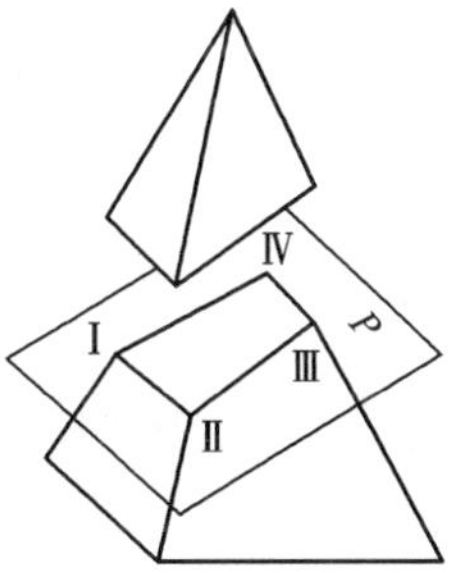

图 1-20　斜切四棱锥

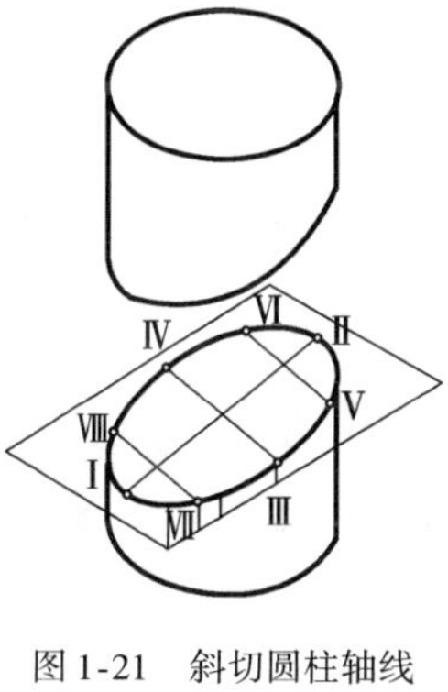

图 1-21　斜切圆柱轴线

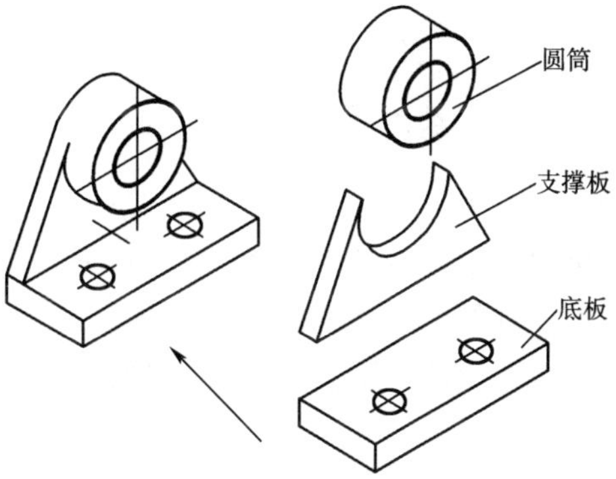

图 1-22　轴承座

二、组合体表面连接处的画法

组合体表面间连接情况有相错、共面、相切和相交等。

(1)相错。它是指两基本形体表面互相错位或不平齐,这时连接处的投影要画出分界线,如图 1-23a)所示。

(2)共面。形体叠加时,两形体表面前后(或上下、左右)位置相同,重合为同一表面。这时在连接处不再有分界线,如图 1-23b)所示。

(3)相切。当两形体表面相切时,因连接处为光滑过渡,故不需要画线,如图 1-23c)所示。

(4)相交。当两形体表面相交时会产生交线,连接处应画出相交线的投影,如图 1-23d)所示。

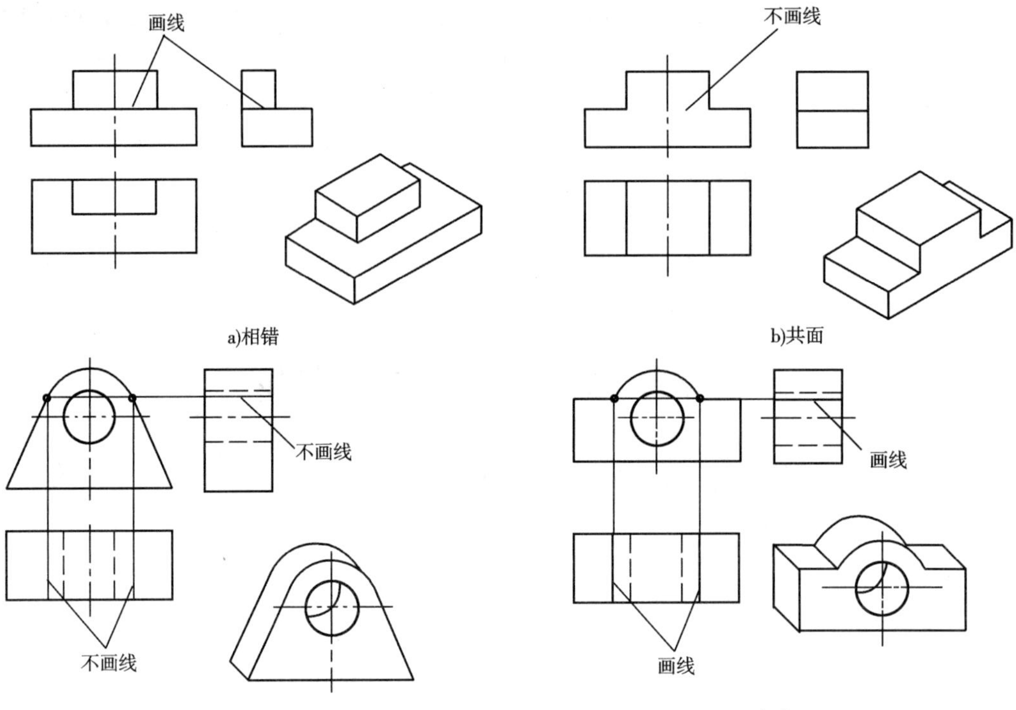

图 1-23　组合体的表面连接方式

三、组合体视图的选择

为清晰地表达出组合体的结构形状,必须选择一组恰当的视图,特别是主视图的选择。

1. 主视图的选择

主视图的选择一般应遵循以下原则。

(1)表达形状特征原则。主视图能比较明显地反映出该零件各部分结构形状及其相对位置,如图 1-24 所示气门的主视图投射方向选择,图中箭头 *A* 所指方向最能体现气门的形状特征。

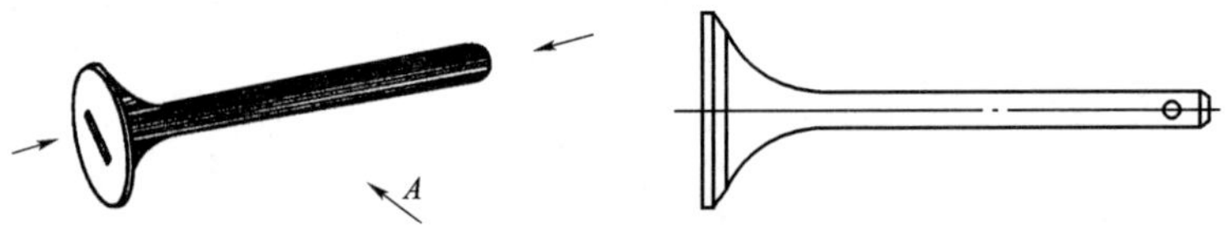

图 1-24　气门零件图的主视图投向方向选择

(2)符合零件加工位置原则。主视图投射方向应尽量反映它的主要加工位置,如发动机曲轴、喷油泵柱塞、水泵轴、半轴和连杆衬套等轴套类零件,以及齿轮、转向盘等圆盘类零件,通常选择加工位置作为主视图的位置。图 1-25 所示阶梯轴就是按加工位置选择的主视图。

(3)符合零件的工作位置原则。主视图应尽量按零件在机器中的工作位置画出,这样在看图时把零件和整个机器联系起来,便于机器的装配。如汽车上的制动杠杆、连杆等叉架类零件,以及变速器壳体、发动机缸体等箱体类零件,一般都按工作位置选择主视图,如图 1-26 所示箱体类零件主视图投射方向的选择中,图 1-26a)方案明显比图 1-26b)方案更为合理。

2. 其他视图的选择

主视图确定后，根据完整、清晰地表达零件结构形状为原则，在分析没有表达清楚的结构形状基础上，合理选择其他视图，且每个视图都有表达的重点。选择时，优先选用基本视图，及在基本视图上作适当剖视的方法来表达。

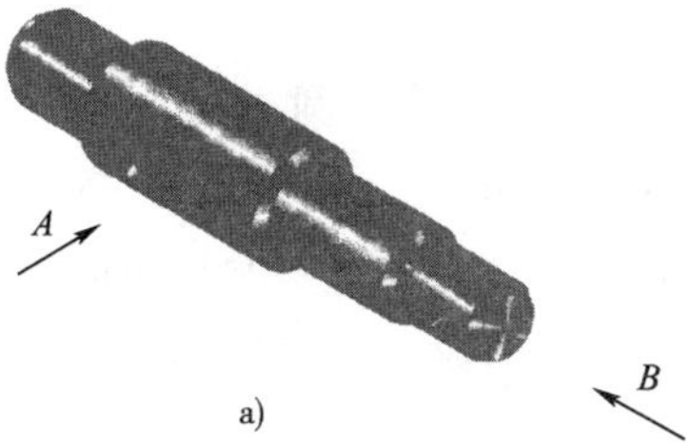

a)

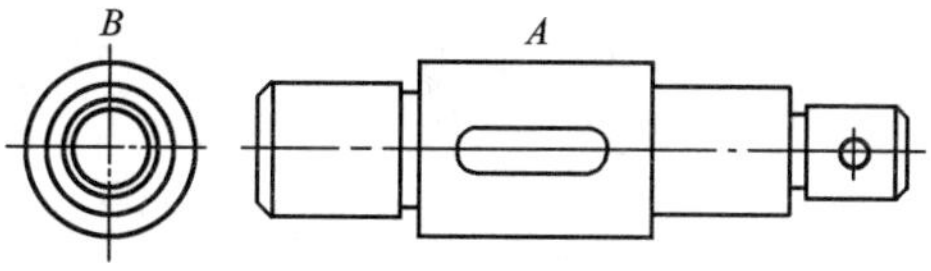

b)

图 1-25　阶梯轴主视图投射方向的选择

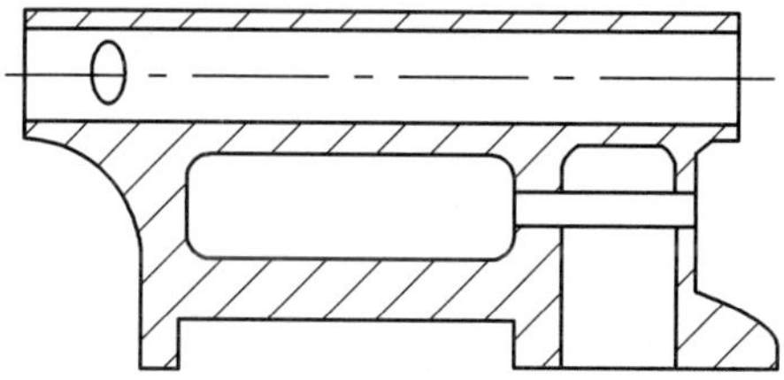

a)

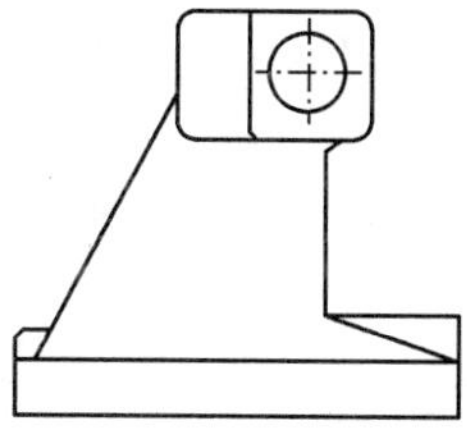

b)

图 1-26　箱体类零件主视图投射方向的选择

四、组合体的投影方法

知识链接

汽车上许多零件都是由基本形体经切割而成的。平面切割形体而产生的交线，称为截交线，该平面称为截平面。

要画组合体的投影，首先要用形体分析法分清它的组合类型、表面连接方式，再确定表达方案，合理布图，完成组合体的投影。

形体分析法是指假想把组合体合理地分解成若干个基本形体，并分析各个基本形体间的组合形式、相对位置和表面连接方式，进行绘图、识图的思维方法。

1. 切割类组合体的投影

通过形体分析，弄清形成该组合体的基本形体、被切割的部位、切割后的形状等，再确定绘图方案。一般先画基本形体的三视图，再按形体分析的次序，逐步切割，依次完成三视图的绘制。

(1)平面立体的切割。由于平面立体的表面是由若干平面图形围合而成的,因此,截交线是一个封闭的平面折线,折线的顶点往往是棱线与截平面的交点,每条折线是棱面与截平面的交线。绘制平面立体截交线的基本绘图方法是:求出平面立体上参与相交的各棱线与截平面的交点,然后依次将同面投影的各点加以连接,并判别其可见性即得截交线的投影。

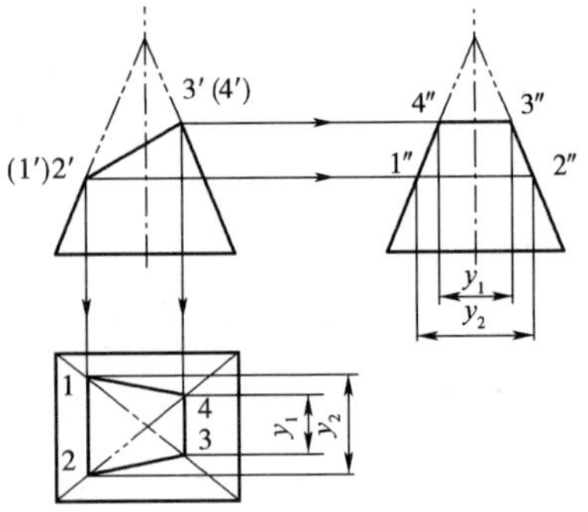

图 1-27　斜切四棱锥的三视图

【**示例 1-9**】试绘制图 1-20 所示斜切四棱锥的截交线。

①形体分析。截平面 P 垂直于 V 面,与 H、W 面倾斜,与棱线交点分别为Ⅰ、Ⅱ、Ⅲ、Ⅳ四个点。

②绘图(图 1-27)。

a. 因截平面的正面投影积聚成直线,可直接求出截交线各点正面投影(1′)、2′、3′、(4′)。

b. 求出各顶点 H 面投影 1、2、3、4 和 W 面投影 1″、2″、3″、4″。

c. 判别可见性,正确处理虚、实线。

(2)曲面立体的切割。由于曲面立体的表面是由曲面或曲面与平面围合而成的,所以截交线的形状和求法要根据曲面立体的不同及截平面与立体轴线位置的不同而定。

想一想:如将四棱锥的截平面 P 与水平面平行,则切得的几何形状是怎样的?

【**示例 1-10**】试绘制图 1-21 所示斜切圆柱轴线的截交线。

①形体分析。由于截平面垂直 V 面,故 V 面投影积聚成一直线;H 面投影与圆柱面的具有积聚性的投影重合成一圆,W 面投影为缩小的椭圆。

②绘图(图 1-28)。

a. 求特殊点。特殊点通常是指截交线上最高、最低、最左、最右、最前、最后位置的点。即图 1-21 中Ⅰ、Ⅱ、Ⅲ、Ⅳ各点。根据特殊点在 H 面投影 1、2、3、4,求得 V 面投影 1′、2′、3′、4′,再根据 H、V 面投影求得 W 面投影 1″、2″、3″、4″。

b. 求一般点。在截交线的特殊点之间任取Ⅴ、Ⅵ、Ⅶ、Ⅷ等一般点。在 H 面上确定投影 5、6、7、8,求得 V 面投影 5′、6′、7′、8′,再根据 H、V 面投影,求得 W 面投影 5″、6″、7″、8″。

c. 依次光滑连接 W 面各点投影即得 W 面的截交线。

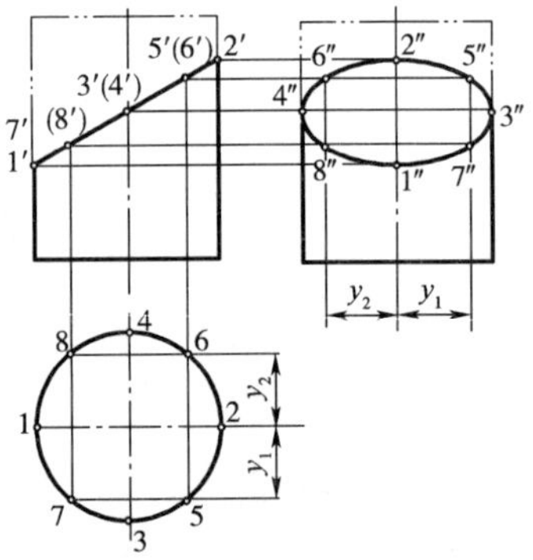

图 1-28　斜切圆柱轴线的三视图

想一想:截平面与圆柱轴线分别平行或垂直时,其截交线的形状如何?

2. 叠加类组合体的投影

绘制叠加类组合体的投影,首先用形体分析法对组合体进行分解;在形体分析的基础上，逐个地画出每个基本形体的投影并加以组合，组合起来时要注意它们之间的连接关系，即可画出组合体的视图。

【示例 1-11】试绘制图 1-22 所示轴承座的投影。

轴承座投影的绘图步骤如下：

(1)形体分析。利用形体分析法，把轴承座看成由底板、支撑板和圆筒等组合。轴承座底板上面为支撑板，支撑板的左、右两侧面与圆筒外表面相切。

想一想：如图 1-22 所示轴承座，可否以其他方向作为主视图投影方向绘制三视图。

(2)视图选择。轴承座的主视图方向以图 1-22 所示箭头方向为宜。主视图选定后，根据组合体结构的复杂程度再确定其他视图。绘制零件图时，应灵活运用所学知识，选取一组能正确、完整、清晰地表达零件结构形状的视图，力求看图方便、制图简便。

(3)绘图。首先根据组合体的大小，按国家标准选定图样的比例和图纸幅面，将三个视图的位置均匀地布置在图纸内，再按图 1-29 所示步骤进行绘图。

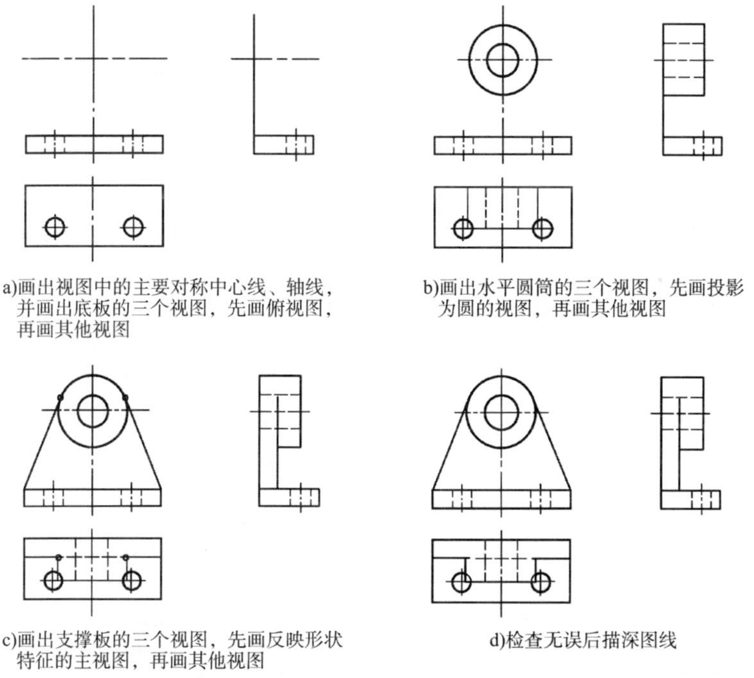

图 1-29　轴承座的绘图步骤

课题小结

1. 由若干个基本形体按一定方式组合而成的较复杂形体称为组合体。组合体按其组合方式不同，可分为切割和叠加两种形式。

2. 识读、绘制组合体的三视图通常采用形体分析法。

3. 组合体表面间连接情况有相错、共面、相切和相交等形式。

练习题

一、填空题

1. 三视图是指__________、__________、__________;它必须符合主、俯视图__________,主、左视图__________和左、俯视图__________的投影规律。

2. 投影法分为________和________两类。机械制图采用了________投影法。

3. 绘制基本形体的三视图时,一般应先画出三个视图的________,作为投影图的基准线,再画出________图形,然后按________完成三视图绘制。

4. 组合体表面间连接情况,可分为________、________、________和________等形式。

二、绘图题

1. 补全第三视图

(1)已知点、线、面的二面投影,求第三投影。

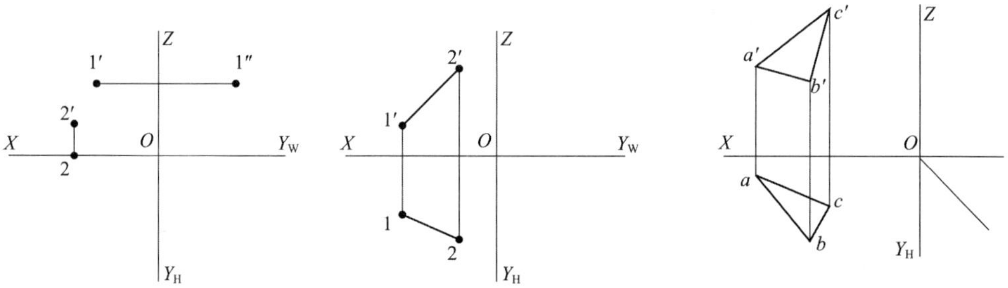

(2)补全圆锥的左视图。

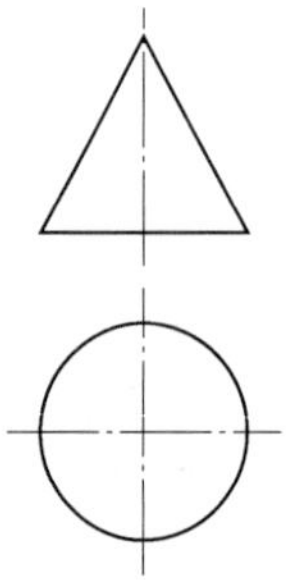

(3)补全六棱柱的俯视图。

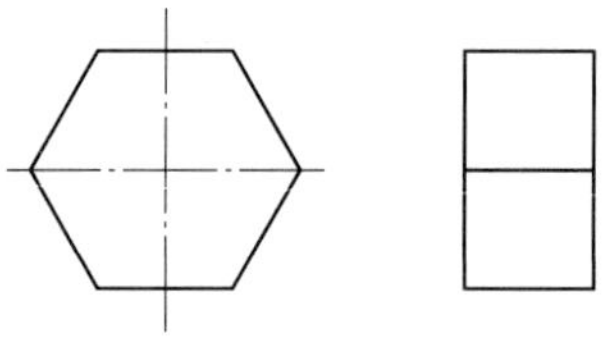

2. 根据给出的视图,补画第三视图或视图中所缺的图线。

(1)

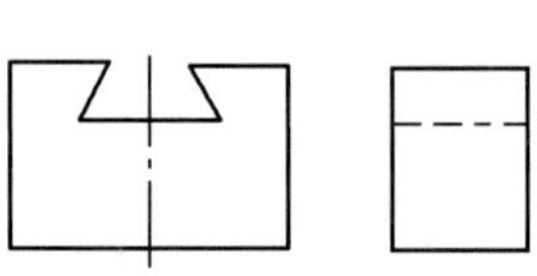

(2)

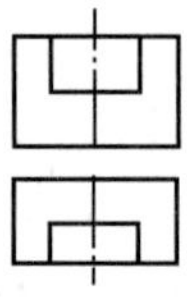

(3)

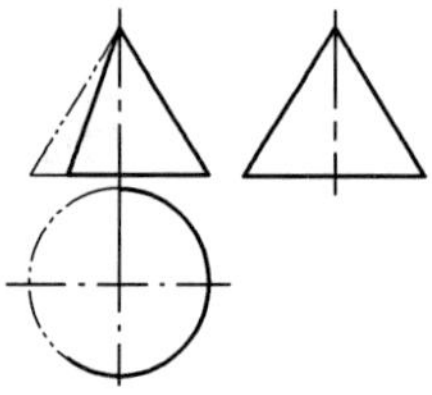

(4)

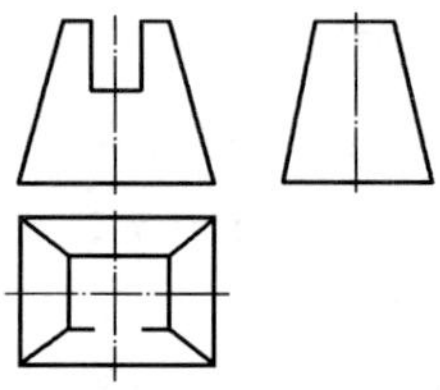

（5）

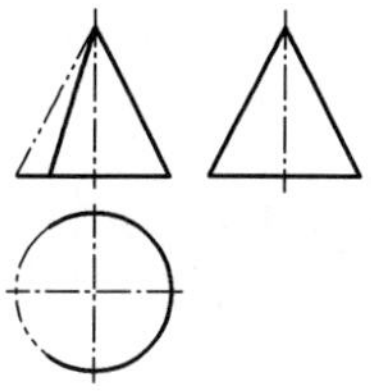

（6）

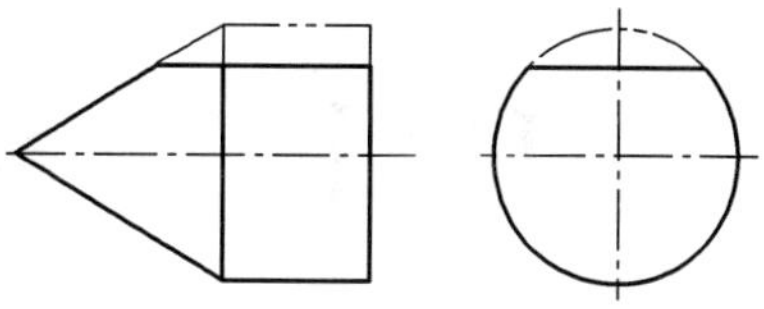

3. 画出下列组合体的三视图，尺寸按比例 2∶1 从图中量取。

（1）

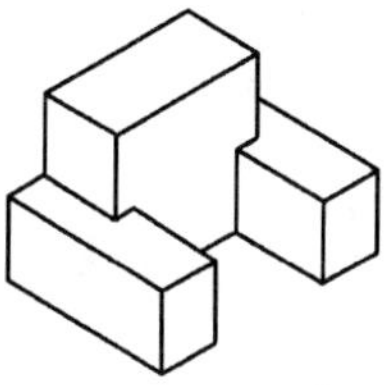

（2）

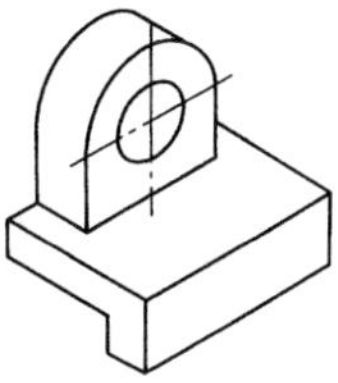

项目二　机械识图基本知识

项目要求

1. 知识目标

知道机械制图国家标准的基本规定。懂得基本视图的形成和配置关系。能看懂运用剖视图、局部视图、斜视图表达较复杂汽车零件的三视图。

2. 技能目标

能熟练绘制基本零件的剖视图、局部视图、斜视图。

3. 素养目标

初步养成自觉遵守国家标准和生产规范的习惯；培养学生一丝不苟、严肃认真的工作作风。

项目叙述

本项目主要介绍机械制图国家标准中的一般规定、绘图的基本技能及机械零部件的常用表达方法，为后续学习打下一定的基础。

建议课时

8 课时。

课题一　国家标准制图语言

知识链接

我国的国家标准《机械制图》是 1959 年由国家科学技术委员会颁布的，并于 1970 年、1974 年、1984 年进行了三次修订。并随着科技的进步和国际间交流的扩大，后又经多次对现行标准进行了修订和增补，基本等同或等效采用了 ISO 国际标准。

国家标准《机械制图》统一规定了生产和设计部门应遵守的绘图规则，是工程界的共同语言，是绘制和识读机械图样的准则和依据。国家标准编号用符号“GB”或“GB/T”加两组数字组成，其中"GB"表示强制性国家标准（国家标准简称国标），"GB/T"表示推荐性国家标准；字母后面的两组数字分别表示标准编号和该标准颁布的年份，如 GB/T 14689—2008 是指推荐性国家标准，该标准的编号为 14689，颁布年份为 2008 年。

一、常用绘图工具

1. 绘图铅笔

绘图用铅笔有软硬之分，用代号 H 或 B 前加数字及 HB 来区分。H 前数字愈大，则铅芯愈硬，绘出的图线颜色愈浅；B 前数字愈大，则铅芯愈软，绘出的图线颜色愈深；HB 表示软硬适中。其用法推荐如下：

2H——画底稿线；

H 或 HB——画细实线、细虚线、细点画线；

2B 或 B——画粗实线。

画粗实线时，应将铅芯削成凿形，画其他线条时铅芯削成圆锥形，如图 2-1 所示。

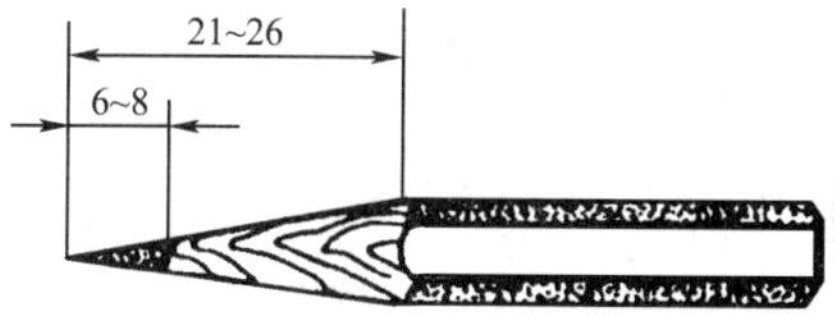

图 2-1　铅笔的使用

2. 图板、丁字尺和三角板

图板是画图时铺放图纸的矩形木板，表面平坦光洁；左侧为导向边，须光滑平直。

丁字尺是用来画水平线的长尺，它由尺头和尺身两部分组成。使用时应使尺头紧靠图板左侧导向边，上下移动至画线位置。

画图时，先将图纸用透明胶带纸粘贴在绘图板上，丁字尺头部紧靠图板左边，铅笔垂直纸面向右倾斜约 30°，自左向右画水平线，如图 2-2a）所示。三角板与丁字尺配合使用时，可画垂直线，如图 2-2b）所示；也可画 30°、45°、60°的斜线，如图 2-2c）所示。

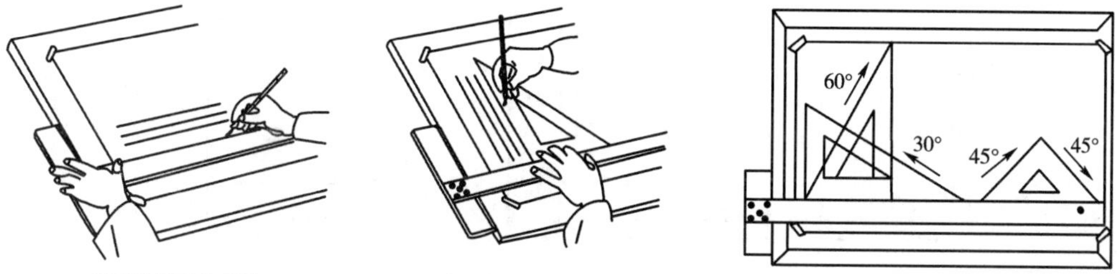

a)用丁字尺画水平线　　b)三角板与丁字尺配合画垂直线　　c)画30°、45°、60°的斜线

图 2-2　绘图工具及使用

二、图纸幅面与格式

1. 图纸幅面与格式

根据国家标准 GB/T 14689—2008 规定，绘制工程图样时，应优先采用表 2-1 所规定的基本幅面尺寸，必要时也可加长幅面。

图纸的基本幅面 表 2-1

幅面代号	A0	A1	A2	A3	A4
尺寸($B \times L$)	841×1189	594×841	420×594	297×420	210×297
e	20		10		
c	10			5	
a	25				

各种幅面的图纸均应用粗实线画出图框。图框格式分为不留装订框(图 2-3)和留有装订框(图 2-4)两种,图中 e、c、a 数值见表 2-1。

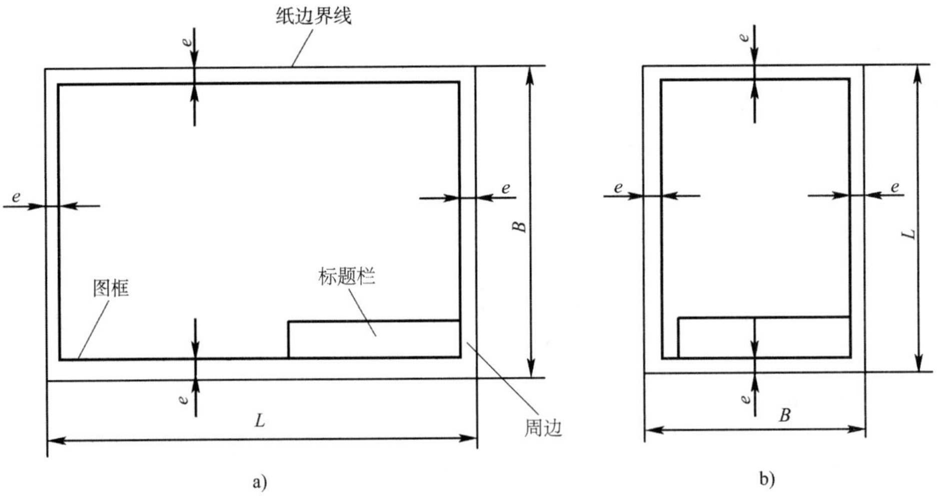

图 2-3 不留装订边的图框格式

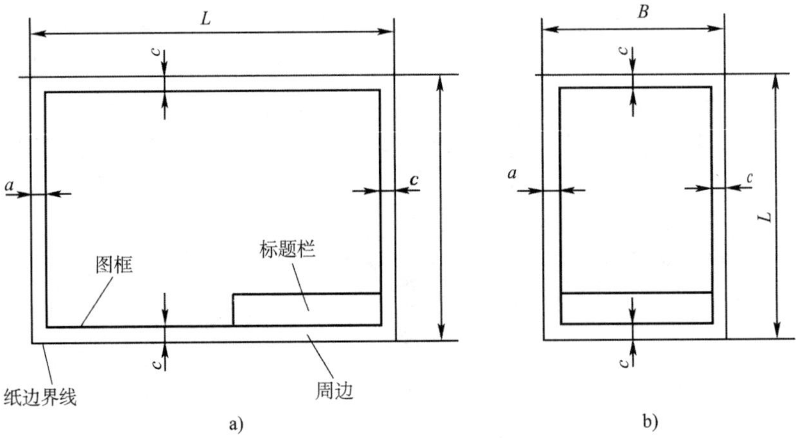

图 2-4 留装订边的图框格式

2. 标题栏

国家标准 GB 10609.1—2008 规定,每张工程图样上均应画出标题栏,标题栏位置须在图纸的右下角。标题栏分为零件图标题栏和装配图标题栏(在零件图基础上再加上明细表)两种。图 2-5 所示为简化标题栏和明细栏的格式,学习时可参考采用。

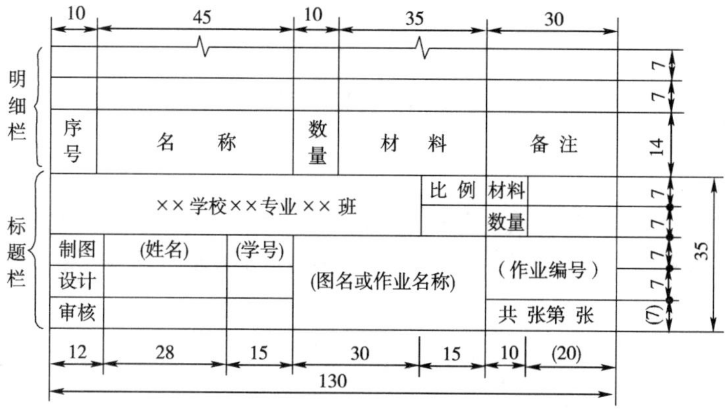

图 2-5　简化标题栏和明细栏的格式(单位:mm)

三、字体

国家标准 GB/T 14691—1993 对技术图样和技术文件中书写的汉字、字母和数字的书写形式作了统一规定,要求:字体端正、笔画清楚、排列整齐、间隔均匀。

字体高度(用 h 表示)的公称尺寸系列为 1.8mm、2.5mm、3.5mm、5mm、7mm、10mm、14mm、20m 共 8 种。字体的高度代表字体的号数,如 5 号字,其字体高度为 5mm。如需书写更大的字,其字宽应按 $h/\sqrt{2}$ 的比例增加。

汉字应写成长仿宋体字,并采用国家正式公布的简化字,如图 2-6a)所示。

数字和字母书写有直体[图 2-6b)]和斜体[图 2-6c)]之分,斜体字的字头向右倾斜与水平成 75°,同一张图样上只能采用同一种字体。

图 2-6　数字和字母的书写

四、比例

图样中图形与其实物相应要素的线性尺寸之比称为比例。在绘制图样时,应根据实际需要,由表 2-2 中所规定的比例系列中选取适当的放大或缩小比例,但标注尺寸时,则必须按零件的真实尺寸填写。绘制同一零件的各个视图时应采用相同的比例,并在标题栏中注明所用的比例即可。当某个视图需要采用不同的比例时,必须另行标注。

绘制图样的比例　　表 2-2

种　类	比　例				
原始比例	1:1				
放大比例	2:1	5:1	1×10^n:1	2×10^n:1	5×10^n:1
缩小比例	1:2	1:5	1:1 $\times10^n$	1:2 $\times10^n$	1:5 $\times10^n$

想一想：缩小比例与放大比例在书写表示上有何不同？

五、图线

机械制图中所用的图线须符合国家标准 GB/T 4457.4—2002 的规定，图样中图线的粗、细宽度之比为 2∶1，粗线宽度优先采用 0.5mm 和 0.7mm。常用图线名称、线型、宽度及其应用见表 2-3。

机械制图常用图线的线型与应用（根据 GB/T 4457.4—2002）　　表 2-3

名称代号	线　型	宽　度	主要用途
粗实线		d(0.5～2mm)	可见轮廓线
线实线		约 $d/2$	尺寸线、尺寸界线、剖面线、引出线等
细虚线	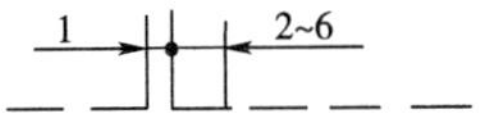	约 $d/2$	不可见轮廓线
细点画线	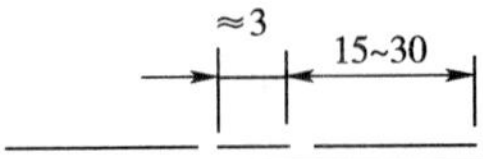	约 $d/2$	轴线、对称中心线
粗点画线		d	有特殊要求的表面的表示线
细双点画线	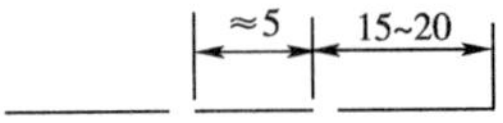	约 $d/2$	假想投影轮廓线、中断线
双折线		约 $d/2$	断裂处的边界线
波浪线		约 $d/2$	断裂处的边界线、视图和局部剖视的分界线

想一想：如果粗线宽度采用 0.5mm 或 0.7mm 时，则细线宽度分别是多少？

六、图样的尺寸标注

工程图样中，图形只能表达物体的形状，而物体的大小只有通过图样中标注尺寸才能确定。如果尺寸标注错误、不完整或不合理，将给生产带来困难，甚至生产出废品而造成浪费。因此，标注和识读图样中的尺寸，应严格遵守国家标准 GB/T 4458.4—2003 中有关尺寸标注的规定，做到"正确、完整、清晰、合理"。

1. 标注尺寸的基本原则

图样中标注的尺寸数字应是零件真实大小，而与图形大小、绘图比例及绘图的准确性无关；通常图样中的尺寸以 mm 为单位，且不需标注单位符号，如不以 mm 为单位则须注明单位符号；零件的每一个尺寸一般只标注一次。

2. 尺寸的组成

一个完整的尺寸由尺寸界线、尺寸线、尺寸数字三个要素组成，即"尺寸三要素"，如

图 2-7 所示。

(1)尺寸界线。它用来限定尺寸的范围。尺寸界线采用细实线绘制,并由图形的轮廓线、轴线或对称中心线处引出,可利用轮廓线、轴线或对称中心线作为尺寸界线。

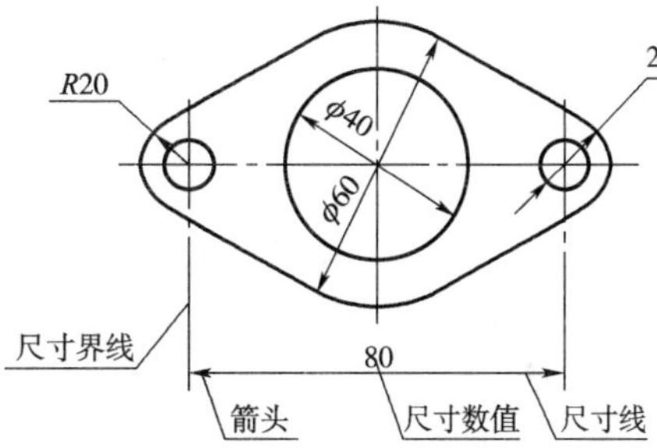

图 2-7　尺寸三要素

(2)尺寸线。尺寸线用细实线绘制,其终端有箭头或斜线两种形式(斜线用细实线绘制)。标注圆的直径、圆弧的半径尺寸时,尺寸线终端只能采用箭头形式。当尺寸线的终端采用斜线时,尺寸线与尺寸界线必须垂直。同一图样上只能采用一种尺寸线终端的形式。当尺寸线终端采用箭头形式时,遇到小尺寸,没有足够地方画箭头时,箭头可用小圆点或斜线代替。箭头的画法如图 2-8 所示。标注线性尺寸时,尺寸线一般要与所标注线段平行,尺寸线不允许用图样上的图线来代替,如图 2-9 所示。

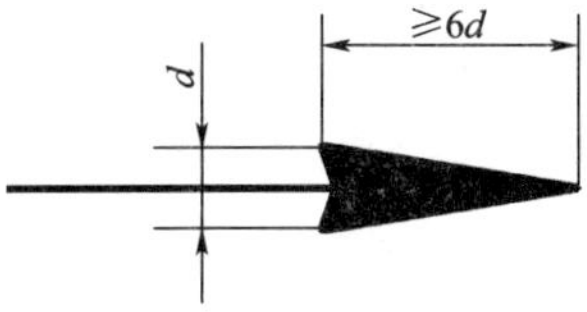

图 2-8　箭头

d-粗实线的宽度

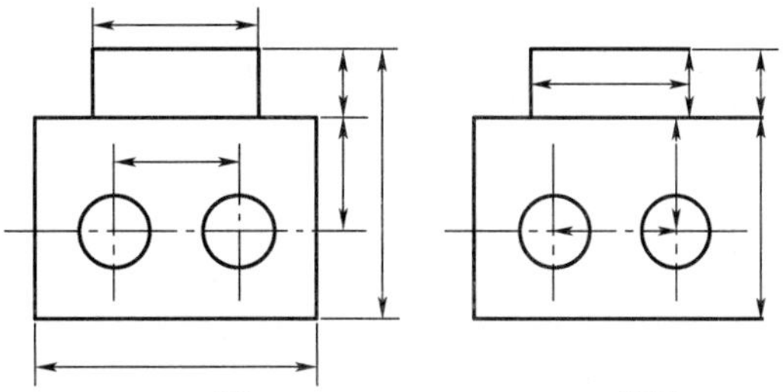

a)正确　　b)错误

图 2-9　不可替代的尺寸线

(3)尺寸数字。它表示零件的真实大小。标注线性尺寸数字时,一般应填写在尺寸线的上方或中断处。当位置不够大时,也可引出标注。尺寸数字不允许与任何图线重叠。

标注线性尺寸的数字时,数字朝向应按图 2-10 所示方向填写,并应尽量避免在图示 30°范围内标注尺寸,当无法避免时可按图 2-11 所示形式标注。

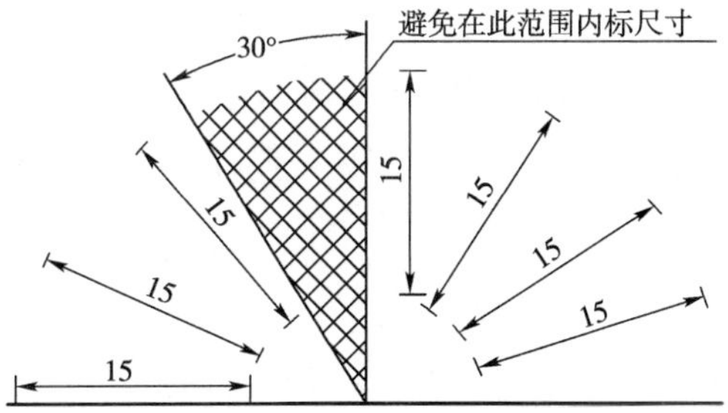

图 2-10　线性尺寸的数字方向

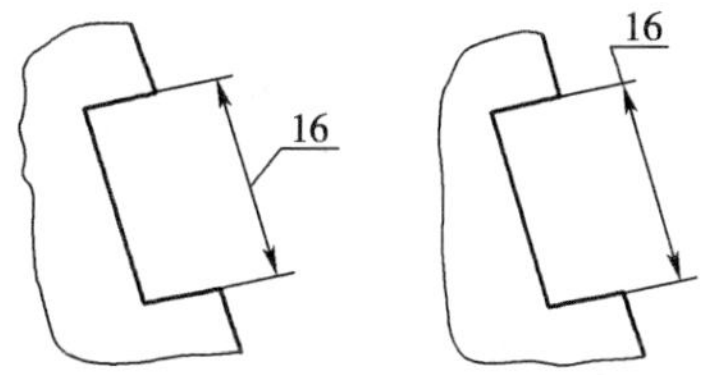

图 2-11　尺寸数字方向

标注圆的直径或半径时,应在尺寸数字前加注缩写符号"ϕ"或"R"。不同直径圆或圆弧的尺寸标注如图 2-12 所示。常用的缩写符号有:球直径用"$S\phi$";球半径用"SR";45°倒角用"C";厚度用"t"等。

3. 尺寸类型

根据尺寸在视图中的不同作用,尺寸可分为定形尺寸、定位尺寸和总体尺寸三种类型。

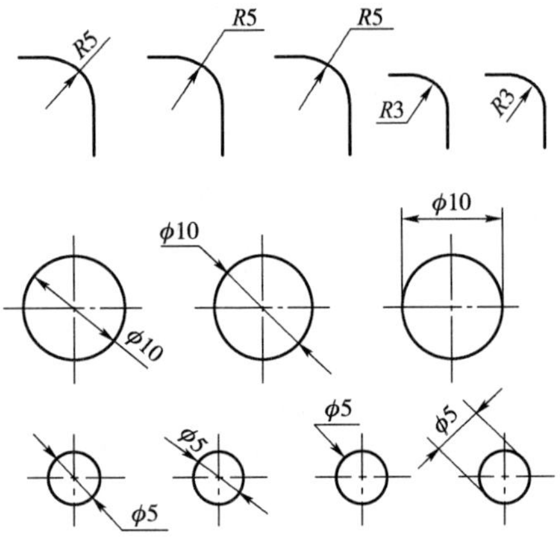

图 2-12　圆及圆弧的尺寸标注

(1)定形尺寸。用来确定零件各部分形体大小的尺寸,如图 2-13 所示尺寸 2×φ7、7、16。

(2)定位尺寸。用来确定零件各部分形体之间相对位置的尺寸,如图 2-13 所示尺寸 20、21。

(3)总体尺寸。确定零件总的长度、宽度、高度的尺寸,如图 2-13 所示尺寸 38、27。

4. 尺寸基准

它是指标注尺寸的起点,简称基准。每个零件都有长、宽、高三个方向的尺寸,每个方向至少要选择一个尺寸基准,即主要基准;有时为了测量的方便,还会增加一些辅助基准,使同一方向有多个基准。

5. 尺寸标注方法

【**示例 2-1**】平面图形的尺寸标注,如图 2-13 所示。

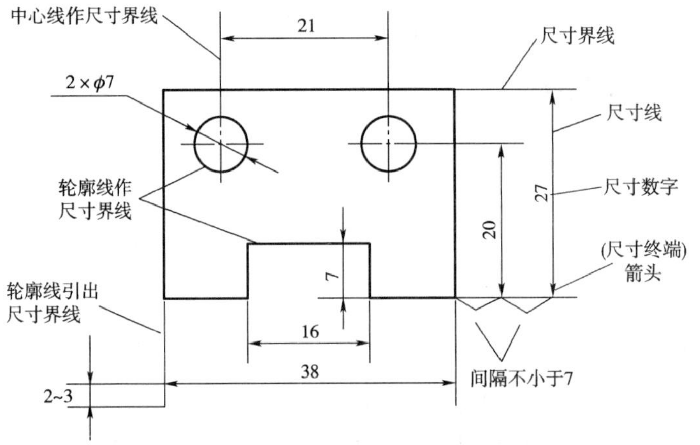

图 2-13　平面图形尺寸标注示例

(1)由基准出发,注出零件上每部分形体的定位尺寸和定形尺寸。

(2)影响产品性能、精度、互换性和装配定位关系的重要尺寸,须从主要基准直接注出。

(3)不允许标注成封闭尺寸链。一组尺寸线首尾相连的链状尺寸称为封闭尺寸链,如图 2-14a)所示;正确的标注方式如图 2-14b)所示。

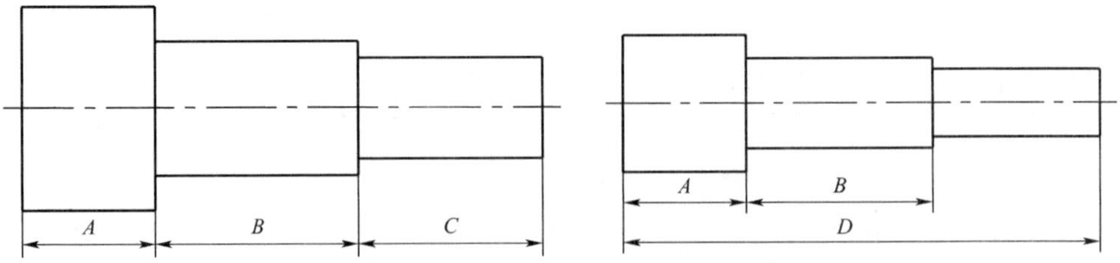

a)不正确的尺寸标注　　b)正确的尺寸标注

图 2-14　链式尺寸的标注

知识链接

由于零件加工时因加工设备和测量仪器的精度、工作环境温度、工人的技术水平等各种因素的影响，各段尺寸不可能绝对准确，总有一定的误差，而各段误差的总和随着尺寸段数量的增多而增大，从而造成无法保证零件各段尺寸。

6. 尺寸标注示例

尺寸标注示例如图 2-13 所示。

课题小结

1. 国家标准《机械制图》进行修订和增补后，基本等同或等效采用了 ISO 国际标准。
2. 国家标准规定的图纸基本幅面有 5 种；机械制图中常用的图线有 9 种。
3. 图样中的汉字、字母和数字书写要求：字体端正、笔画清楚、排列整齐、间隔均匀。
4. 一个完整的尺寸由尺寸界线、尺寸线、尺寸数字三个要素组成。
5. 简单形体的尺寸识读与标注。

课题二　视　图

在实际生产中，零件的结构形状是复杂多样的，仅靠三视图往往难以清晰、准确地反映零件的结构形状。为此，针对实际需要，需合理选用各种不同的视图、剖视图和断面图等加以表达。我国国家标准《技术制图》和《机械制图》中已对这些表达方式做出了统一规定。视图有基本视图、斜视图和局部视图等。

一、基本视图

零件向基本投影面投影所得的视图称为基本视图。基本投影面是指在原有的三个投影面的基础上再增加三个投影面，构成一正六面体。把零件放在该六面体内，然后从零件的上、下、左、右、前、后六个方向分别向基本投影面投影得到六个基本视图，如图 2-15 所示。这样，除前面已介绍的主视图、俯视图和左视图外，又增加了三个基本视图：

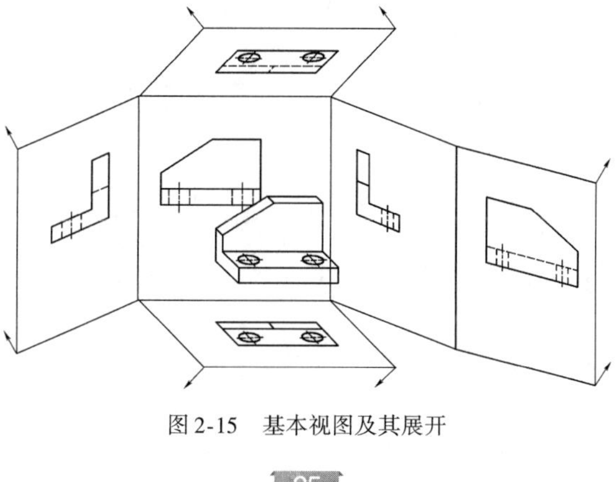

图 2-15　基本视图及其展开

后视图——从后向前投影得到的视图;

仰视图——由下向上投影得到的视图;

右视图——由右向左投影得到的视图。

六个基本视图展开到同一平面后,其配置关系如图2-16所示。六个视图仍然符合长对正、高平齐、宽相等的投影规律。

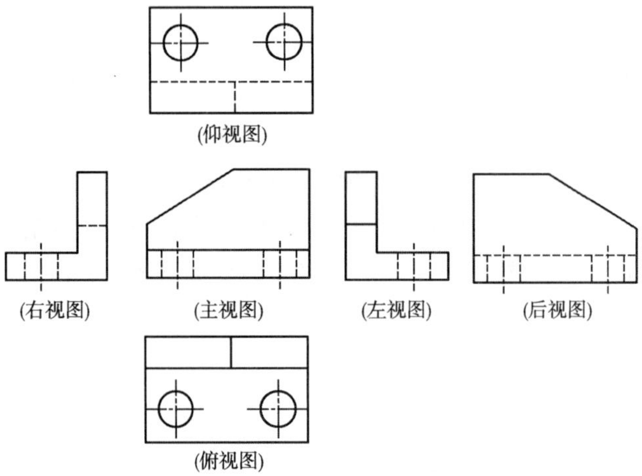

图2-16　基本视图的配置

绘图时并不是任何零件都需要画六个基本视图来表达,视图的选择应根据零件形状特征而定,在考虑到看图方便和能完整、清晰表达零件的前提下,视图的数量应尽可能减少。

二、斜视图

斜视图是指将零件上的倾斜部分向不平行于基本投影面的平面投影所得的视图。如图2-17所示的压紧杆,中心部分为一空心圆柱,左侧为一倾斜耳板,右侧有一凸台。从压紧杆的三视图中可以看到,由于压紧杆的左侧耳板表面分别与H面和W面倾斜,耳板部分的俯视图和左视图都不反映实形,对画图和读图带来不便。为既能简化画图,又能清晰表达倾斜部分的结构形状,可选用一与倾斜面平行的投影面,将该倾斜面向其投影,从而得到该倾斜面的实形,如图2-17b)所示的A视图,即为斜视图。画斜视图时注意如下问题。

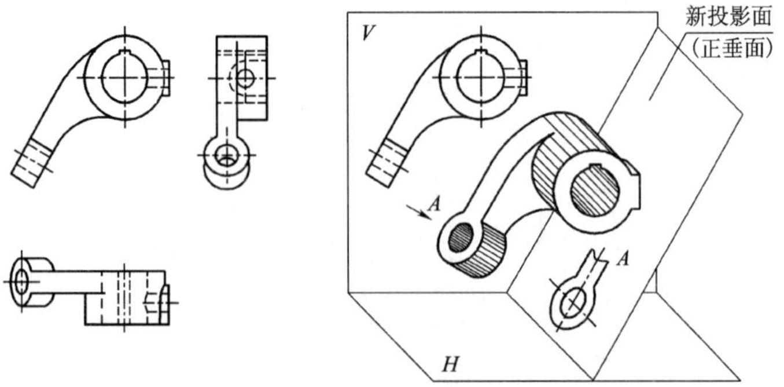

a)三视图　　b)倾斜结构斜视图形成

图2-17　压紧杆的三视图及斜视图的形成

(1)斜视图的绘制范围一般以波浪线表示,其余部分不必全部画出。当表示的结构是完整的,且图形和外轮廓线封闭时,可省略波浪线。

(2)用带大写拉丁字母的箭头表明斜视图的投影方向和部位。

(3)斜视图的位置应尽量放置在投影方向,且符合投影关系,并在视图上方注上相同的字母。必要时允许将斜视图旋转放置,但须加注旋转符号,如图 2-18b)所示。

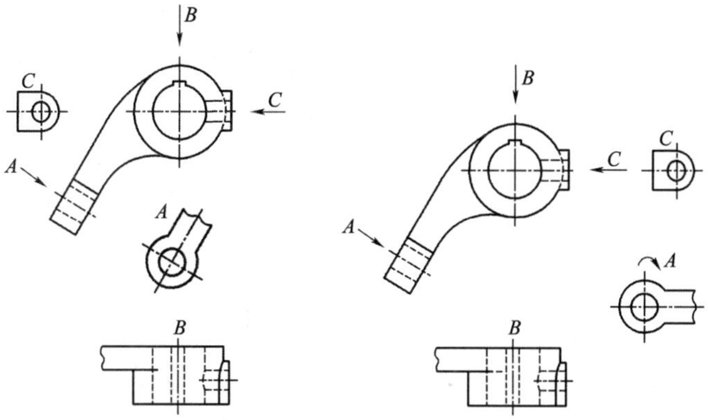

a)一种布置形式　　b)另一种布置形式

图 2-18　压紧杆的斜视图和局部视图

三、局部视图

将零件的某一部分向基本投影面投影所得的视图,称为局部视图,如图 2-18 所示中的 *B* 和 *C* 视图。从图中可以看到,压紧杆的耳板部分结构,通过斜视图已表达清楚,在俯视图中就不必画出,采用 *B* 向局部视图表达就可以了;右边的凸台形状,如增加一个右视图显然没有必要,也只要画出表示凸台形状的 *C* 向局部视图即可。因此,合理利用局部视图加以补充,可以简化基本视图,节省画图的工作量。

局部视图的画法与标注基本上与斜视图相同。

想一想:斜视图和局部视图是否属于基本视图?

课题小结

1. 视图有基本视图、斜视图和局部视图等。

2. 基本视图有主视图、俯视图、左视图、后视图、仰视图和右视图,共六个。

3. 斜视图和局部视图都是基本视图的补充,在完整、清晰表达零件结构的前提下,减少基本视图,节省画图的工作量。

课题三　剖　视　图

在实际生产中,很多零件的内部形状都比较复杂,视图中会出现许多细虚线。这样,细虚线和粗实线在图上相互重叠,既影响图样的清晰,也不便于尺寸标注。为此,常采用剖视图的方法来表达零件的内部形状。常用的剖视图有全剖视图、半剖视图和局部剖视图等。

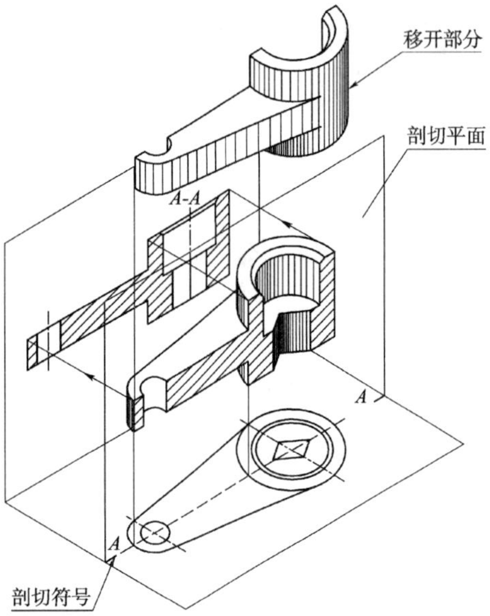

图 2-19　剖视图的概念

一、基本知识

1. 剖视图及其形成

剖视图是指假想用剖切面剖开零件,将处在观察者与剖切面之间的部分移去,而将其余部分向投影面投影所得的图形,简称剖视。

如图 2-19 所示,假想用剖切面剖开零件后,将处于剖切面和观察者之间的部分移去,原来看不见的孔、槽变成可见的,然后将剩余部分向投影面投影,这样图上原来的细虚线也就变成了粗实线,零件内部结构更加清晰,便于看图。

2. 剖视图的画法

画剖视图时应注意:

(1)确定剖切面位置要合理。为了能反映零件内部孔、槽等结构的真实形状,剖切面通常应与投影面平行,并沿着孔、槽的对称平面或通过其轴线。

(2)内部可见轮廓要画全。零件剖开后,处在剖切面之后的所有可见轮廓都要画全,不得遗漏。

(3)剖面符号要画好。在剖视图中,凡被剖切的部分均应画上剖面符号。剖面符号不仅用来区分零件空心部分和实心部分,同时还表示零件所用材料类型。国家标准《机械制图》中规定了各种材料的剖面符号。

金属材料制造的零件,其剖面符号应画成与水平方向呈 45°的互相平行且间隔均匀的细实线。该细实线通常称为剖面线。当零件主要轮廓线与水平方向成 45°时,该图形的剖面线应画成与水平方向呈 30°或 60°。

(4)未剖视图应完整。由于剖视图是一种假想画法,零件并未真的被切去一部分,所以画其他视图时仍应按完整零件画出。视图或剖视图中看不见的结构,如在其他视图中已表达清楚时,其虚线可省略不画。

3. 剖视图的标注

为便于看图,一般应在视图上方用大写拉丁字母标出视图名称“×-×”,在相应视图上用剖切符号表示剖切位置,用箭头表示投影方向。当视图按投影关系配置,中间又无其他图形隔开时,可省略箭头。

二、剖视图的种类

1. 全剖视图

用剖切面把零件全部剖开后所得的剖视图称为全剖视图。全剖视图用于表达内部结构复杂、外形比较简单的不对称零件；或用于外形简单的对称零件。如图 2-20 所示为图2-19所示零件的全剖视图。

2. 半剖视图

当零件具有对称平面时，在垂直于对称平面的投影面上投影时，以对称中心线（细点画线）为界，一半画成视图用以表达零件外部的结构，另一半画成剖视图用以表达零件内部结构，这样组合的图形称为半剖视图，如图 2-21 所示。

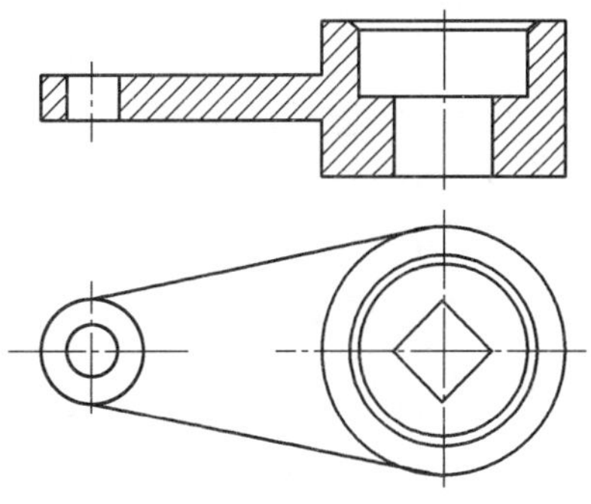

图 2-20　零件的全剖视图

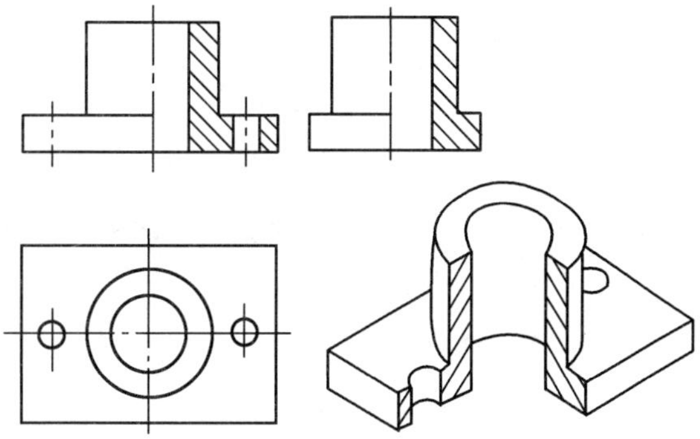

图 2-21　零件的半剖视图

3. 局部剖视图

当零件尚有部分内部结构形状未表达清楚，但又没有必要作全剖视图或不适合作半剖视图时，用剖切面局部剖开零件所得的视图称为局部剖视图，如图 2-22 所示。局部剖切后，零件断裂处的轮廓线用波浪线表示，波浪线不能用轮廓线代替或与图样上其他图线重合。局部剖切范围的大小，视零件的具体结构而定。

局部剖视比较灵活，运用恰当，可使图形简明清晰。但在一个视图中，局部剖切的数量不宜过多，否则，会使图形过于零碎。

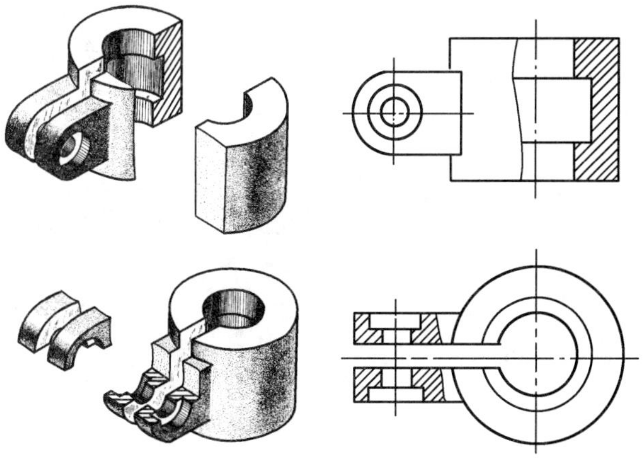

图 2-22　局部剖视图

三、剖视图的剖切方法

在作剖视图时，应根据零件的结构形状，合理选用剖切方法。国家标准《机械制图　图样画法　剖视图和断面图》（GB/T 4458.6—2002）规定的常用方法有以下几种。

1. 单一剖切平面剖切

它是指用单一的剖切平面,剖开零件后所形成的剖视图。前面所讲的全剖视图、半剖视图和局部剖视图就是采用了单一剖切平面剖切得到的剖视图。

2. 几个平行的剖切平面剖切

用几个平行的剖切平面剖开零件的方法(曾称阶梯剖)如图 2-23 所示。画图时应注意:

(1)因剖切平面是假想的,所以剖切平面转折处不画投影。

(2)剖切平面不得与轮廓线重合。

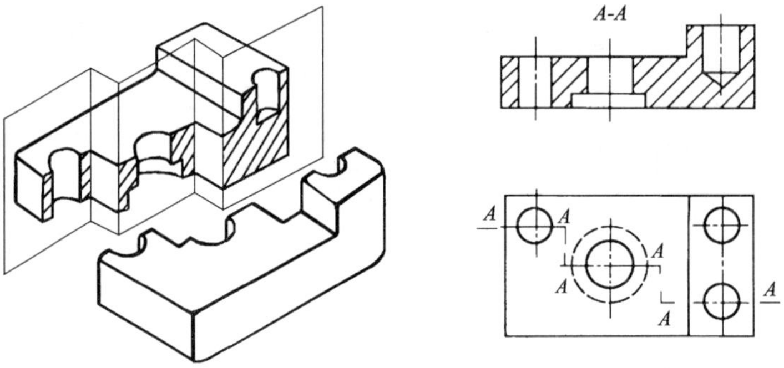

a)剖切位置　　b)几个平行的剖切平面剖切视图的画法

图 2-23　几个平行的剖切平面剖切

3. 几个相交的剖切平面剖切

如图 2-24 所示,用两个相交的剖切平面剖开零件,并将被倾斜平面切着的结构及其有关部分旋转到与选定的投影面平行,再进行投射(曾称旋转剖、复合剖)。此方法用于表达零件上有回转轴的倾斜结构的内部形状。

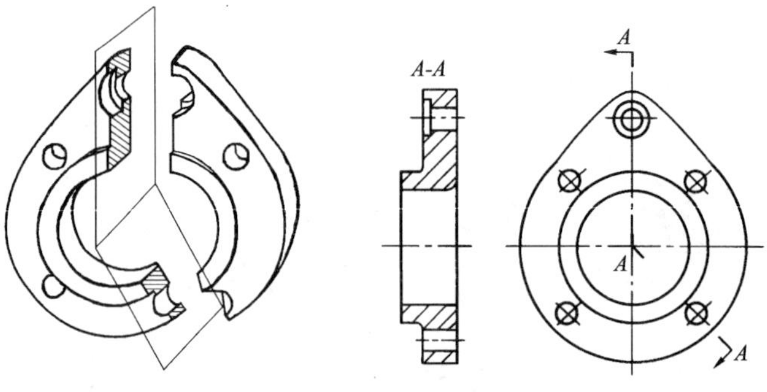

a)剖切位置　　b)两个相交的剖切平面剖切的视图

图 2-24　两个相交的剖切平面剖切的视图

课题小结

1. 剖视图是指假想用剖切面剖开零件,将处在观察者与剖切面之间的部分移去,而将其余部分向投影面投影所得的图形,简称剖视。

2. 常用的剖视图种类有全剖视图、半剖视图和局部剖视图等。

3. 剖视图的画法及标注。

4. 常用的剖切方法。

课题四　断面图及局部放大图

一、断面图的概念

假想用剖切平面将零件的某处切断，仅画出断面的图形称为断面图，简称断面，如图 2-25b)、图 2-27 所示轴及吊钩的断面图。

断面图主要用来表达零件某部分断面的结构形状。

断面图与剖视图是两种不同的画法。断面图只画出断面的形状，而剖视图除了画出断面形状外，还须将断面后的所有可见轮廓画出，如图 2-25a) 所示。

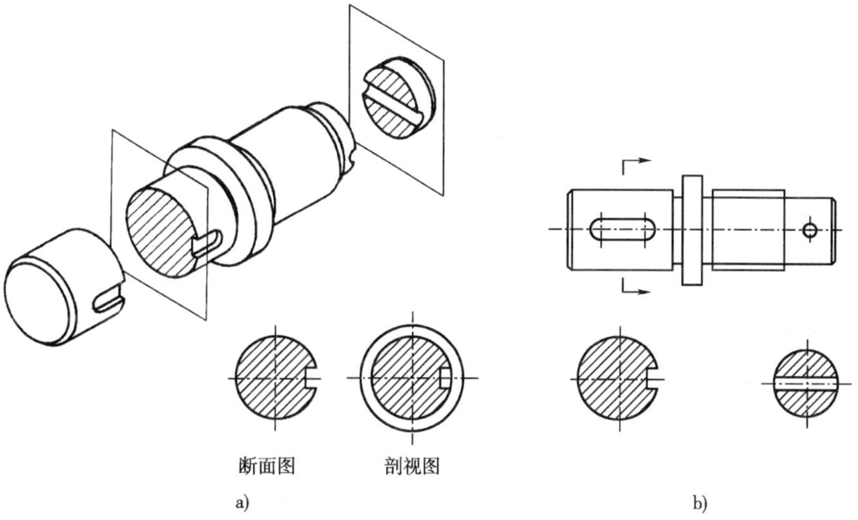

图 2-25　断面图与剖视图的区别

想一想：断面图与剖视图的区别在哪里？在绘制断面图时，其他视图是否按剖切后的零件绘制？

二、断面图的种类及画法

断面图分为移出断面图和重合断面图两种。

1. 移出断面图

画在视图外面的断面图称为移出断面图。

(1) 移出断面图的画法。

①移出断面图的轮廓线用粗实线绘制。移出断面图配置在剖切符号的延长线上，必要时可以将移出断面图配置在其他适当位置，如图 2-25b) 所示。

②当剖切平面通过回转面形成的孔或凹坑的轴线时,这些结构应按剖视图绘制,如图2-26a)所示。

③当剖切平面通过非圆孔,导致出现完全分离的断面时,这些结构按剖视图绘制,如图2-26b)、c)所示。

④由两个或多个相交的剖切平面剖切得到的移出断面图,中间一般应断开,如图2-26d)所示。

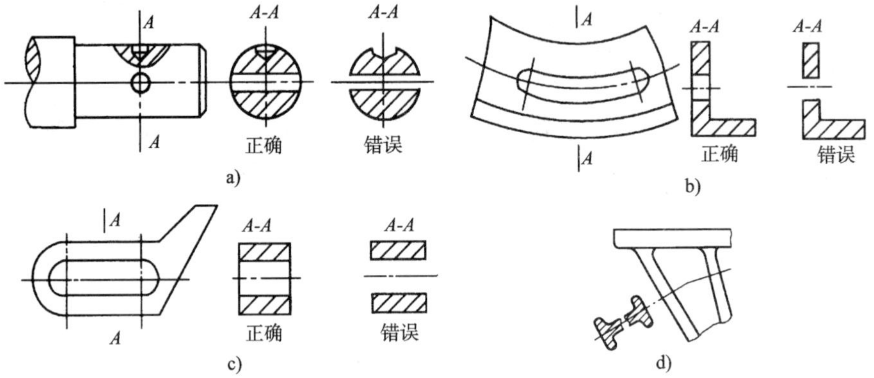

图2-26　移出断面图的画法

(2)移出断面图的标注。

①当移出断面图不放置在剖切符号的延长线上时,一般应在相应的视图上用剖切符号(用粗短划线表示)标明剖切位置,用箭头指明投影方向,并注上大写字母;在断面图的上方用相同的大写字母标出相应名称"×-×",如图2-26a)、b)所示。

②当图形对称的移出断面图不放置在剖切符号的延长线上时,可省略箭头。

③当移出断面图放置在剖切符号的延长线上时,若图形对称的移出断面图可省略箭头和字母,如图2-25b)所示右端圆孔部位的断面图;若图形不对称的移出断面图,用箭头表示投射方向,可不标字母,如图2-25b)所示左端键槽部位的断面图。

2. 重合断面图

画在视图轮廓线之内的断面图称为重合断面图。

(1)重合断面图的画法。

①图形须画在视图之内,断面轮廓线用细实线绘制。

②当视图中的轮廓线与重合断面的图形重叠时,视图中的轮廓线仍应连续画出,不可中断,如图2-27、图2-28所示。

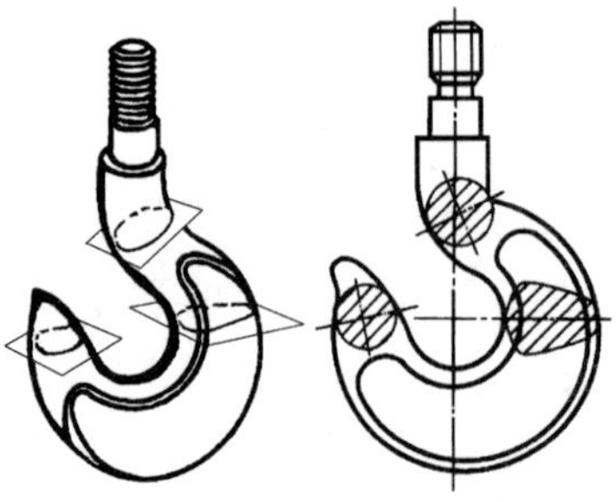

图2-27　吊钩断面图

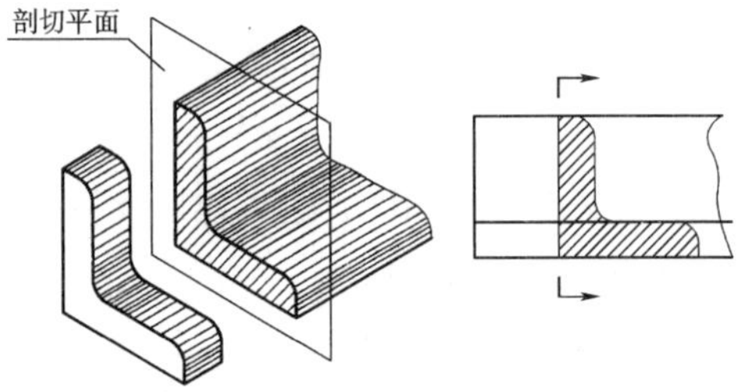

图2-28　角钢的移出断面图

(2)重合断面图的标注。

①当图形对称时可省略标注,如图 2-27 所示。

②当图形不对称时,需用箭头标明其投影方向,如图 2-28 所示。

三、局部放大图

零件上某些细小结构,在视图上常常由于太小而表达不清,并难以标注尺寸。为此,可将这些细小结构用大于原图形所采用的比例画出,这样得到的图形称为局部放大图,如图 2-29 所示。

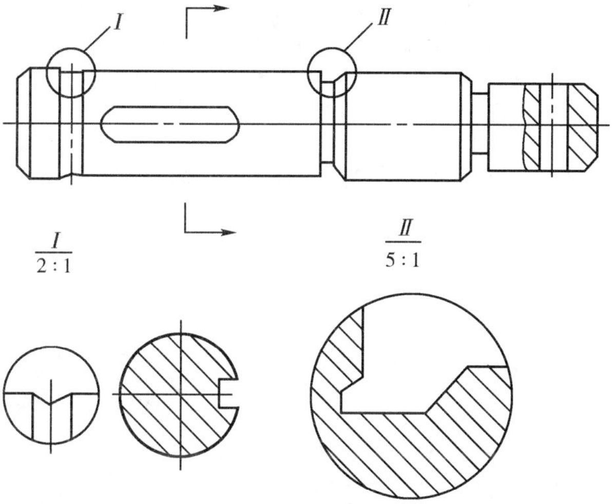

图 2-29　局部放大图

局部放大图可以画成视图、剖视图和断面图,与原图形的表达方式无关。例如,图 2-29 中,Ⅰ、Ⅱ两放大部位原图形均为视图,而部位Ⅰ的放大图为视图,部位Ⅱ的放大图则采用了剖视图表达。

绘制局部放大图时,除螺纹牙型、齿轮和链轮的齿形外,一般用细实线圆圈出被放大的部位,当同一零件上有几处需放大时,必须用大写罗马数字标明,并在局部放大图上方标出相应的罗马数字和采用的比例。局部放大图应尽量配置在被放大部位的附近。

课题小结

1. 假想用剖切平面将零件的某处切断,仅画出断面的图形称为断面图,简称断面。
2. 断面图和剖视图的区别。
3. 断面图的种类。断面图分为移出断面图和重合断面图两种。
4. 断面图的画法及标注。标注时要注明剖切位置、投射方向和断面图名称。

练习题

一、尺寸标注

找出左图中尺寸注法的错误之处,并在右图中正确标注。

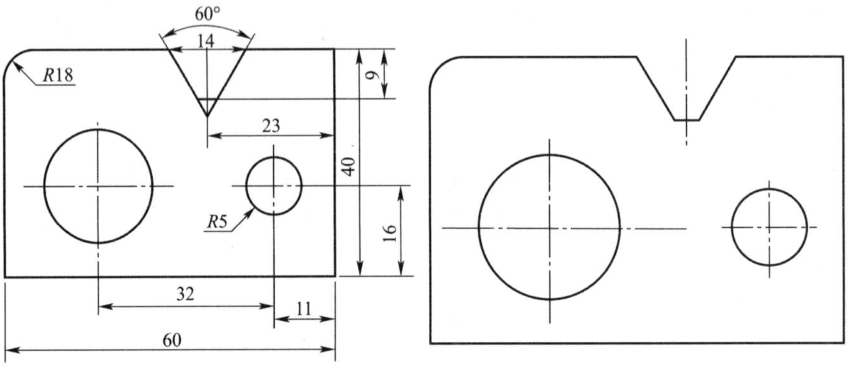

二、绘图题

1. 根据轴测图和主视图，按箭头所指方向，画出局部视图和斜视图，尺寸按 1∶1 从轴测图中量取。

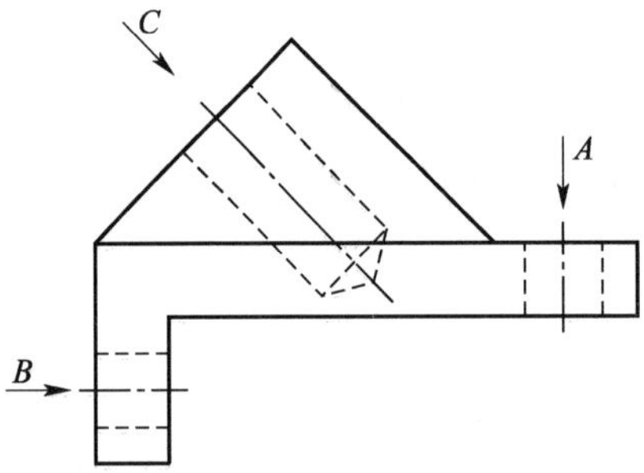

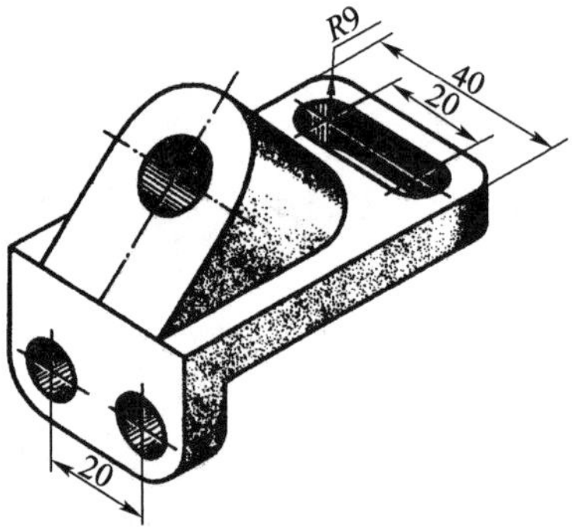

2. 将下列零件的主视图改画为适当的剖视图。

(1)

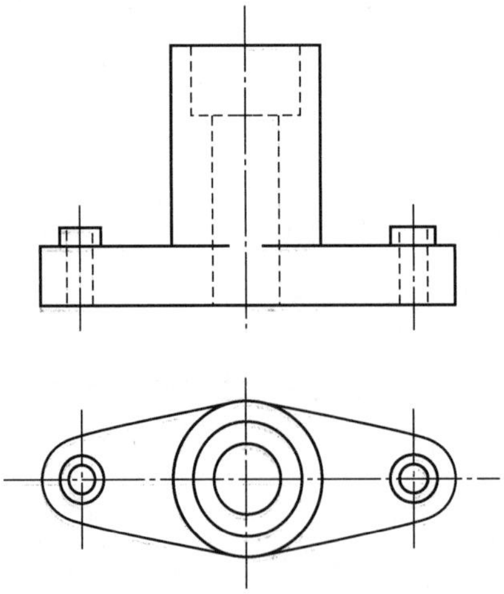

(2)

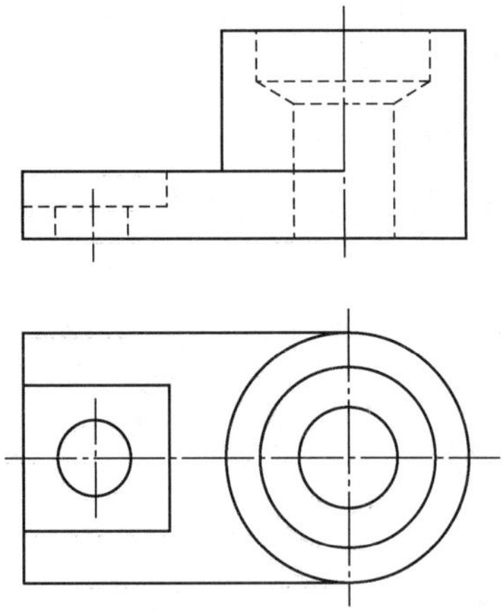

3. 在指定位置画出移出断面图(键槽深 4mm)。

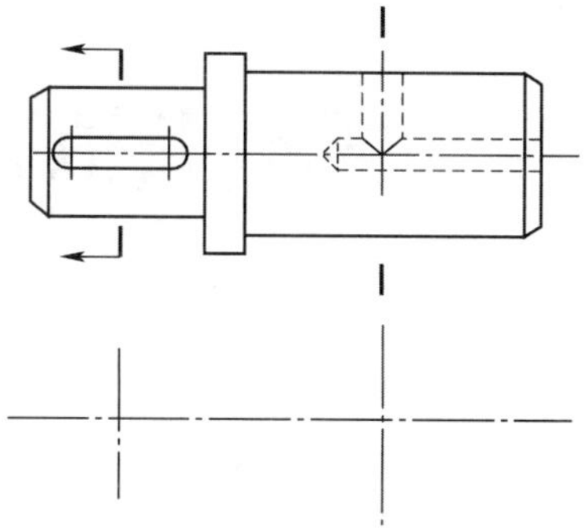

三、选择题

1. 下述图中 A-A 位置采用了(　　)表示方法。

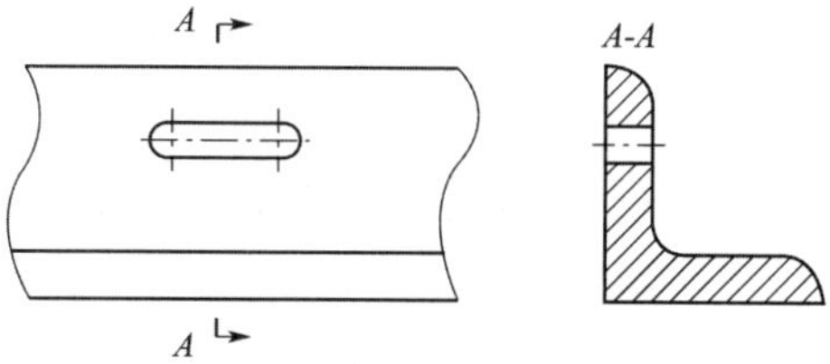

A. 全剖视　　B. 局部剖视　　C. 移出剖面　　D. 重合剖面

2. 如图所示 A-A 位置断面断,画法正确的是(　　)。

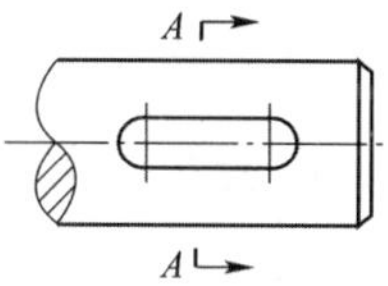

A.　　B.　　C.　　D.

项目三　零件图的识读

项目要求

1. 知识目标

知道识读零件图的步骤、方法；懂得零件尺寸和各种技术要求的含义。

2. 技能目标

能根据零件图想象出立体形状，并能绘制简单零件的零件图。

3. 素养目标

通过典型零件图的识读，将本课程所学知识进行融会贯通，进一步增强学生空间想象能力及培养学生综合分析问题的能力。

项目叙述

本项目主要内容包括零件图的概述、零件图的技术要求及零件图的识读。

通过本项目的学习，可使学生懂得零件的表达方法，会识读较复杂的常用汽车零件图，为简单零件的制造及汽车零件结构认识打下一定基础。

建议课时

6 课时。

课题一　零件图识读的基本要求

知识链接

机械制造中，常用的图样有零件图、装配图、工序图和草图等。

一、零件图表达的内容

零件图详细表达了零件的形状、大小和加工要求，是用来指导零件生产、检验的重要技术性文件。一张完整的零件图应包括以下四个方面的内容，如图 3-1 所示。

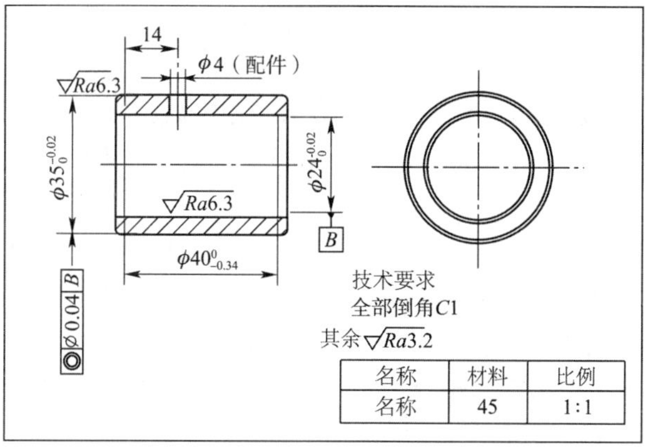

图 3-1　轴套零件图

1. 一组视图

根据零件结构特点，综合运用视图、剖视图和断面图等表达方法，选定一组简明、清晰的表达零件各部分形状和结构的视图。

2. 一组尺寸

视图只表达零件的形状和结构，要确定零件的大小和相对位置，还必须要有一组完整、正确、清晰、合理的尺寸。

3. 技术要求

零件图上的技术要求包括尺寸公差、形状与位置公差、表面粗糙度、热处理等。用符号标注或说明的方式，提出零件在制造或检验中应达到的要求。

4. 标题栏

零件图的标题栏包括零件的名称、材料、数量、比例、图样的编号、设计单位、绘图与审核者的姓名和日期等内容。

二、零件图识读的方法

1. 读零件图的基本要求

(1)了解零件的名称、材料、数量和用途等。

(2)了解零件的尺寸标注、制造方法和技术要求。

(3)想象零件各部分结构形状、相对位置；了解主要结构的特点和功用。

2. 读零件图的方法和步骤

(1)看标题栏。从标题栏中了解零件的名称，大体了解零件的功用；从制造该零件的材料可想到零件制造时的工艺要求；从图的比例和图形大小可以估计零件的实际大小等。

(2)分析零件的表达方案。首先根据视图布置确定主视图，然后围绕主视图分析其他视图的配置。对于剖视图、断面图要找到其位置及投影方向；对于局部视图和局部放大图要找到投影方向及部位，弄清楚各个视图彼此间的投影关系。

(3)形体分析。利用形体分析法将零件分解成几部分，在各视图上找出各部分的特征视图，再运用视图间的投影关系想象出零件的整体形状。在分析过程中可先想象出粗略轮廓，然后分析细节形状。

(4)尺寸分析。一方面从分析标注尺寸的起点找出尺寸基准;另一方面结合尺寸公差和表面粗糙度要求,找出功能尺寸及确定加工方法和要求。

(5)综合考虑。综上所述,将零件的结构形状、尺寸标注及技术要求综合起来,就能较全面地阅读这张零件图。在实际读图过程中,上述步骤常常穿插进行的。

课题小结

1. 零件图详细表达了零件的形状、大小和加工要求,是用来指导零件生产、检验的重要技术性文件。

2. 零件图的内容包括:一组视图、一组尺寸、技术要求和标题栏四个方面。

3. 识读零件图的步骤:

(1)看标题栏;

(2)分析零件的表达方案;

(3)形状分析;

(4)尺寸分析;

(5)综合考虑。

课题二　识读零件图的技术要求

知识链接

由于生产中不可避免地存在加工误差和测量误差等。对零件的加工误差及其控制范围所制定的技术标准称为公差与配合标准。该标准是实现互换性的基础,是现代专业化生产的重要保证。互换性是指同一规格的一批零件中,任取其一,不需任何选配就能装在机器上,达到规定的功能要求的特性。如在汽车维修过程中,拆卸下来的同一规格的螺栓或螺母,在安装时并不需要挑选即可装复,就是互换性的具体表现之一。

零件图上标注和说明的技术要求主要有:极限与配合、形位公差、表面粗糙度和热处理项目等。在这些技术要求中,凡国家标准已规定了相应代号或符号的,则直接标注在视图上;无规定代号的,则以“技术要求”为标题,在标题栏附近用文字逐条说明。

一、极限与配合的基本知识

1. 尺寸公差及有关概念

(1)公称尺寸。它是指设计给定的尺寸。

(2)极限尺寸。它是指允许尺寸变化的两个极限值。两个极限尺寸中,较大的一个称为上极限尺寸,较小的一个称为下极限尺寸。

(3)上极限偏差。它是指上极限尺寸减其公称尺寸所得的代数差,孔的上极限偏差代号用“ES”、轴的上极限偏差代号用“es”表示。

(4)下极限偏差。下极限尺寸减去其公称尺寸所得的代数差,孔的下极限偏差代号用

“EI”、轴的下极限偏差代号用“ei”表示。

(5)尺寸公差(简称公差)。它是指允许尺寸的变动量。即为上极限尺寸与下极限尺寸之差,或上极限偏差与下极限偏差之差。尺寸公差是一个没有符号的绝对值,且不能为零。

(6)标准公差。为实现互换性及现代化生产,国家标准对公差进行了标准化,即标准公差。国家标准中将标准公差分为20个等级,用符号“IT + 数字”表示,即:IT01、IT0、IT1、IT2、…、IT18,随着数值增大,公差等级和尺寸精度则下降。标准公差等级数值可从有关技术标准中查得。

(7)基本偏差。一般指数值接近公称尺寸的那个偏差。国家标准根据不同的使用要求,对孔、轴基本偏差规定了28个类型,其代号用拉丁字母表示,基本偏差系列示意图如图3-2所示。孔的基本偏差代号用大写字母表示,轴的基本偏差代号用小写字母表示。孔、轴的基本偏差值可从相关资料中查取。

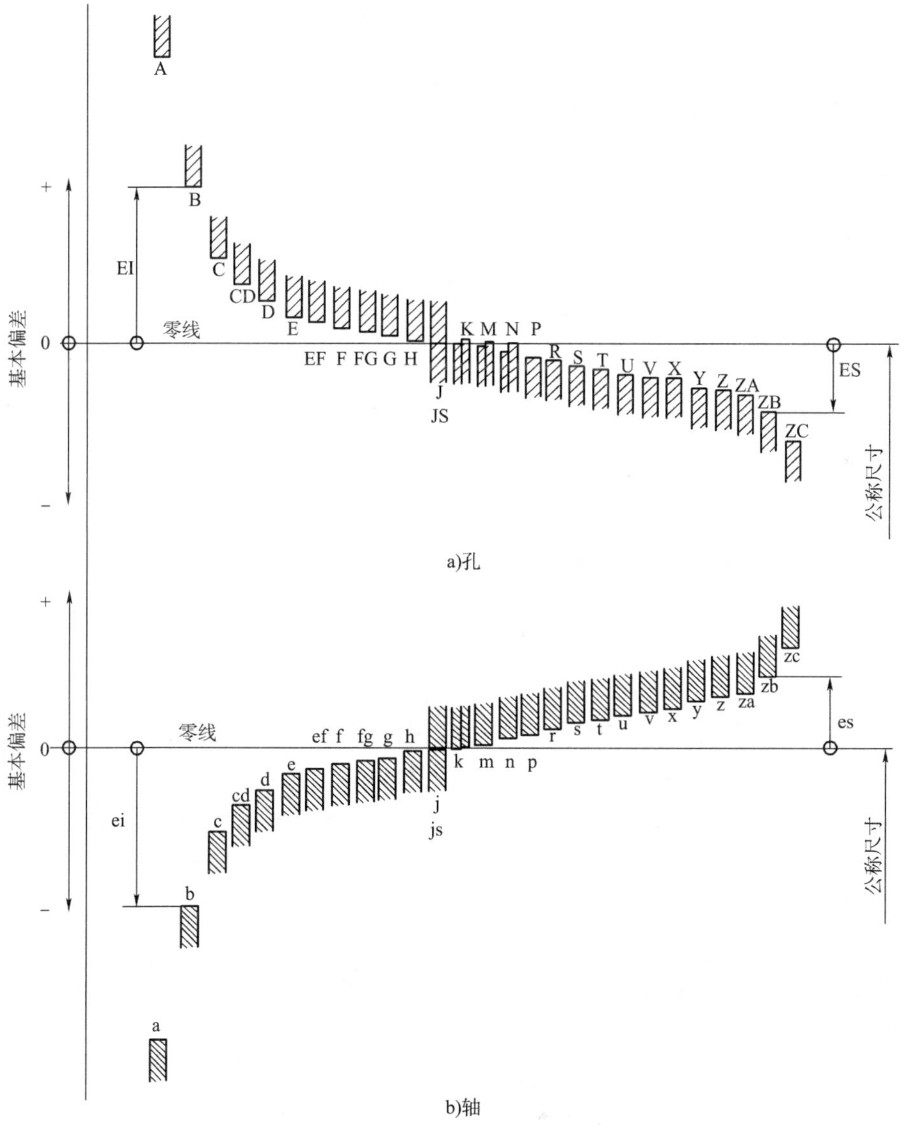

图3-2　基本偏差系列示意图

(8)公差带图。以公称尺寸为零线,用适当比例画出两极限偏差或两极限尺寸,以表示尺寸允许的变动范围,称为公差带图,如图 3-3 所示。

【示例 3-1】 已知孔 $\phi 50^{+0.007}_{-0.018}$mm,试计算极限尺寸,上、下极限偏差,基本偏差和公差,并绘制公差带图(图 3-4)。

解: 上极限偏差 = +0.007mm

下极限偏差 = -0.018mm

公称尺寸 =50mm

公差 = 上极限偏差 - 下极限偏差 = |(+0.007) - (-0.018)| =0.025(mm)

上极限尺寸 = 公称尺寸 + 上极限偏差 =50 + (+0.007) =50.007(mm)

下极限尺寸 = 公称尺寸 + 下极限偏差 =50 + (-0.018) =49.982(mm)

基本偏差 = +0.007mm

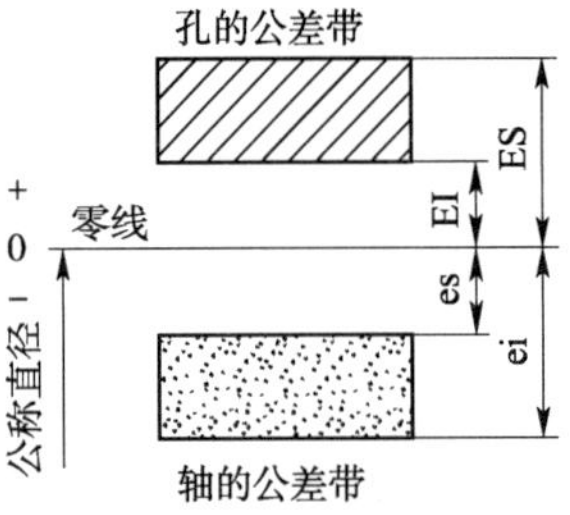

图 3-3　公差带图

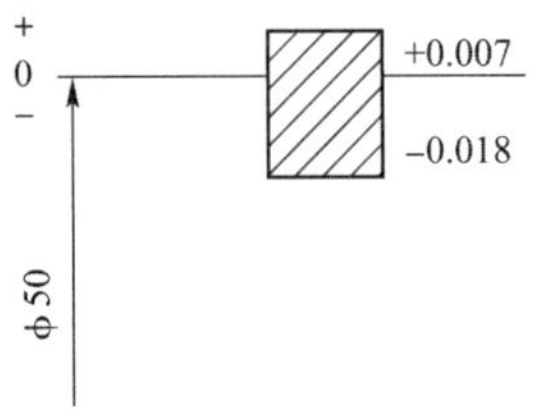

图 3-4　公差带图

【示例 3-2】 解释孔 ϕ30H7mm 的含义。

解: φ30H7 表示公称尺寸为 ϕ30mm 的孔,基本偏差代号 H,标准公差等级为 IT7 级。

2. 配合

公称尺寸相同的、相互结合的孔和轴公差带之间的关系称为配合。

(1)配合制度。国家标准对配合规定有两种制度,即基孔制配合和基轴制配合。

基孔制配合是指基本偏差一定的孔公差带,与不同基本偏差的轴公差带形成各种配合的一种制度。基孔制配合的孔称基准孔,其基本偏差为下极限偏差,数值为零(即 EI =0),代号为“H”。

基轴制配合是指基本偏差一定的轴公差带,与不同基本偏差的孔公差带形成各种配合的一种制度。基轴制配合的轴称基准轴,其基本偏差为上极限偏差,数值为零(即 es =0),代号为“h”。

在实际生产中常选用基孔制,因为加工相同公差等级的孔或轴时,孔比轴难加工。

考一考: 相配合的孔与轴,其公称尺寸应如何?

(2)配合的种类。孔和轴装配时,按其配合松、紧程度,分为间隙配合、过渡配合和过盈配合三种。

孔的实际尺寸总比轴的实际尺寸大,装配后保证具有间隙的配合称为间隙配合;孔的实际尺寸总比轴的实际尺寸小,装配时需要一定的外力才能将轴装入孔中的配合称为过盈配合;轴的实际尺寸比孔的实际尺寸有时小、有时大,装配后可能具有间隙,也可能具有过盈的配合称为过渡配合。

按照相互配合的孔轴松紧程度，两种基准制都可形成间隙配合、过渡配合和过盈配合。

（3）配合代号。配合代号采用孔、轴公差带代号组合，以分数形式来表示，分子为孔的公差代号，分母为轴的公差代号，如 $\phi30\ \frac{H7}{g6}$。在配合中，一般分子含 H 为基孔制配合，分母含 h 为基轴制配合。

（4）在装配图中配合代号的标注方法。对配合有要求的尺寸，需标注配合代号，具体标注方法如图 3-5 所示。

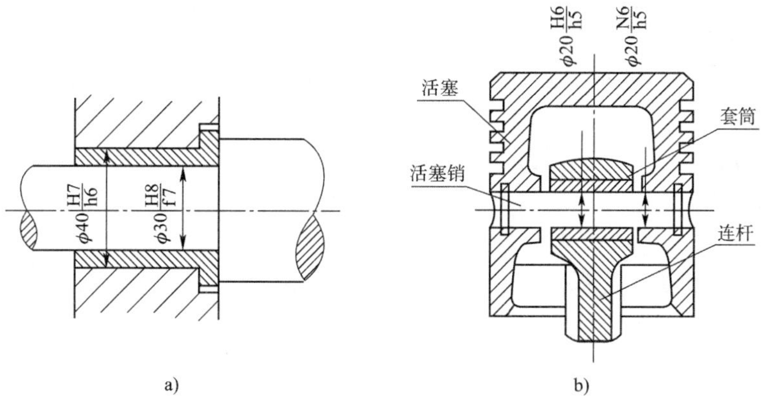

图 3-5　配合代号的标注

二、形状与位置公差

形状与位置公差简称形位公差。零件要实现互换性，不仅尺寸精度需达到要求，而且其形状和位置也须达到精度要求。

形状公差是指零件要素（点、线、面）的实际形状相对理想形状的允许变动量。位置公差是指零件要素（点、线、面）的实际位置对理想位置的允许变动量。

1. *形位公差项目和符号*

形位公差项目和符号，见表 3-1。

形位公差的特征项目及符号　　表 3-1

公　差		特征项目	符　号	基准要求
形状	形状	直线度	—	无
		平面度	▱	无
		圆度	○	无
		圆柱度	⌭	无
形状或位置	轮廓	线轮廓度	⌒	有或无
		面轮廓度	⌓	有或无
位置	定向	平行度	//	有
		垂直度	⊥	有
		倾斜度	∠	有

续上表

公　　差		特征项目	符　　号	基准要求
位置	定位	位置度	⌖	有或无
		同轴(同心)度	◎	有
		对称度	⌯	有
	跳动	圆跳动	↗	有
		全跳动	⌰	有

2. 形位公差的标注

图样上标注形位公差时,应有形位公差框格、被测要素和基准要素(指位置公差)及带箭头的指引线组成。

(1)公差框格。公差框格用细实线绘制。框格自左至右,依次填写形位公差项目符号、公差数值和基准代号,框格一端与指引线相连,指引线箭头指向被测要素。

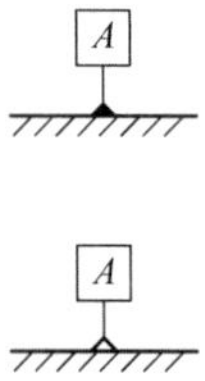

图3-6　基准代号

(2)被测要素表示法。当被测要素为轮廓要素时,箭头指向要素的轮廓线或其延长线上,但须与尺寸线错开。当被测要素为中心要素时,箭头应对准尺寸线。

(3)基准要素标注。基准要素用大写字母表示。字母水平标注基准方格内,与一个涂黑的或空白的三角形相连,以表示基准,如图3-6所示。当基准要素为两要素组成的公共基准时,用横线隔开两大写字母。

(4)形位公差标注与识读。图3-7所示为气门挺柱的形位公差标注,图中标注的各个形位公差代号的含义见表3-2。

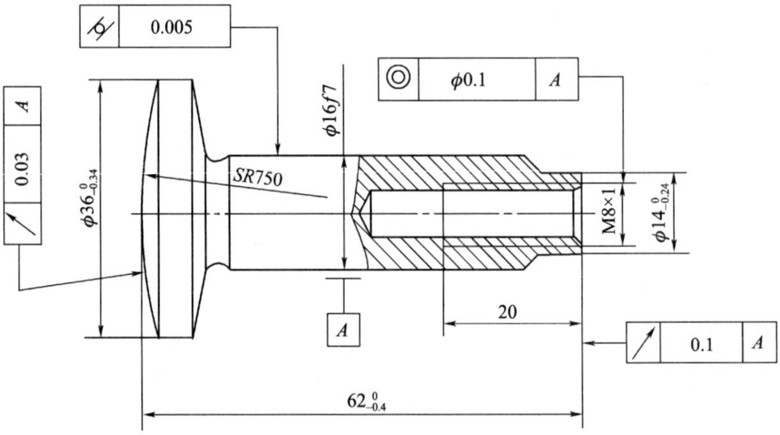

图3-7　气门挺柱的形位公差标注示例

形位公差综合标注示例说明　　表3-2

形位公差项目内容	说　　明
⌭ 0.005	φ16f7的外圆柱面的圆柱度公差为0.005mm

续上表

形位公差项目内容	说　　明
↗ 0.1 A	$\phi14_{-0.24}^{\ 0}$端面对基准 A（ϕ16f7 轴线）的端面圆跳动公差为 0.1mm
◎ ϕ0.1 A	M8 × 1 的轴线对基准 A（ϕ16f7 轴线）同轴度公差为 ϕ0.1mm
↗ 0.03 A	SR750 的球面对基准 A（ϕ16f7 轴线）的圆跳动公差为 0.03mm

想一想：被测要素分别为轮廓要素与中心要素时，指引线的箭头指向有何区别？

三、表面结构的图样表达

知识链接

机构加工过程中，由于受刀具与工件间的运动与摩擦、机床的振动及零件的塑性变形等各种因素的影响，不论采用何种加工方法获得的零件表面，都会产生微小的凹凸不平的痕迹，如图 3-8 所示。表面结构就是指上述加工因素引起的零件表面微观几何形状。零件表面经过加工后获得的轮廓有三种：粗糙度轮廓、波纹度轮廓、原始轮廓。

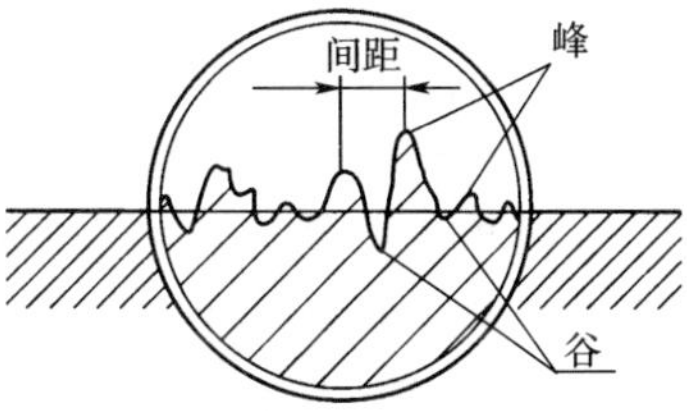

图 3-8　表面结构概念

1. 粗糙度轮廓的主要评定参数

由于粗糙度轮廓是一般机械加工中最常见的形式，它直接影响零件的性能，在机械设计、生产中需严格控制。粗糙度轮廓的评定参数有很多，一般常用的是轮廓算术平均偏差 Ra 和轮廓最大高度 Rz。

（1）轮廓算术平均偏差 Ra。轮廓的算术平均偏差 Ra，单位为 μm。它是指在取样长度内，被测轮廓线上各点到基准线的距离的算术平均偏差 y_i，如图 3-9 所示。

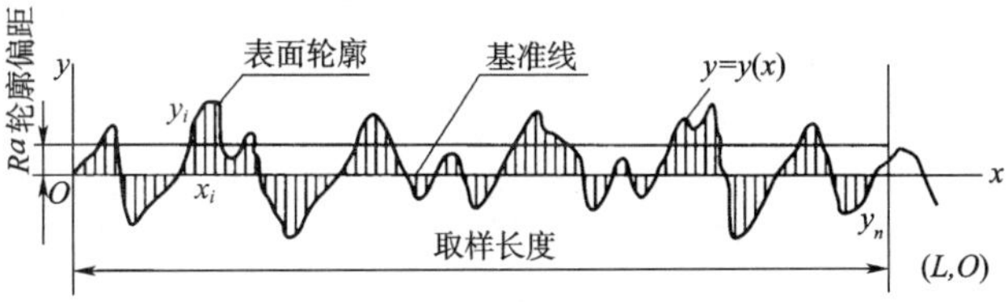

图 3-9　表面粗糙度的主要评定

Ra 数值的大小直接体现零件表面粗糙程度。Ra 数值越大，零件表面越粗糙；Ra 数值越小，零件表面越平整。

（2）轮廓最大高度 Rz。它是指在取样长度内，轮廓峰顶线和轮廓谷底线之间的距离。

2. 表面结构的基本特征符号

国家标准 GB/T 131—2006 规定了零件表面结构表达的基本图形符号、代号及在图样上的标注方法。表面结构表达的基本图形符号及意义见表 3-3。

表面结构的基本图形符号、示例及说明 表 3-3

符　号	意义及说明	示　例	意义及说明
	基本图形符号,表示允许任何工艺获得的表面	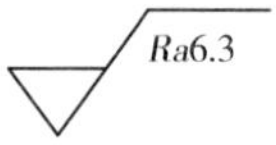	表示用去除材料的方法获得的表面结构,*Ra* 的上限值为 6.3μm
	扩展图形符号,表示用不去除材料的方法获得的表面,如铸、锻、冲压变形、冷轧等;或表示保持上道工序形成的表面	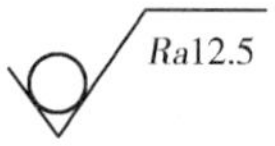	表示用不去除材料的方法获得的表面结构,*Ra* 的上限值为 12.5μm
	扩展图形符号,表示用去除材料的方法获得的表面,如车、铣、磨、钻、抛光等	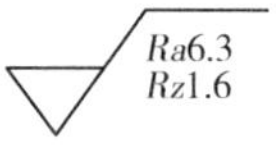	表示用去除材料的方法获得的表面结构,*Ra* 的上限值为 6.3μm,*Rz* 上限值为 1.6μm

3. 表面结构的代号标注

表面结构的图形代号应标注在可见轮廓线、尺寸界线、引出线或它们的延长线上,符号的尖端必须从材料外部指向材料表面;在同一图样上每个表面的表面结构图形代号只标一次,不得重复;当零件中有许多表面具有相同的表面结构要求,则对该表面结构要求可统一标在图形附近或标题栏上方。表面粗糙度的代号标注方法如图 3-10 所示。

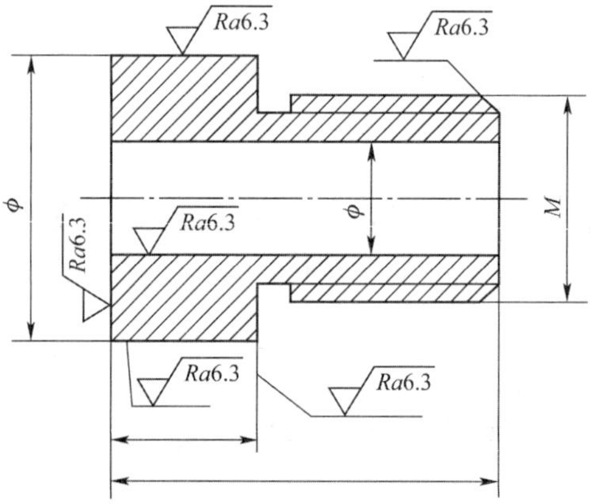

图 3-10　表面结构的图形代号标注示例

课题小结

1. 零件图中的技术要求主要有:极限与配合、形位公差和表面粗糙度和热处理项目等。

2. 孔、轴尺寸代号由基本偏差代号的拉丁字母和表示公差的数字组合而成,如 φ30H7、φ30d6。

3. 配合种类有间隙配合、过渡配合和过盈配合;配合制度有基孔制配合和基轴制配合。

4. 配合代号采用孔、轴公差带代号组合，以分数形式来表示，如 $\phi 30\ \dfrac{H7}{g6}$。

5. 形状公差是指零件要素(点、线、面)的实际形状相对理想形状的允许变动量。位置公差是指零件要素(点、线、面)的实际位置对理想位置的允许变动量。

6. 零件表面加工处理后获得的轮廓有三种：粗糙度轮廓、波纹度轮廓、原始轮廓，其中，粗糙度轮廓是机械加工中最常见的形式。粗糙度轮廓评定的主要参数有轮廓算术平均偏差 *Ra* 和轮廓最大高度 *Rz*。

课题三 典型汽车零件图识读示例

考一考：什么叫形体分析法？

识读零件图是技术工人必备的一项基本技能。下面以图 3-11 所示活塞零件图为例，来说明识读零件图的一般步骤。

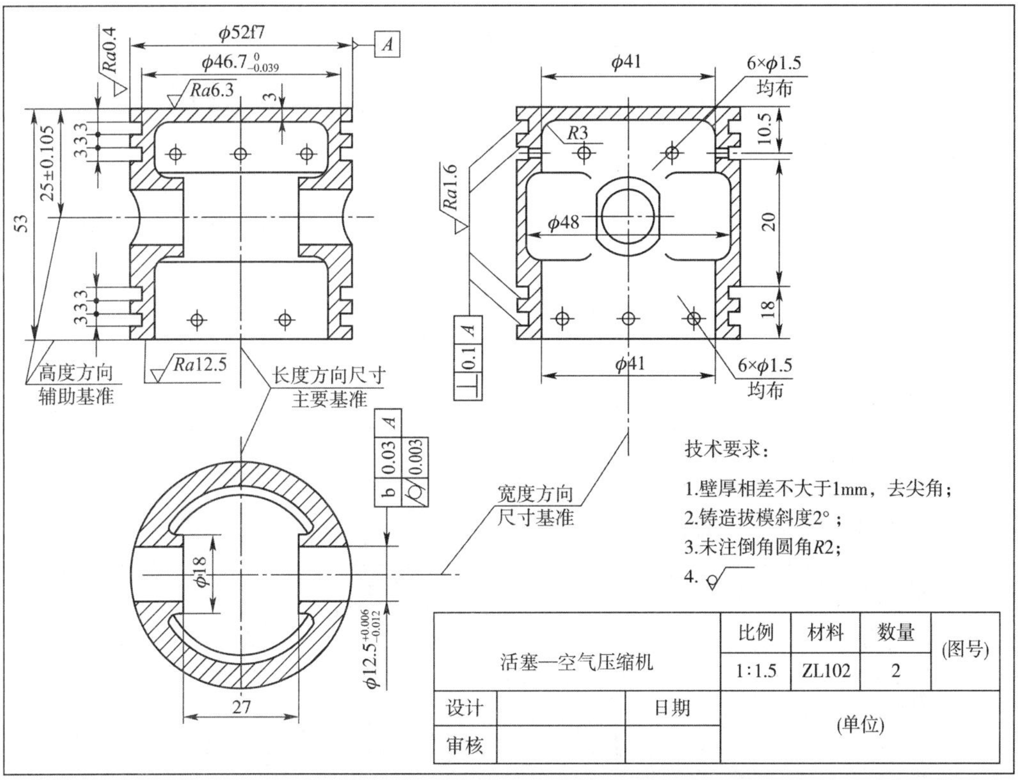

图 3-11 活塞零件图

1. 看标题栏

可知零件为活塞，它是空气压缩机的其中一个零件；由于零件材料是 ZL102 铸造铝合金,从而可以想到零件中必然会有诸如铸造圆角、铸造壁厚均匀等铸造工艺结构。比例为1∶1.5,表明零件的大小是图样的1.5倍。

2. 分析零件的表达方案

用三个全剖的基本视图来表达该零件。主视图按工作位置放置,表达活塞外部尺寸和内部结构;其他两个视图主要表达活塞内部结构和尺寸。主、左视图的剖切平面均处于零件的对称中心平面上,而俯视图的剖切平面是通过活塞销座孔轴线来剖切的。

3. 分析形体

三个视图均采用了全剖视图,清楚表明活塞的外形是圆柱体,内腔是阶梯圆柱形空腔,并铸有两个活塞销座。活塞上下开有四个活塞环槽,在第二、四道环槽内各钻回油孔六个,并互错30°。

4. 分析尺寸

高度方向尺寸基准是活塞上顶面,辅助基准是销孔的轴线和下底面;长度方向的基准是通过活塞轴线并垂直于销孔轴线的中心平面;宽度方向的基准是通过销孔轴线并与中心平面垂直的平面。活塞总体尺寸为ϕ52mm×53mm。

5. 看技术要求

从图中可知道零件表面粗糙度的要求,极限与配合、形位公差及制造、检验等方面的要求。

6. 归纳总结

把图形、尺寸和技术要求等系统地联系起来进行综合分析,从而得到零件的完整情况。

课题小结

1. 尺寸基准是指标注尺寸的起点。

2. 零件图的识图步骤和方法。

练习题

一、根据下图,在表格中填入正确的数值,并标注右图尺寸。

公称尺寸	上极限尺寸	下极限尺寸	上极限偏差	下极限偏差	公　　差

上述孔与轴配合,其配合制度为__________,配合性质为__________。

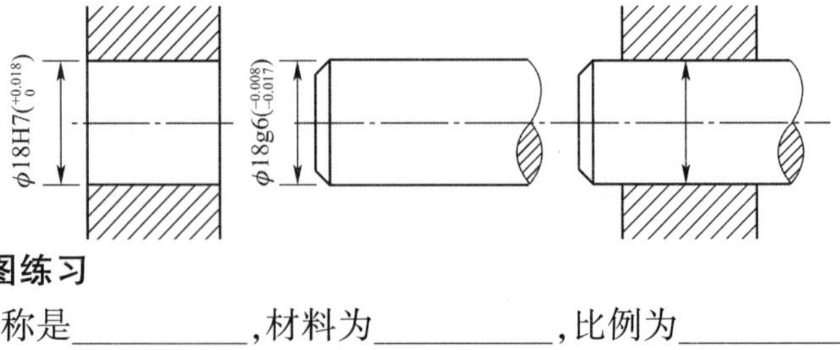

二、识读零件图练习

1. 该零件的名称是__________,材料为__________,比例为__________。

2. 该零件采用了__________个图形来表达,它们分别是__________视图和__________

视图；其中__________视图采用了__________剖视。

3. 零件长度方向的尺寸基准是__________，宽度方向的尺寸基准是__________。

4. 孔 $4\times\phi 11$ 的定位尺寸为__________，定形尺寸为__________。

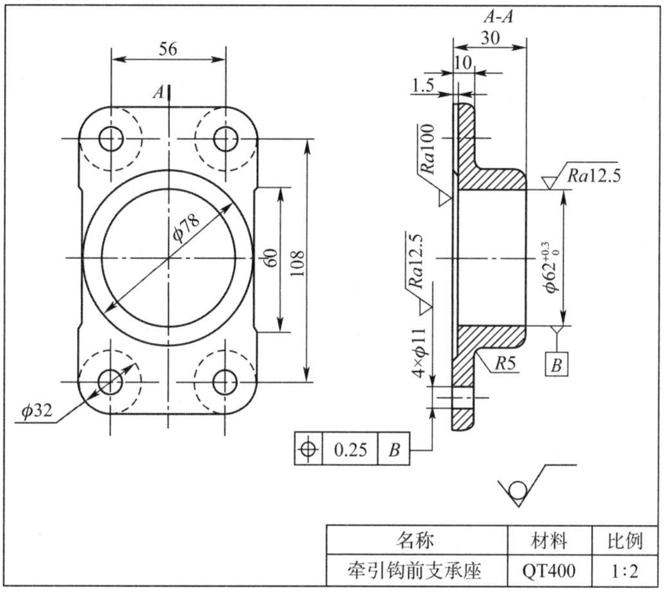

5. 试解释下列代号含义：

(1) $\phi 62_{0}^{+0.36}$

(2) ⌖ | 0.25 | *B*

(3) √*Ra*12.5

项目四　装配图的识读

项目要求

1. 知识目标

知道装配图识读的步骤、方法；能正确描述装配图的规定画法、简化画法和特殊画法。

2. 技能目标

知道主要零件的结构形状；知道各部件中各个零件之间的相对位置、装配关系；能从简单装配图中拆分简单零件图。

3. 素养目标

通过装配图的识读训练，使学生获得较好的读图能力及培养学生初步表达设计产品能力。

项目叙述

生产中，无论是开发新产品，还是对其他产品进行仿制、改造，或者安装、调试、检修机器时，都要通过装配图来表达机器的工作原理、传动路线、机器的结构和性能。因此，装配图是表达设计思想、指导生产和进行技术交流的重要技术文件之一。

本项目的主要内容是装配图的概述、表达方法及如何识读装配图。

通过本项目的学习，使学生能利用装配图，看懂汽车各部件间的装配关系、连接方式、传动路线、相对位置以及各部件的结构、性能等，从而为产品设计、汽车维修打下一定的基础。

建议课时

6 课时。

课题一　装配图的概述

一、装配图的概念及内容

1. 装配图的概念

一台机器或部件，都是由许多零件、部件按一定关系装配而成的。这种表达机器或部件各组成零件之间的连接或装配关系的图样，称为装配图。

2. 装配图的内容

一张完整的装配图，主要包括以下四个方面的内容。

（1）一组视图。运用一组视图，完整、清晰地表达出机器或部件的工作原理、装配关系、连接方式、相对位置、传动路线、机器的结构和性能等。

想一想：零件图和装配图的内容和作用有何异同点？

图 4-1 所示为滑动轴承的装配轴测图，由于轴测图虽然直观，但它不能清晰、准确地反映各零件的装配关系，故必须由装配图来表达。

图 4-2 所示为滑动轴承的装配图。图中采用了主视图、俯视图和左视图三个基本视图来表达滑动轴承的结构形状；由于其结构基本对称，故三个视图均采用了半剖视图。视图清晰表达了轴承座、轴承盖以及上、下轴瓦的装配关系。

（2）必要的尺寸。用来表达机器或部件的性能、检验、装配、安装、包装运输等时所需的尺寸。

（3）技术要求。用文字或符号说明机器或部件在装配、调试、检验、安装及使用等方面的要求。

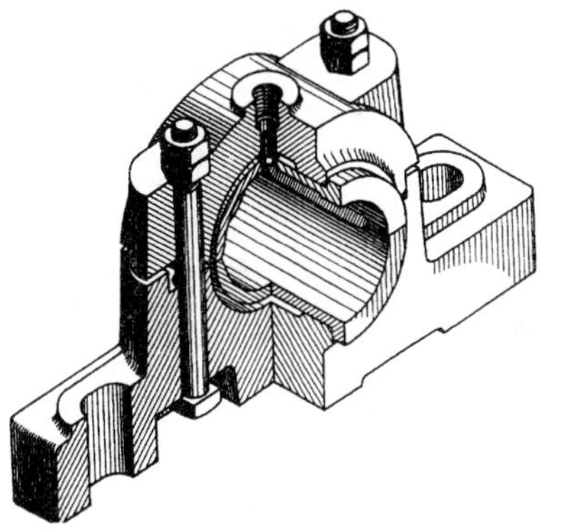
图 4-1　滑动轴承轴测图

（4）标题栏。标题栏中填写零件的名称、材料、数量、比例、图样的编号、设计单位以及绘图、审核者的姓名和日期等内容。各厂矿企业有时也有各自的标题栏、明细栏格式。

（5）零件的序号、明细栏。为便于看图和生产管理，装配图中的零件都必须编写序号，并在标题栏上方编制出相应的明细栏。明细栏中要填写零件序号、名称、材料、数量以及标准件的规格尺寸等。

二、装配图中的明细栏和尺寸标注

1. 装配图中的明细栏

装配图中的零件都须编写序号，但同一零件只编一个序号，并在标题栏上方的明细栏中，按序号填写各个零件的名称、材料、数量、规格等。

（1）序号的标注形式。序号一般由指引线、横线或圆圈、序号数字组成。

指引线用细实线从可见轮廓内引出，并在轮廓内端画一小圆点，若所指部分不便画圆点（如垫片等很薄的零件），可在指引线末端画出箭头，并指向该轮廓表面，如图 4-3a）所示；另一端用细实线绘制短横或圆圈，序号数字填写在横线上方或圆圈内或指引线附近，各指引线不得相交，如图 4-3b）所示。

对于装配关系清楚的零件组，可采用公共指引线，如图 4-4 所示。

（2）明细栏。明细栏是装配图中全部零件的详细目录，内容一般有零件的序号、名称、材料、数量、规格等。一般配置在标题栏的上方，自下而上顺序填写，当图中位置不够时，明细栏允许紧靠标题栏的左边位置自下而上延续。

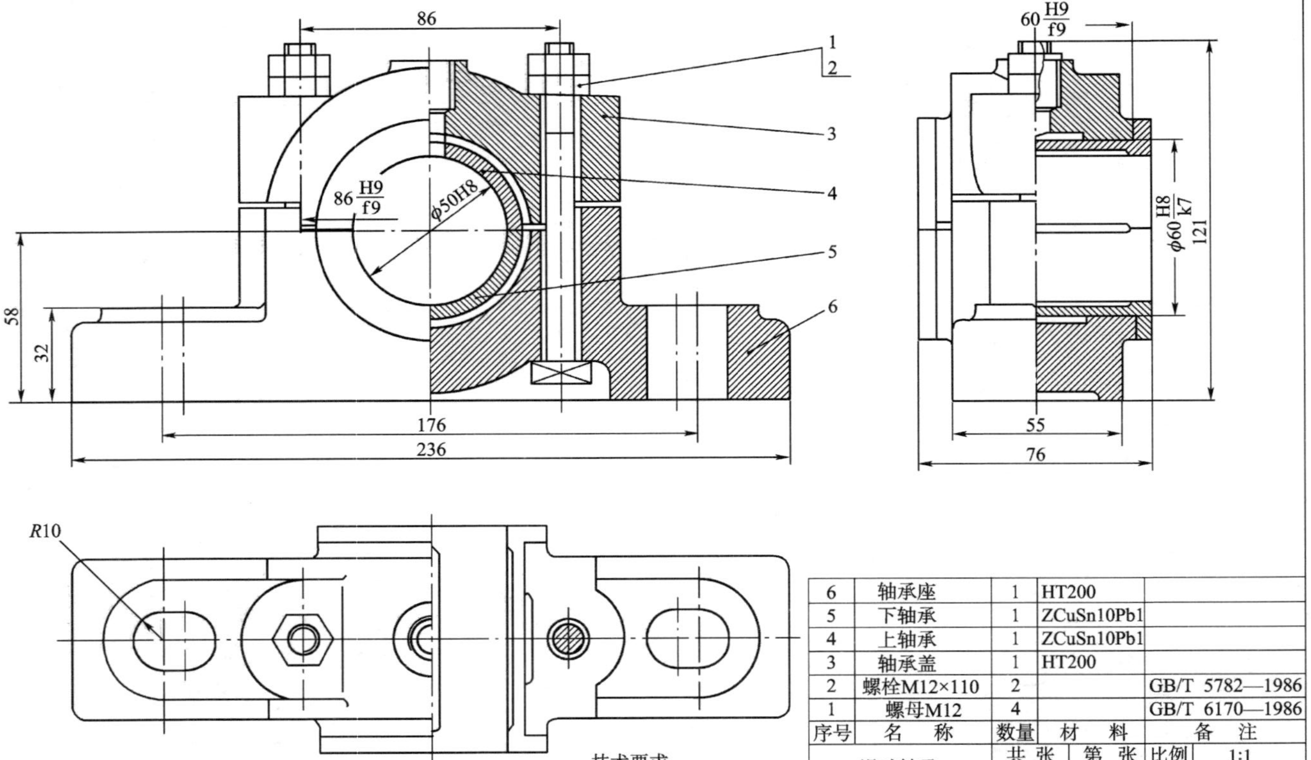

序号	名称	数量	材料	备注
6	轴承座	1	HT200	
5	下轴承	1	ZCuSn10Pb1	
4	上轴承	1	ZCuSn10Pb1	
3	轴承盖	1	HT200	
2	螺栓M12×110	2		GB/T 5782—1986
1	螺母M12	4		GB/T 6170—1986

滑动轴承			共 张	第 张	比例	1:1
			数 量		图号	
制图	(签名)	(日期)	（校名）			
审核	(签名)	(日期)				

技术要求

涂色检查：轴承座与下轴承的接触面不小于50%;
轴承盖与上轴承的接触面不小于40%。

图 4-2　滑动轴承装配图

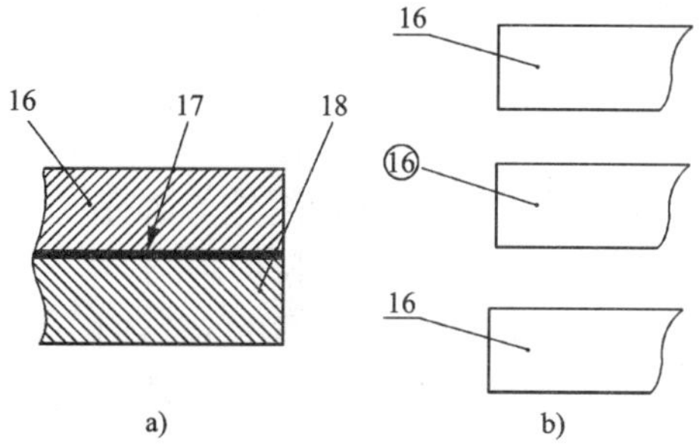

图 4-3 序号的组成及标注

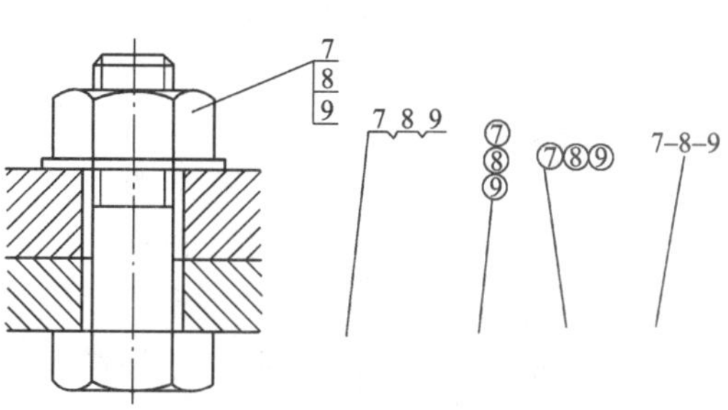

图 4-4 零件组的序号标注

2. 装配图的尺寸标注

装配图的尺寸标注目的不同于零件图,它不是制造零件的直接依据,不需要注出每个零件的全部尺寸,而只要求注出与装配体装配、检验、安装或调试等相关的尺寸。因此,装配图一般只需标注下列几类尺寸。

(1)性能(规格)尺寸。这类尺寸反映装配体的工作性能或规格大小,是设计的重要数据。如图 4-2 所示,ϕ50H8 为规格尺寸。

(2)装配尺寸。它是表示零、部件间装配关系的尺寸,如图 4-2 所示。

(3)安装尺寸。它是将部件安装到其他零、部件或基座上所必需的尺寸,如图 4-2 所示,176mm 是用于安装地脚螺栓孔的尺寸,即为安装尺寸。

(4)总体尺寸。它是反映机器或部件外形轮廓大小的尺寸,即总的长、宽、高尺寸。如图 4-2所示,236mm、121mm、76mm 三个尺寸即为该轴承装配件的总体尺寸。

(5)其他重要尺寸。根据机器或部件在装配或使用中必须说明的尺寸,如运动件的位移尺寸等。

考一考:装配图的尺寸标注与零件图的尺寸标注相比有哪些特点?

课题小结

1. 装配图的内容包括一组视图、必要的尺寸、技术要求、标题栏、零件的序号和明细栏。
2. 装配图的尺寸包括性能(规格)尺寸、装配尺寸、安装尺寸、总体尺寸和其他重要尺寸等。
3. 在装配图的表达方法中,除了零件图表达中所用到的视图、剖视图、断面图等方法外,还需要有一些规定画法、简化画法和特殊表达方法等方法来表达。
4. 装配图中的零件都须编写序号,并填写明细表,以便于看图。

课题二 装配图的识读

一、装配图的表达方法

在装配图的表达方法中,同样需要零件图表达中所用到的诸如视图、剖视图、断面图等表达方法,但为了恰当表达机器或部件的工作原理和装配关系,还需要有一些规定画法、简化画法和特殊表达方法。

1. 装配图的规定画法

(1)相邻两零件的接触面或配合面,规定只画一条线,但如果相邻两零件的公称尺寸不相同,即使间隙很小,也必须画成两条线。如图4-5所示为接触面或配合面的画法。

(2)在剖视图中相邻两零件的剖面线应有所区别,可通过剖面线方向相反或方向一致而间距不相等的方式加以区别,同一零件在各个视图上的剖面线方向和间隔应一致。装配图中剖面线的画法,如图4-6所示。

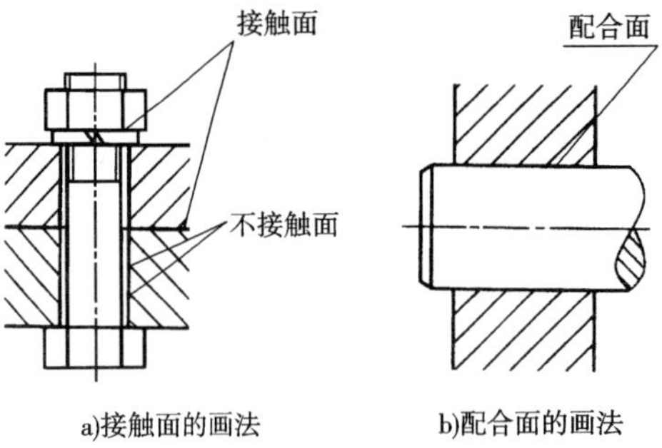

图4-5 接触面与配合面的画法

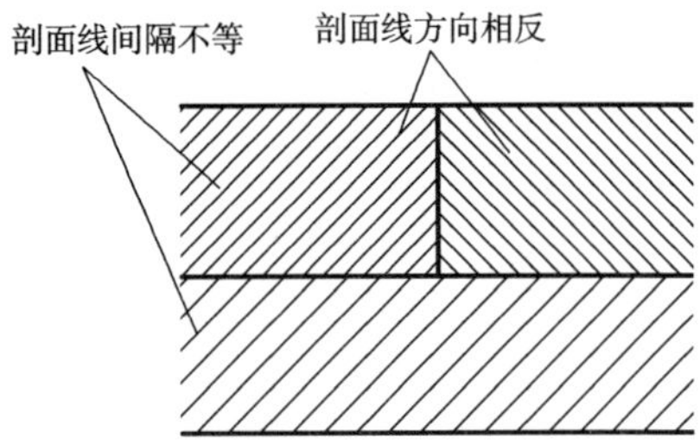

图4-6 剖面线的画法

(3)当剖切平面通过标准件或实心零件的轴线时,这些零件不画剖面线,如螺栓等紧固件、轴、手柄、键、销等零件,例如图4-2所示主视图中的螺栓画法。如需表明零件的凹槽、键槽、销孔等结构时,可用局部剖视表示。

2. 装配图的简化画法

装配图的简化画法,如图4-7所示。

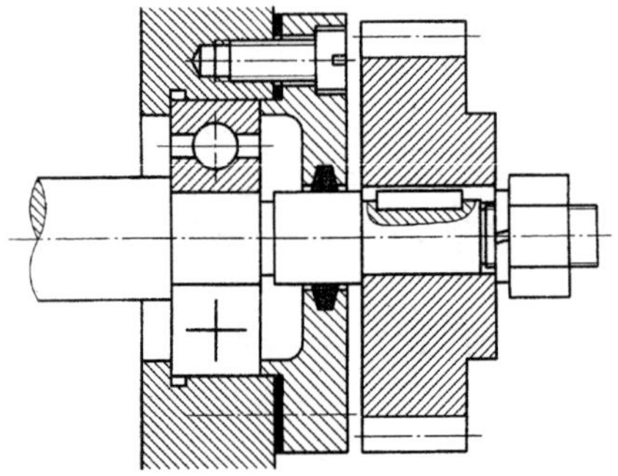

图4-7 装配图的简化画法

(1)零件上的某些工艺结构,如倒角、退刀槽、圆角等可省略不画。

(2)在同一视图中重复出现的若干相同结构,如滚动轴承、螺钉等,允许较详细地画出一处或几处,其余的只需用点画线画出其中心位置即可。

(3)螺栓头部、螺母允许按简化画法绘制。

二、识读装配图

在机器设备的设计、制造、装配、使用、维修中,经常需通过看装配图来分析机器及部件的工作原理、性能和结构特点。下面以图4-8所示活塞连杆总成的装配图为例,来说明装配图识图的步骤和方法。

1. 概括了解

首先从标题栏、明细栏和产品说明书中概括了解部件的作用,零件数量、名称、位置、材料,视图数量,了解各零件之间的大体装配关系。从图4-8中可知部件名称为“活塞连杆总成”;从明细栏中可知该部件共有14种零件组成,也可知这些零件的名称、规格等。

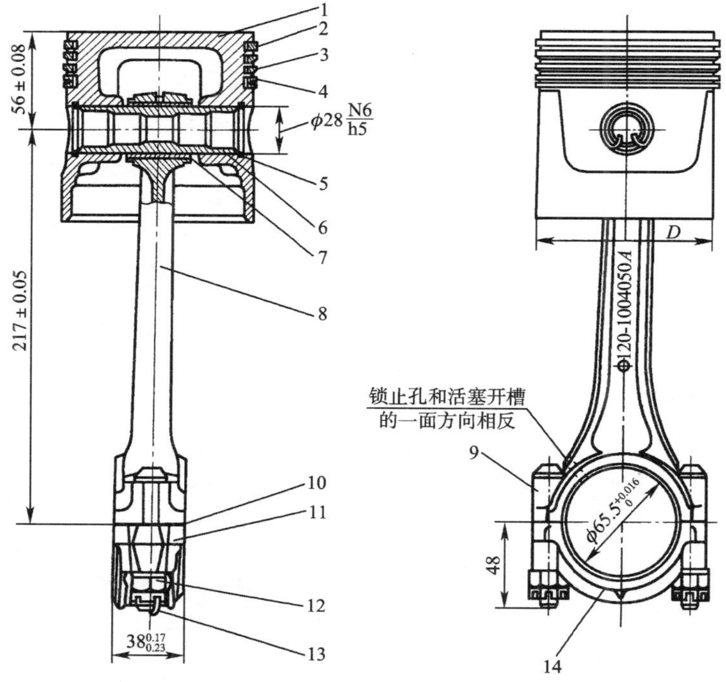

技术要求

按说明书NO.120-3902122进行装配

序号	名称	数量	材料	备注
14	连杆轴承	2	巴氏合金	
13	开口销	2	45	GB/T91—1986
12	连杆螺母	2	35	GB/T6178—1986
11	连杆盖	1	40	
10	调整垫片		80	数量视需要
9	连杆螺栓	2	40Cr	
8	连杆	1	40	
7	连杆衬套	1	QSn4-4-2.5	
6	活塞销	1	45Cr	渗碳
5	锁环	2	65Mn	
4	油环	1	合金铸铁	
3	中活塞环	2	合金铸铁	
2	上活塞环	1	合金铸铁	
1	活塞	1	铝合金	
活塞连杆总成			比例	1:1
			件数	6

图 4-8　汽车活塞连杆总成的装配图

2. 分析工作原理及装配关系

在概括了解的基础上,分析部件的工作原理和各零件的装配关系。

该部件的工作原理是可燃混合气产生的气压力推动活塞作直线运动,经曲柄连杆机构将活塞的直线运动转化为曲轴的旋转运动。

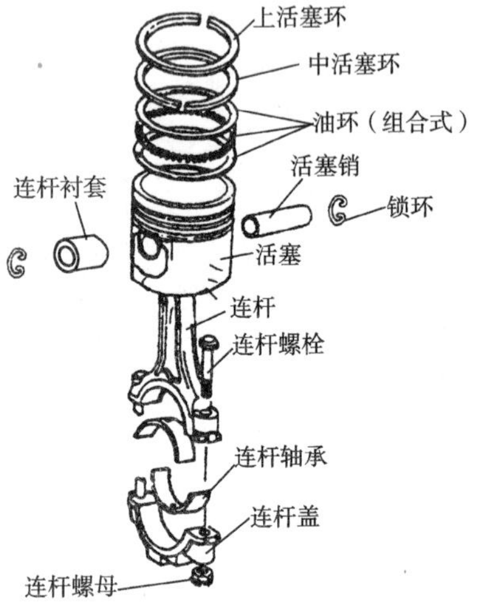

图 4-9 汽车活塞连杆总成轴测图

各零件的装配关系是:上活塞环 2、中活塞环 3、油环 4,按自上而下的顺序安装在活塞上部槽内;活塞销 6 两端与活塞 1 的销孔相配合,并在活塞销的两端装有锁环 5;连杆衬套安装在活塞销中部与连杆 8 的小头相配合;连杆盖 11 与连杆 8 的大头之间有调整垫片;连杆盖 11 与连杆 8 形成的内孔,内装有连杆轴瓦,并用连杆螺栓 9 和连杆螺母 12 采用开口销 13 锁定。图 4-9 所示为活塞连杆总成结构轴测图。

3. 分析视图表达方法

装配图中的主视图应按机器或部件的工作位置以及最能表达重要零件结构和各零件间的装配关系、工作原理等作为选择的原则。从图中可知,该装配图采用两个基本视图来表达该部件。主视图采用局部剖视图,主要用来表达活塞、活塞销、连杆及连杆轴承之间的装配关系;左视图显示整个部件的外形,突出表达了连杆杆身和连杆大端的形状,也表达了连杆大端的连接情况。

4. 归纳总结

在以上分析的基础上,再分析技术要求和尺寸,并把部件的性能、结构、装配、操作和维修等几个方面联系起来研究,归纳总结其结构特点、拆装顺序等,加深对活塞连杆总成的全面认识。

三、由装配图拆画零件图的一般方法和步骤

产品设计过程中,一般先画装配图,再从装配图中拆画零件图。下面以图 4-8 所示汽车活塞连杆总成的装配图中拆画活塞销为例,来说明从装配图中拆画零件图的一般方法和步骤。

1. 分离零件

在活塞连杆总成中,首先按序号 6 及其指引线找到活塞销在主视图中的投影,进而再依据投影关系、剖面线一致等找出活塞销在左视图中的投影,然后假想拆去活塞销相邻的零件,恢复被遮挡的投影轮廓,把要拆画的零件从装配图分离出来。

2. 确定表达方案

由于装配图的视图表达是从表达整个部件的角度来考虑的,所以在确定零件表达方案时,一方面要考虑分离出来的一组视图对于该零件是否合适;另一方面要考虑对于该零件是

否还有未表达清楚的结构，如圆角、倒角、退刀槽等工艺结构。对于活塞销属轴类零件，可按横放的工作位置作为主视图位置，主视图取全剖视图。

3. 标注尺寸

按零件图尺寸标注的要求和方法，标注零件的全部尺寸。图中尺寸，一方面从装配图中抄注；另一方面通过计算、查表和直接从装配图中按比例量取等方法获得。

4. 标技术要求，填写标题栏

根据零件的设计要求，标注形位公差等全部技术要求。

想一想：产品设计过程中，一般是先画装配图还是先画零件图？

课题小结

1. 在装配图的表达方法中，除了零件图表达中所用到的视图、剖视图、断面图等方法外，还需要有一些规定画法、简化画法和特殊表达方法等方法来表达。

2. 识读装配图时，要对其进行概括了解，看懂工作原理及装配关系，进而了解各零件的作用，想象出零件形状。

3. 产品设计过程中，一般先画装配图，再从装配图中拆画零件图。

练习题

一、填空题

1. 一张完整的装配图，主要包括__________、__________、__________和__________四个方面的内容。

2. 装配图一般只需标注性能规格尺寸、__________、__________、__________和其他重要尺寸。

3. 齿轮油泵的总长为__________ mm、总高为__________ mm、总宽为__________ mm。

二、简答题

1. 装配图的规定画法有哪些？

2. 装配图的特殊表达方法有哪些？

三、识读下面的汽车齿轮油泵装配图，并回答下列问题

1. 此装配体的名称是__________，比例为__________，共有__________种（14 个）零件组成。

2. 该装配图共由__________个视图组成。各个视图的表达方法分别为：主视图采用了__________视图，左视图采用了__________视图和__________视图，另外还采用了 A 和 B 两个__________视图。

3. 试解释图中配合尺寸的含义：

（1）$\phi 35\dfrac{H7}{f6}$

（2）$\phi 15\dfrac{H7}{f6}$

(3) $\phi 15\ \frac{H7}{p6}$

(4) $\phi 14\ \frac{H7}{f6}$

4. 拆画序号 4 零件的零件图。

5. 简述齿轮油泵的工作原理。

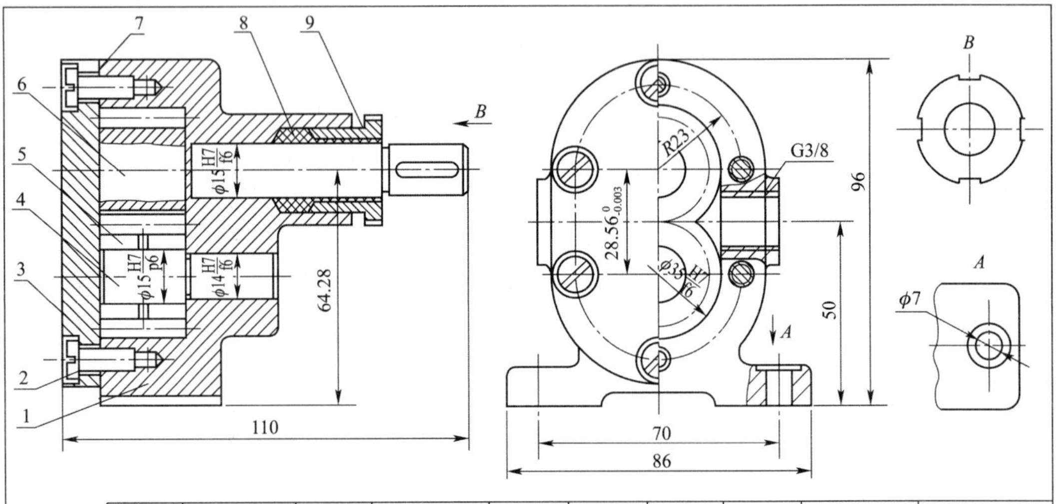

9	压紧螺母	1	Q235A		3	泵盖	1	HT200	
8	填料	1	毛毡		2	螺钉	6	4.8级	GB/T 67—2000
7	垫片	1	工业用纸		1	泵体	1	HT150	
6	主动齿轮	1	45		序号	名称	数量	材料	备注
5	从动齿轮	1	45		齿轮油泵			比例	1:1
4	轴	1	45					件数	6

项目五　常用机构分析

项目要求

1. 知识目标

理解铰链四杆机构和机器、机械、机构、零件及运动副基本概念；会分析曲柄滑块机构、凸轮机构和棘轮机构工作过程和特点。

2. 技能目标

能自制一铰链四杆机构，观察并分析其运动及演化规律；能绘制凸轮机构从动件的运动曲线。

3. 素养目标

通过动手制作铰链四杆机构，提高学生的学习兴趣，培养学生理论联系实际、一丝不苟、团结协作的工作作风。

项目叙述

在工程和生活中，机构的应用十分广泛，如车门的自动启闭机构、汽车的刮水器、自卸车翻斗机构等。因此，认识各种常用机构，能分析其工作过程和特点，对今后进行安装和维护机器工作有重要意义。

建议课时

4课时。

课题一　平面机构的组成

平面机构是指组成机构的所有构件都在同一平面或相互平行的平面内运动的机构。工程上常见的机构大多属于平面机构，所以，本课题仅限于讨论平面机构。

一、机器的组成及相关概念

1. 机器

机器是执行机械运动和信息转换的装置。如日常生活中接触到的缝纫机、洗衣机、汽

车,工业生产中的机床、起重机等。机器的种类繁多,其结构、功用各异,但从机器的组成来分析,都有下列三个共同特征:

(1)由许多构件组成;

(2)各构件间具有确定的相对运动;

(3)可以代替或减轻人类劳动,实现能量转换或完成有用的机械功。

机器通常由动力部分、传动部分、执行部分和控制部分组成,各组成部分的作用和应用见表5-1。

机器各组成部分的作用和应用举例 表5-1

组成部分	作用	应用
动力部分	把其他形式的能量转换为机械能,以驱动机器各部件运动	电动机、内燃机、蒸汽机和空气压缩机等
传动部分	将原动机的运动和动力传递给执行部分	金属切削机床中的带传动、螺旋传动、齿轮传动和连杆机构等
执行部分	直接完成机器工作任务,其处于整个传动装置的终端,结构形式取决于机器的用途	金属切削机床的主轴、滑板等
控制部分	显示和反映机器的运行位置和状态,控制机器正常运行和工作	机电一体化产品(如数控机床、机器人)中的控制装置等

2. 机构

机构是用来传递运动和力的构件系统。与机器相比,机构仅具备机器的前两个特征,而不具备第三个特征。

除了做功和能量转换方面的问题,机器与机构并无区别,所以习惯上把机器和机构统称为机械。

3. 构件

从运动角度看,可以认为机器是由若干构件组成的。各构件之间具有确定的相对运动,所以构件是机器的运动单元。

4. 零件

从制造角度看,机器是由若干个零件组成的。零件是机器组成中不可再拆的最小单元,是机器的制造单元。

想一想:在你日常生活中见到的机器、机构、构件、零件有哪些?

二、运动副

在机构中,每个构件都是以一定的方式与其他构件相互连接起来,这种连接是可动的,但其相对运动又受到一定的约束,以保证构件间具有确定的相对运动。两构件之间的这种直接接触又能产生一定相对运动的活动连接称为运动副。即运动副是两构件直接接触所形成的可动连接。

根据运动副中两构件接触形式不同,运动副可分为低副和高副两大类。

1. 低副

低副是指两构件之间以面接触的运动副。按两构件的相对运动情况,可又分为转动副、移动副和螺旋副。

(1)转动副:两构件在接触处只允许作相对转动的运动副,如图 5-1a)所示。

(2)移动副:两构件在接触处只允许作相对移动的运动副,如图 5-1b)所示。

(3)螺旋副:两构件在接触处只允许作相对螺旋运动的运动副,如丝杠与螺母组成的运动副,如图 5-1c)所示。

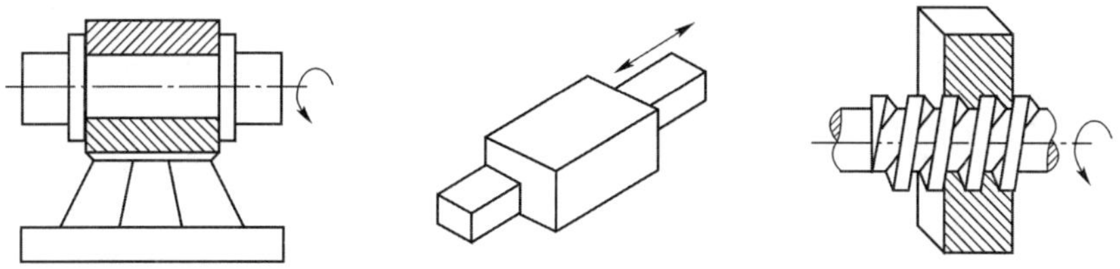

a)转动副　　b)移动副　　c)螺旋副

图 5-1　低副

2. 高副

高副是两构件之间以点或线接触的运动副,如图 5-2 所示。

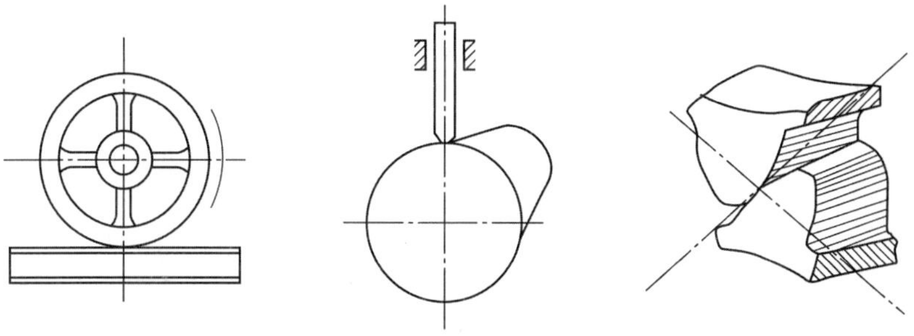

a)车轮与轨道　　b)凸轮副　　c)齿轮副

图 5-2　高副

想一想:在你的日常生活中所接触到的,由低副或高副组成的零件还有哪些?

三、平面机构的运动简图

机构的相对运动只与运动副的数目、类型、相对位置及某些尺寸有关,而与构件的横截面尺寸、组成构件的零件数目、运动副的具体结构无关。用线条表示构件,用简单符号表示运动副的类型,按一定比例确定运动副的相对位置及与运动有关的尺寸,这种简明表示机构各构件运动关系的图形称机构运动简图,如图 5-3 所示。机构运动简图常用符号见表 5-2。绘制平面机构运动简图的目的在于:撇开与机构运动无关的外部形态,把握机构运动性质的内在联系,揭示机构的运动规律和特性。

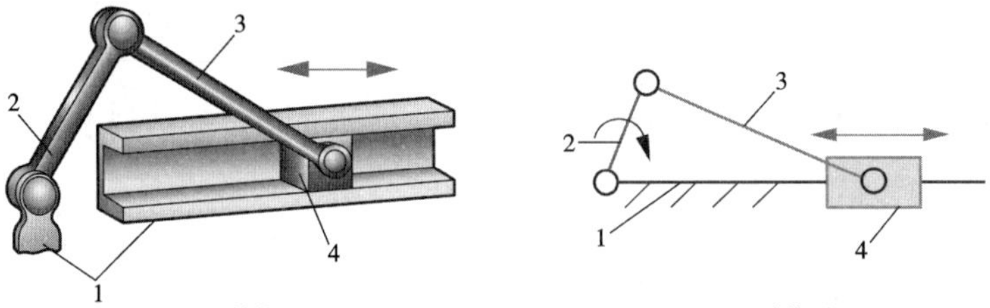

a)结构图　　b)运动简图

图 5-3　曲柄滑块机构运动简图

运动副、构件的表示法　　表 5-2

运动副	转动副	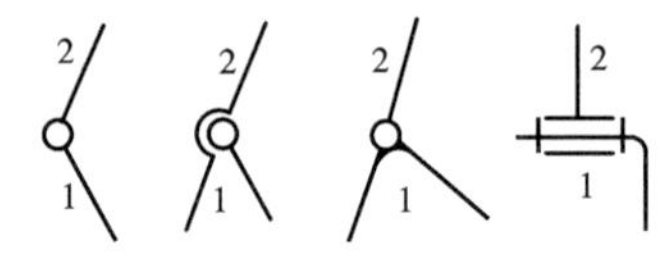 两个运动构件形成的运动副	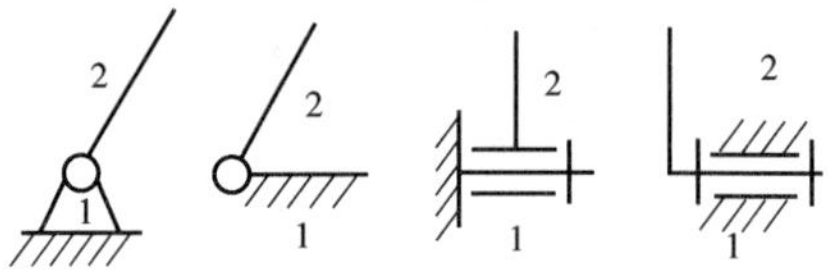 两个构件之一为机架时形成的运动副
	移动副	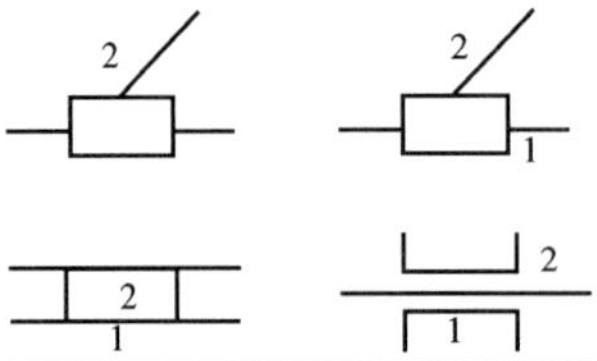	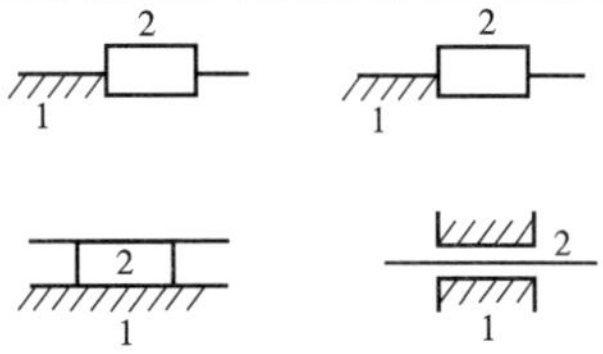
	齿轮	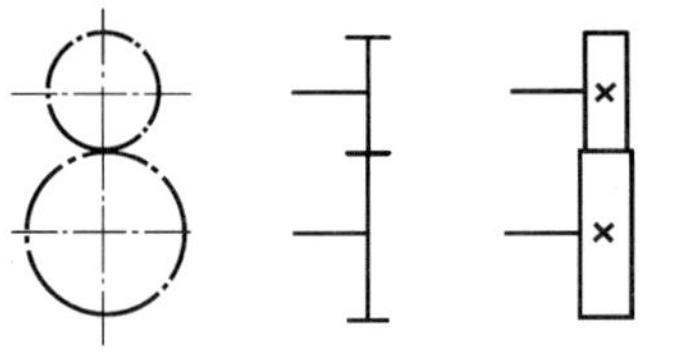	
	凸轮	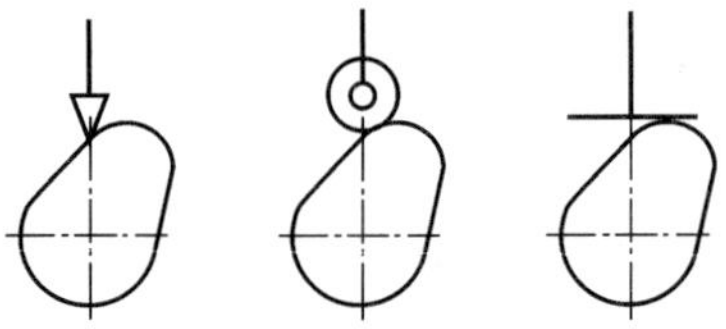	
一构件	杆、轴承构件		
	固定构件		
	同一构件	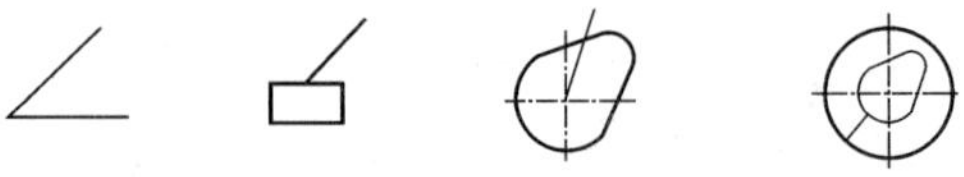	
	两副构件	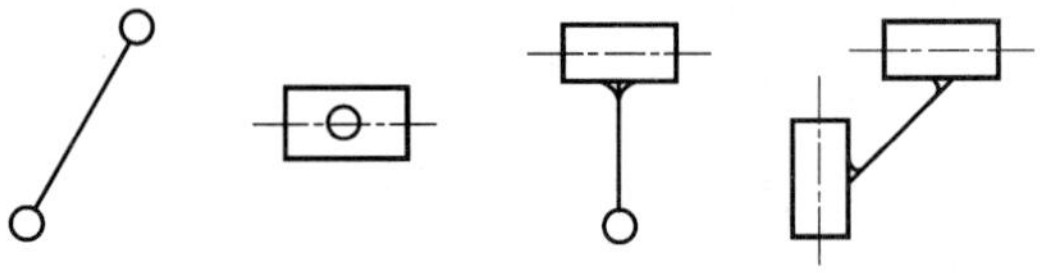	

续上表

一构件	三副构件	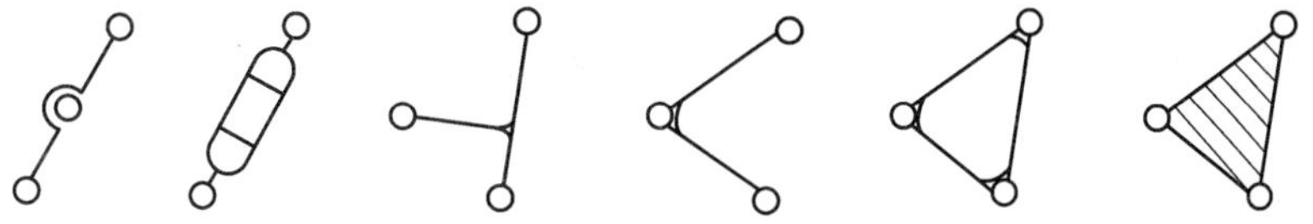

课题小结

1. 机器、机构、构件、零件、运动副等概念。
2. 运动副分为低副和高副;低副又分为转动副、移动副和螺旋副。
3. 平面机构运动简图概念及常用运动副、构件的表示方法。

课题二　平面四杆机构

平面连杆机构是指由一些刚性构件用转动副或移动副相互连接而成的平面机构。最简单的平面连杆机构由四个构件组成,简称四杆机构。它应用广泛,是组成多杆机构的基础。本课题主要讨论四杆机构的有关问题。

一、铰链四杆机构的组成及分类

1. 铰链四杆机构的组成

铰链四杆机构是各构件(杆)之间全部用转动副连接的四杆机构,它是平面四杆机构的基本形式,如图5-4所示。固定不动的杆 *AD* 称为机架,与机架相连的杆 *AB* 和 *CD* 称为连架杆,不与机架直接相连的杆 *BC* 称为连杆。在连架杆中,能绕机架作整周转动的称为曲柄,只能在某一角度内绕机架作往复摆动的称为摇杆。

2. 铰链四杆机构的基本类型

铰链四杆机构根据连架杆的种类和数目,可分为曲柄摇杆机构、双曲柄机构和双摇杆机构三种类型。

(1)曲柄摇杆机构。两连架杆中,若一个是曲柄,另一个是摇杆,则该机构称为曲柄摇杆机构,如图5-5所示。图5-6所示的汽车刮水器即为这种机构的应用,当主动曲柄 *AB* 转动时,从动摇杆 *CD* 往复摆动,利用摇杆的延长部分实现刮水功能。

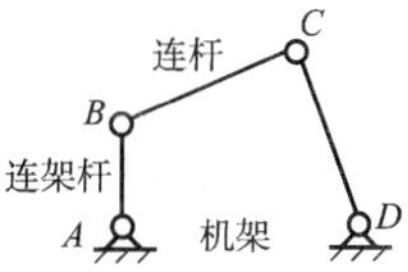

图5-4　铰链四杆机构

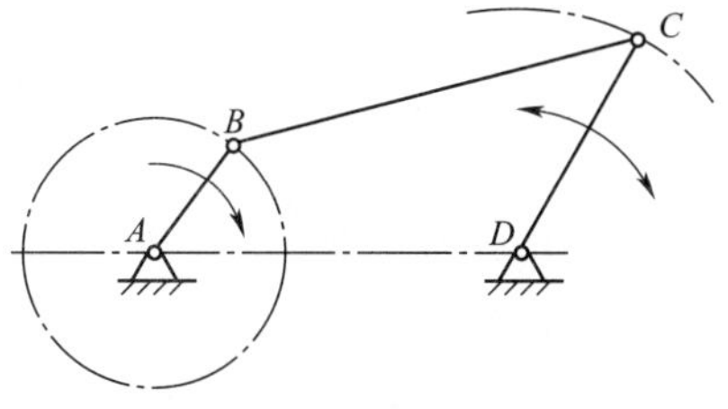

图5-5　曲柄摇杆机构

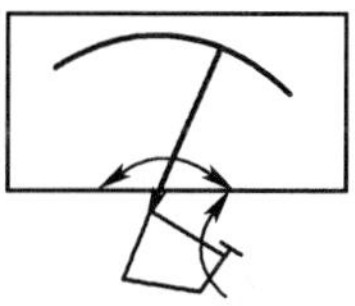

图5-6　汽车刮水器机构

(2)双曲柄机构。两连架杆若均为曲柄,则该机构称为双曲柄机构。在双曲柄机构中,

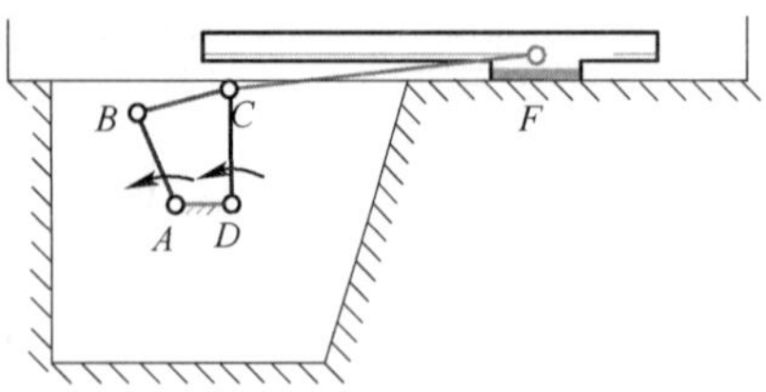

图 5-7　惯性筛机构

若两曲柄长度不相等，称不等长双曲柄机构，如图 5-7 所示的惯性筛机构就是这种机构的应用，当曲柄 AB 作匀速转动时，曲柄 CD 作变速转动，通过构件 CF 使筛子产生变速直线运动，筛子内的物料因惯性而来回抖动，从而达到筛选的目的。

在双曲柄机构中，若相对的两杆长度分别相等，则称为平行四边形机构。当两曲柄的转向相同且角速度相等时，称为正平行双曲柄机构；当两曲柄的转向相反且角速度不等时，称为反平行双曲柄机构。

想一想：图 5-8 所示的火车车轮联动机构和图 5-9 所示的汽车车门启闭机构分别属于双曲柄机构中的哪一种？

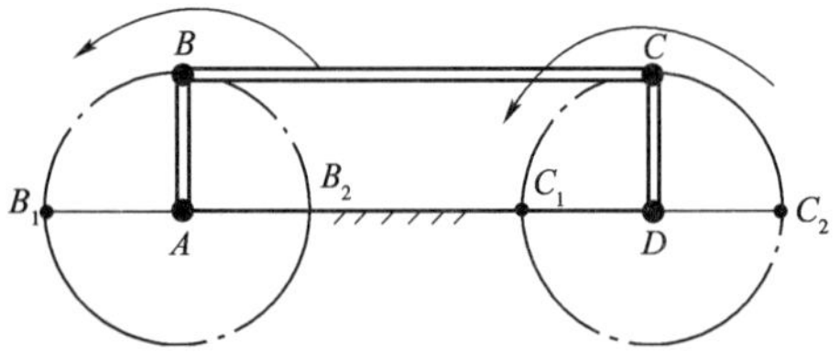

图 5-8　火车车轮联动机构

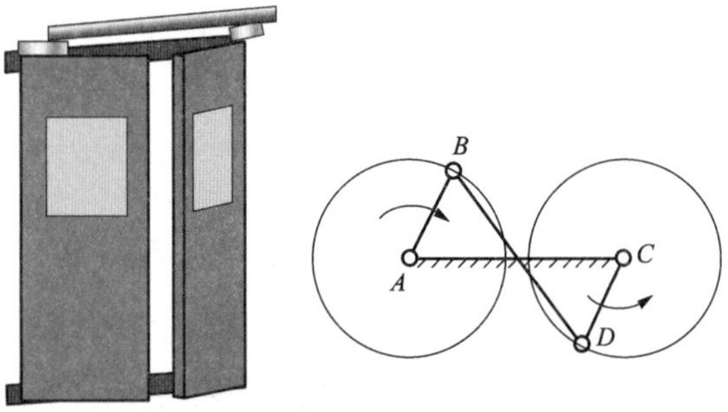

图 5-9　汽车车门启闭机构

(3) 双摇杆机构。两连架杆若均为摇杆，则该机构称为双摇杆机构。如图 5-10 所示的汽车前轮转向机构便为双摇杆机构。

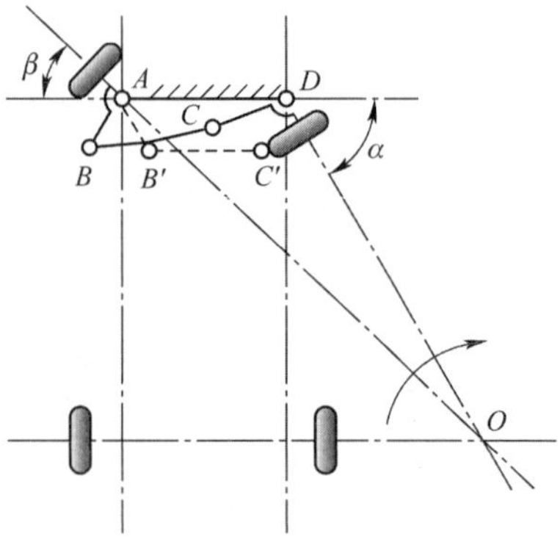

图 5-10　汽车转向机构

3. 铰链四杆机构类型的判别

在铰链四杆机构中，曲柄的存在必须满足以下两个条件。

(1) 最短杆与最长杆长度之和小于或等于其余两杆长度之和。

(2) 最短杆为机架或连架杆。

根据曲柄存在条件，我们可以判别铰链四杆机构的基本类型，方法如下。

(1) 当最短杆与最长杆长度之和小于或等于其余两杆长度之和时：

①若最短杆为连架杆，则机构为曲柄摇杆机构；

②若最短杆为机架，则机构为双曲柄机构；

③若最短杆为连杆，则机构为双摇杆机构。

(2) 当最短杆与最长杆长度之和大于其余两杆长度之和时，则不论取何杆为机架，机构均为双摇杆机构。

做一做：分组发放不同长度且两端带孔的木杆和连接用的螺栓、螺母，让学生自制铰链四杆机构，以不同杆作为机架，观察并记录其他杆的运动状态，最后各组代表总结发言。

二、铰链四杆机构的基本性质

1. 急回特性

曲柄摇杆机构中，曲柄 *AB* 虽作等速转动，而摇杆 *CD* 来回摆动的速度不同。利用这一特性，使空回行程的平均速度大于工作行程的平均速度，可以节省空回行程的时间，提高生产效率。

2. 压力角和传动角

(1)压力角：在不计摩擦力、惯性力和重力时，从动件上受力点的速度方向与所受作用力方向之间所夹的锐角，称为机构的压力角，用 α 表示。

(2)传动角：传动角是压力角的余角，用 γ 表示。它反映机构传力性能的优劣，即传动角 γ 越大，传动越省力。

3. 死点

以摇杆作为主动件的曲柄摇杆机构中，当曲柄与连杆处于共线位置时，出现了机构的传动角 $\gamma=0°$、压力角 $\alpha=90°$的情况。此时连杆对从动曲柄的作用力恰好通过其回转中心不能推动曲柄转动，机构的这种位置称为死点。

死点对于转动机构是不利的，常利用惯性来通过死点，也可采用机构错排的方法避开死点。但死点也有可利用的一面，当工件被夹紧后，机构处于死点位置，即使工件的反力很大，夹具也不会自动松脱。

三、铰链四杆机构的演化

1. 曲柄滑块机构

在图 5-5 所示曲柄摇杆机构中，如果摇杆 *CD* 变成滑块，并将导路变直线，则形成的机构称为曲柄滑块机构。它把摇杆的左右摆动转换为往复直线运动。如图 5-11 所示汽车发动机活塞连杆机构中，将曲轴的回转运动转化为活塞的往复运动。

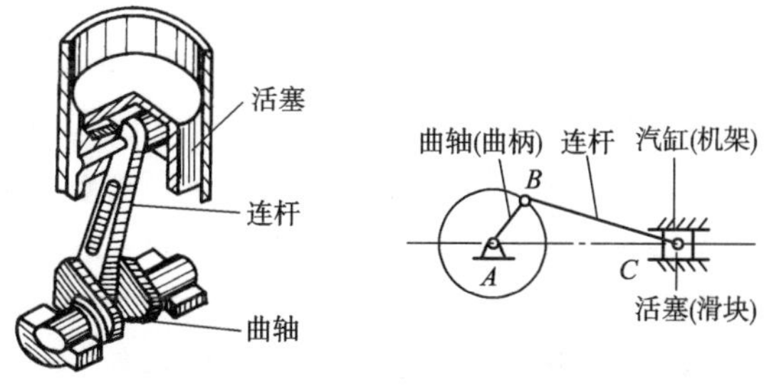

图 5-11　活塞连杆机构

2. 导杆机构

导杆机构是通过改变曲柄滑块机构的固定构件演化而成的。如图 5-12a)所示曲柄滑块机构的固定杆1改换成杆2,则机构可演化为导杆机构,杆1称为导杆。

导杆机构中,杆2固定,当2杆长度小于3杆长度时,杆1和杆3均可整周回转,此时称为转动导杆机构,如图5-12b)所示;当杆2长度大于杆3时,杆1只能往复摆动,此时称为摆动导杆机构,如图5-12c)所示;若滑块4固定,杆1只能往复移动,称为移动导杆机构或固定滑块机构,如图5-12d)所示。

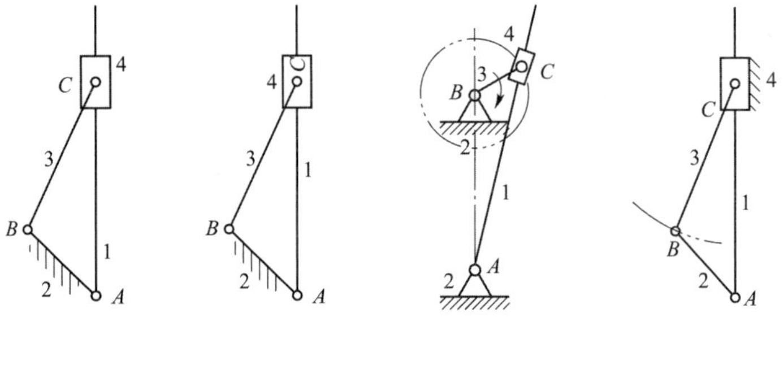

a)曲柄滑块机构　b)转动导杆机构　c)摆动导杆机构　d)移动导杆机构

图5-12　导杆机构

3.摇块机构

当取图5-12a)中所示曲柄滑块机构中的*BC*杆件为机架时,则构件*AB*整周转动,滑块为绕机架上*C*点作往复摆动的摇块,故称为摇块机构,如图5-13a)所示。自卸汽车的翻斗机构就是采用了这摇块机构,如图5-13b)所示。

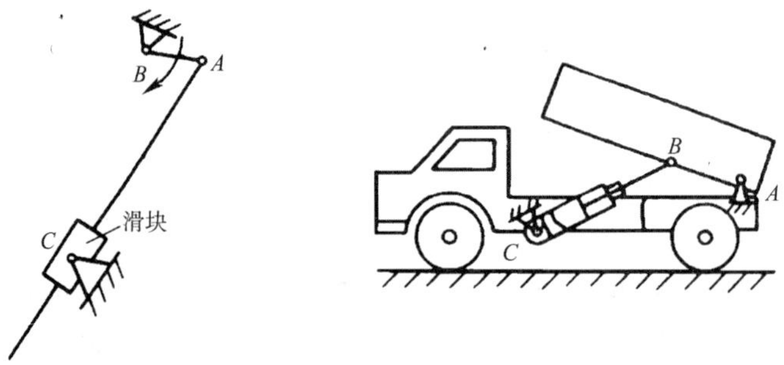

a)摇块机构　b)摇块机构实例

图5-13　摇块机构

课题小结

1.铰链四杆机构的三种基本类型:曲柄摇杆机构、双曲柄机构和双摇杆机构。

2.铰链四杆机构的基本性质:急回特性、死点位置。

3.曲柄存在的条件:

(1)最短杆与最长杆长度之和小于或等于其余两杆长度之和。

(2)最短杆为机架或连架杆。

4.铰链四杆机构的演化。将其某一转动副转化为移动副或取不同构件作机架,可得到多种形式的演化机构,如曲柄滑块机构、导杆机构、摇块机构等。

课题三　凸轮机构

当机器的执行构件需要做间歇运动或需要一定的位移、速度、加速度规律运动时，低副连接往往难以满足要求，此时采用凸轮机构就很能容易解决。

一、凸轮机构概述

1. 凸轮机构的组成及应用

凸轮机构是通过凸轮与从动件之间的直接接触来传递运动和动力的，如图 5-14 所示，它主要由凸轮、从动件和机架组成。如图 5-15 所示的发动机配气机构就是采用了凸轮机构，它是通过凸轮作等速转动，推动从动件按一定规律作上下往复移动，从而打开或关闭气门。

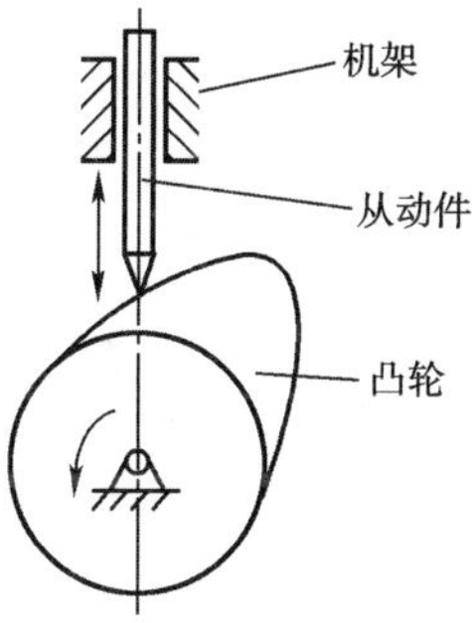

图 5-14　凸轮机构

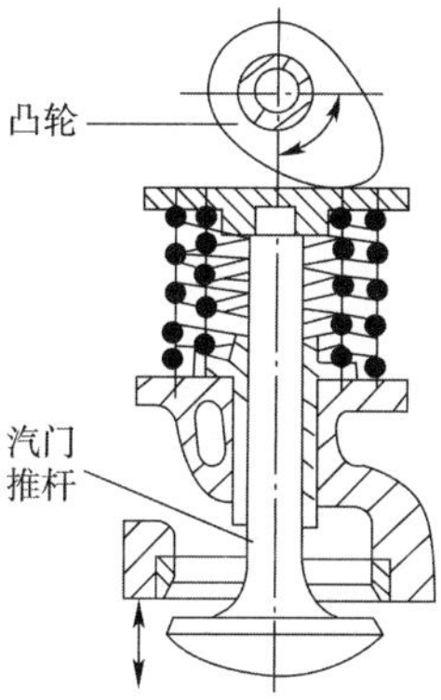

图 5-15　发动机配气机构

看一看：汽车上哪些部位采用了凸轮机构传动？

2. 凸轮机构的分类

(1)按从动件的端部结构形状不同，可分为尖顶式从动件、滚子式从动件、平底式从动件。

①尖顶式从动件。该从动件结构简单，而且尖顶能与较复杂形状的凸轮轮廓相接触，从而能实现较复杂的运动，但因尖顶极易磨损，故只适用于轻载、低速的凸轮机构和仪表中，如图 5-16a)所示。

②滚子式从动件。在从动件的一端装有一个可自由转动的滚子。由于滚子与凸轮轮廓之间为滚动摩擦，故磨损较小，改善了工作条件，如图 5-16b)所示。因此，可用来传递较大的动力，应用也最广泛。

③平底式从动件。从动件一端做成平底(即平面)，在凸轮轮廓与从动件底面之间易于形成油膜，故润滑条件较好、磨损小。当不计摩擦时，凸轮对从动件的作用力始终与平底垂直，传力性能较好，传动效率较高，所以常用于高速凸轮机构中。但由于从动件为一平底，故不适用于带有内凹轮廓的凸轮机构，如图 5-16c)所示。

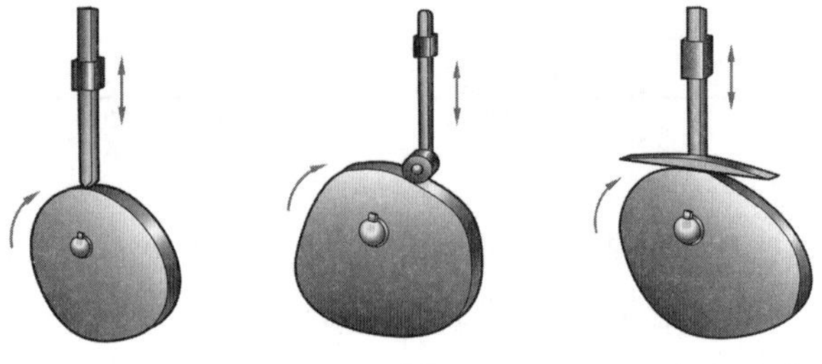

图 5-16　凸轮机构的分类

(2)按照凸轮的形状不同,可分为盘形凸轮、移动凸轮和圆柱凸轮三种。

①盘形凸轮。它是凸轮的基本形式,是一个仅具有径向廓线尺寸变化并绕其轴线旋转的盘形构件,如图 5-15 所示的发动机配气机构采用了盘形凸轮。

②移动凸轮。它是盘形凸轮的演化形式,是当盘形凸轮的回转中心趋于无穷远时形成的。如图 5-17 所示的自动机床靠模机构采用了移动凸轮。

③圆柱凸轮。两构件之间的相对运动为空间运动的凸轮机构,其凸轮形状又可分为圆柱凸轮、圆锥凸轮、弧面凸轮和球面凸轮等。如图 5-18 所示车床自动进给机构就是采用了圆柱凸轮。

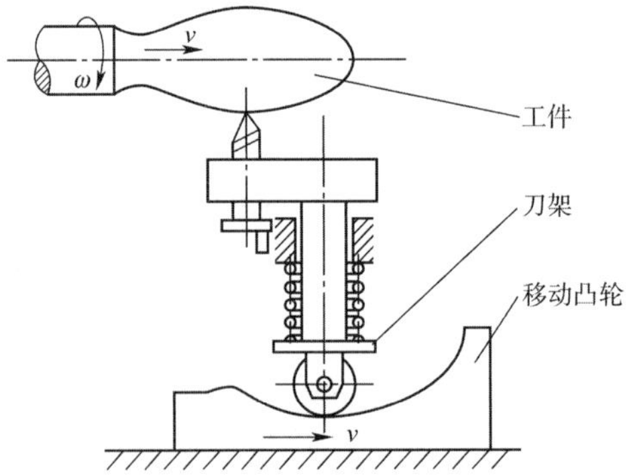

图 5-17　移动凸轮机构

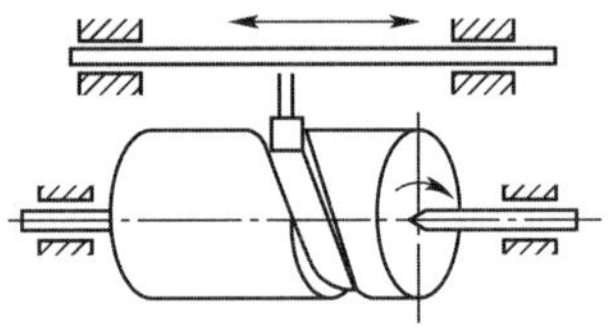

图 5-18　车床自动进给机构

3. 凸轮机构的主要工作特点

优点:只要正确地设计凸轮轮廓曲线,就可以使从动件实现任意给定的运动规律,且结构简单、紧凑、工作可靠。

缺点:凸轮与从动件之间为点或线接触,不易润滑,容易磨损。因此,凸轮机构多用于传力不大的控制机构和调节机构中。

二、凸轮机构的工作原理

1. 基本参数

基本参数如图 5-19 所示。

(1)基圆:以凸轮轮廓最小半径 r_b 所作的圆。

(2)推程:从动件经过轮廓 AB 段,从动件被推到最高位置。

(3)推程运动角:角 δ_0。

(4)回程：经过轮廓 CD 段，从动件由最高位置回到最低位置。

(5)回程运动角：角 δ_2。

(6)远停程角：角 δ_1。

(7)近停程角：角 δ_3。

2. 从动件的运动规律

从动件的位移、速度和加速度随转角 δ(或时间 t)的变化规律，称为从动件的运动规律。

(1)等速运动规律。当凸轮作等角速度旋转时，从动件上升或下降的速度为一常数，这种运动规律称为等速运动规律。这种运动规律在推程开始和结束时，从动件运动速度发生突变，此时加速度为无穷大，易造成刚性冲击，故只适宜低速、轻载的场合。

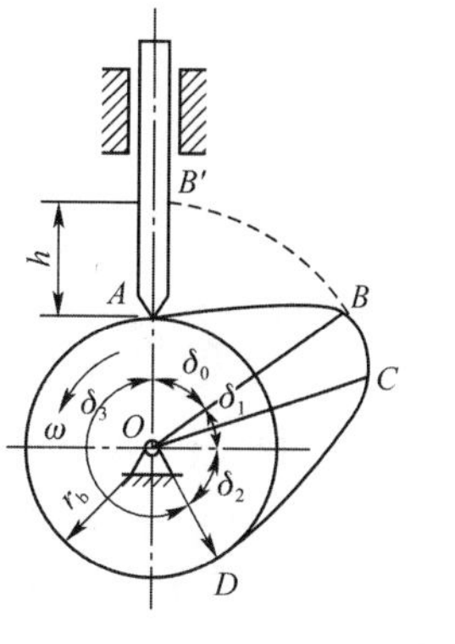

图 5-19 盘状凸轮工作原理

(2)等加速等减速运动规律。当凸轮作等角速度旋转时，从动件在升程(或回程)的前半程作等加速运动，后半程作等减速运动。这种运动规律称为等加速等减速运动规律。该运动规律的特点是在速度变换时，加速度发生有限值的突变，与等速运动规律相比，冲击次数虽然增加了一次，但冲击程度却大为减小，多用于中速、轻载的场合。

知识链接

反转法是指运用相对运动原理，将凸轮视作不动，则从动件相对于凸轮一边以“$-\omega$”角速度反转，一边做往复运动。

3. 凸轮轮廓曲线的绘制

凸轮轮廓曲线的绘制通常采用反转法，以如图 5-19 所示尖顶对心移动从动件的盘形凸轮为例。作图步骤如下：

(1)选取适当比例尺作位移线图，如图 5-20a)所示。

(2)以 r_b 为半径作基圆，并将其 12 等分。取 A_0 为从动件的起始位置如图 5-20b)所示。

(3)以 $-\omega$ 的转动方向量取位移，画出 A_1、A_2、A_3、…、A_{11} 点，如图 5-20c)所示。

(4)光滑连接各点，形成轮廓曲线，如图 5-20d)所示。

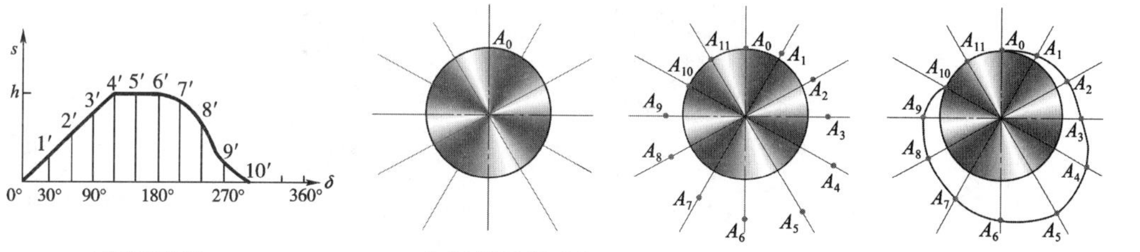

a)作位移线图 b)作基圆并等分圆周 c)量位移 d)光滑连接各点

图 5-20 凸轮轮廓曲线的绘制

课题小结

1. 凸轮机构主要由凸轮、从动件和机架组成。

2. 按从动件的端部结构形状可分为尖顶式从动件、滚子式从动件和平底式从动件；按照凸轮形状可分为盘形凸轮、移动凸轮、圆柱凸轮。

3. 凸轮机构从动件的运动规律常用的有等速运动规律、等加速等减速运动规律等。

4. 用反转法绘制凸轮轮廓曲线。

课题四　棘轮机构

一、棘轮机构概述

1. 棘轮机构的组成

如图 5-21 所示，棘轮机构由主动摆杆、棘爪、棘轮、止回棘爪和机架等组成。

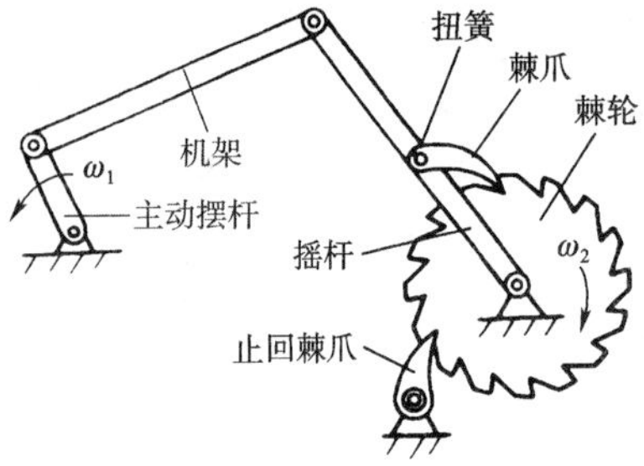

图 5-21　棘轮机构

2. 棘轮机构的工作原理

以机械中常用的外啮合式棘轮机构为例，如图 5-21 所示，主动件空套在与棘轮固连的从动轴上，并与驱动棘爪用转动副相连。当主动件顺时针方向摆动时，驱动棘爪便插入棘轮的齿槽中，使棘轮跟着转过一定角度，此时，止回棘爪在棘轮的齿背上滑动。当主动件逆时针方向转动时，止回棘爪阻止棘轮发生逆时针方向转动，而驱动棘爪却能够在棘轮齿背上滑过，所以，这时棘轮静止不动。因此，当主动件作连续的往复摆动时，棘轮作单向的间歇运动。

二、棘轮机构的分类

常用的棘轮机构按其工作原理不同，可分为齿式棘轮机构和摩擦式棘轮机构两大类，如图 5-22 所示。

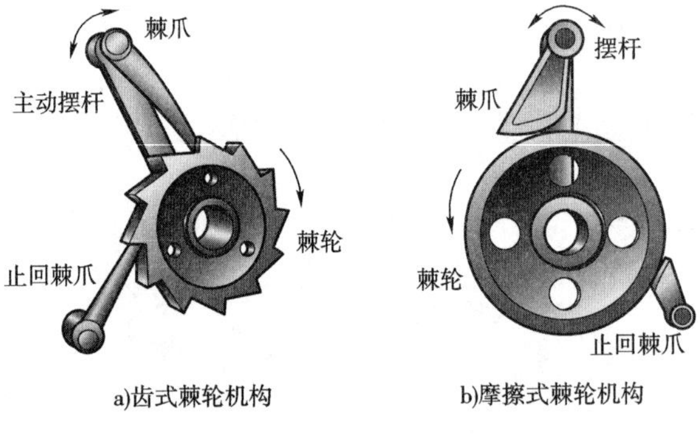

图 5-22　棘轮机构分类

1. 齿式棘轮机构

齿式棘轮机构按其运动形式不同，又可分为三类，如图 5-23 所示。

(1) 单动式棘轮机构。如图 5-23a) 所示，在主动件往复摆动过程中，只有当主动件正向摆动时，才驱动棘轮沿同一方向转动；当主动件反向摆动时，棘轮静止不动。

(2) 双动式棘轮机构。如图 5-23b) 所示，这种机构在主动件往复摆时能使棘轮沿同一方向作间歇转动。

（3）可换向棘轮机构。上述两种齿式棘轮机构中，棘齿的齿形为锯齿形，棘轮的转动方向是不可变的。当需要棘轮作反向转动时，可采用如图5-23c）所示的可换向棘轮机构，棘齿的齿形为矩形，通过提起棘爪并转动180°后放下，改变棘爪的摆动方向，实现棘轮两个方向的转动。

a)单动式棘轮机构　b)双动式棘轮机构　c)可换向棘轮机构

图5-23　齿轮式棘轮机构

2. 摩擦式棘轮机构

如图5-22b）所示为摩擦式棘轮机构。与齿式棘轮机构相比，摩擦式棘轮机构能无级调节棘轮转角的大小，而且降低了机构的冲击和噪声。其工作过程与齿式棘轮机构相似，棘爪靠与棘轮间产生的摩擦力来驱使棘轮作间歇转动。

想一想：日常生活中，你见过棘轮机构吗？试举例说明。

三、棘轮机构的特点和应用

1. 棘轮机构的工作特点

棘轮机构结构简单，工作可靠，棘轮转角调节方便，而且止回棘爪还有防止棘轮反转的作用。但它传动时有较大的冲击和噪声，而且定位精度差，运动平稳性差。因此，只能用于速度较低、载荷不大、精度要求不高的场合。

2. 棘轮机构的应用

如图5-24所示，牛头刨床工作台的横向进给机构。通过可换向棘轮机构使丝杆产生间歇转动，从而带动工作台实现横向间歇进给，从而实现刨削的目标。

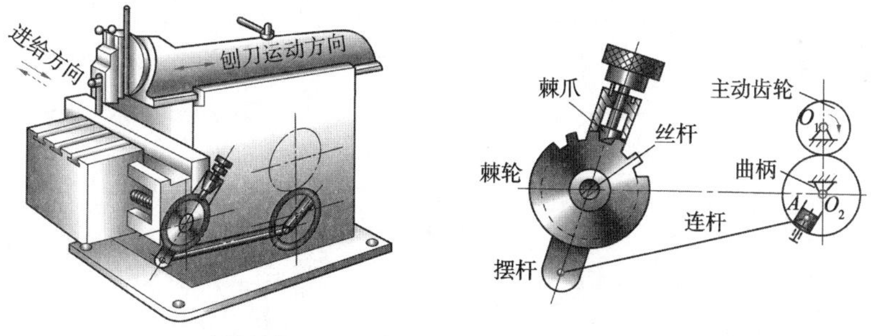

a)牛头刨床　b)进给棘轮机构

图5-24　牛头刨床工作台横向进给棘轮机构

课题小结

1. 棘轮机构由主动摆杆、棘爪、棘轮、止回棘爪和机架组成。

2. 常用的棘轮机构按其工作原理不同,可分为齿式棘轮机构和摩擦式棘轮机构两大类。其中,齿式棘轮机构按其运动形式又可分为单动式棘轮机构、双动式棘轮机构和可换向棘轮机构。

3. 棘轮机构的工作原理及特点。

练习题

1. 何谓运动副?平面运动副可以分为哪两大类?并举例。

2. 什么是曲柄?什么是摇杆?铰链四杆机构曲柄存在条件是什么?

3. 什么叫铰链四杆机构的传动角和压力角?压力角的大小对机构的工作有何影响?

4. 试判别下列四杆机构分别属于什么类型?

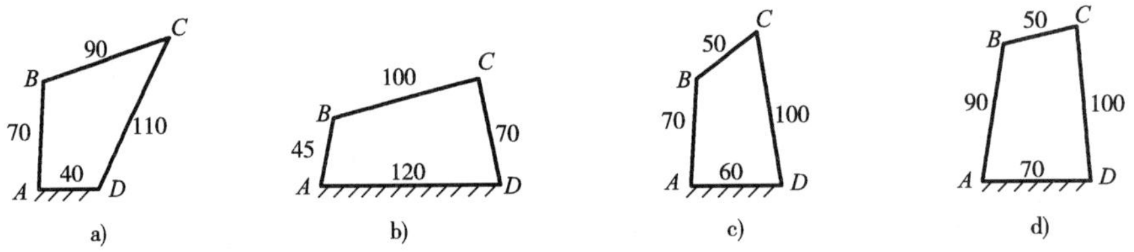

5. 凸轮机构主要是由哪几部分组成?按凸轮的外形,凸轮机构主要分为哪些类型?

6. 棘轮机构主要是由哪几部分组成?并以单动式棘轮机构为例,简述其工作原理。

项目六　齿轮传动分析

项目要求

1. 知识目标

理解渐开线形成和渐开线齿轮传动过程及特点;知道齿轮传动的种类和结构特点。

2. 技能目标

具备正确使用和维护齿轮传动的能力;能运用轮系知识,计算手动变速器和自动变速器各挡传动比。

3. 素养目标

齿轮结构的学习和运动分析,不断调动学生的探索精神;计算训练使学生的耐心和细心得到磨炼。

项目叙述

齿轮传动是利用齿轮副来传递运动和动力的一种机械运动,也是现代机械中应用最广泛的一种机械传动形式。通过本项目的学习,能正确计算齿轮传动的几何尺寸,熟悉汽车轮系的结构、传动特点和传动比计算,理解汽车传动比与挡位之间的对应关系。

建议课时

8 课时。

课题一　齿轮的基本常识

一、渐开线的形成及齿廓形状

齿轮的齿廓形状主要有渐开线、摆线和圆弧三种,其中渐开线齿廓易于设计、制造和安装,应用最为广泛。本课题主要介绍渐开线齿轮的相关知识。

渐开线的形成:在平面上,一条动直线 NK 沿半径为 r_b 的圆(基圆)作纯滚动时,此直线上任一点的轨迹 AK,称为圆的渐开线,如图 6-1 所示。以渐开线作为齿廓曲线的齿轮称为渐开线齿轮。

做一做:结合图6-1所示渐开线的形成,试用一只圆盘、一根细线、一支铅笔,绘制一段渐开线。

二、渐开线直齿圆柱齿轮各部分名称

齿轮各部分名称和代号如图6-2所示。

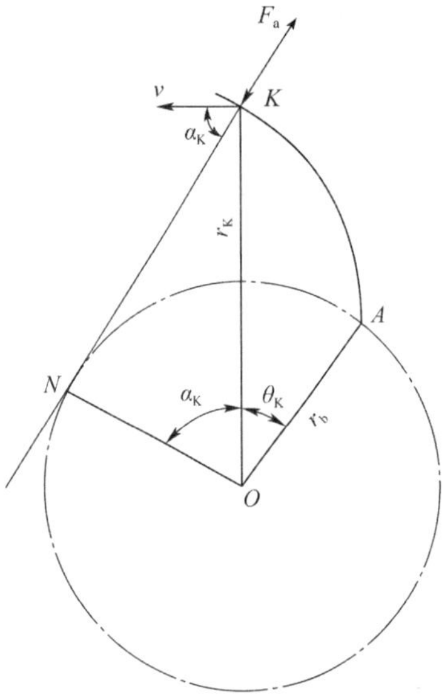

图6-1　渐开线的形成

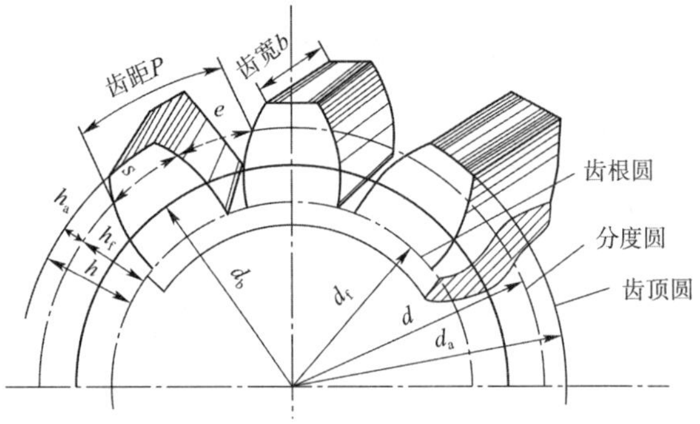

图6-2　齿轮各部分名称代号

1. 相关尺寸

(1)基圆。形成渐开线齿廓的圆称为基圆,直径用d_b表示。

(2)齿顶圆。过齿轮齿顶所做的圆称为齿顶圆,直径用d_a表示。

(3)齿根圆。过齿轮齿根所做的圆称为齿根圆,直径用d_f表示。

(4)齿宽。轮齿轴向宽度称为齿宽,用b表示。

(5)齿槽宽、齿厚。齿顶圆和齿根圆之间可以画无数个圆,在这无数个圆中任意一个圆周上,相邻两齿齿廓间的弧长称为齿槽宽e,单个轮齿两侧齿廓间的弧长称为齿厚s。

(6)分度圆。不同的圆周上齿槽宽和齿厚是不同的,为了测量、计算和制造方便,我们人为规定一个圆作为计算各部分尺寸的基准,这个圆称为分度圆,直径用d表示。对渐开线标准齿轮而言,齿槽宽与齿厚相等的圆是唯一的,这个圆称分度圆,即$s = e$。

(7)齿距。相邻两轮齿在分度圆上同侧齿廓对应点间的弧长称为齿距,用P表示,$P = s + e$。

(8)齿顶高。齿顶圆到分度圆之间的径向距离称为齿顶高,用h_a表示。

(9)齿根高。齿根圆到分度圆之间的径向距离称为齿根高,用h_f表示。

(10)全齿高。齿顶圆到齿根圆之间的径向距离称为全齿高,用h表示。

(11)顶隙。顶隙是指啮合传动时,一齿轮的齿顶圆到另一齿轮齿根圆之间的径向距离,用 c 表示。保留顶隙可避免两轮啮合干涉,也利于储存润滑油。

(12)中心距。两啮合齿轮轴线间的距离称为中心距,用 a 表示。

2. 几何尺寸计算的基本参数

机械生产中使用的齿轮种类繁多、参数多,同类齿轮参数也会不一样。渐开线直齿圆柱齿轮的几何尺寸是由模数、压力角、齿数、齿顶高系数及顶隙系数决定的,它们是齿轮几何尺寸计算的五个基本参数。

(1)齿数。它是指一个齿轮的轮齿总数,用 z 表示。

(2)模数。在分度圆直径、齿距、齿数的关系有如下:

$$\pi d = zp \quad 或 \quad d = \frac{p}{\pi}z$$

由于 π 为无理数,给齿轮的计算和测量带来不便,通常令 $\frac{P}{\pi} = m$,m 称为模数,并人为规定模数为一个简单的有理数。这样分度圆也是有理数,且 $d = mz$(mm)。

模数是齿轮的基本参数,单位为 mm。模数反映了齿轮及各部分尺寸的大小,模数越大,其齿距、齿厚、齿高和分度圆直径都相应增大。为减少标准刀具数量,方便加工,已经将模数标准化, 模数的标准值见表 6-1。

模数的标准值　　表 6-1

第一系列	0.1	0.12	0.1	0.2	0.25	0.3	0.4	0.5	0.6	0.8	1
	1.25	1.5	2	2.5	3	4	5	6	8	10	12
	16	20	25	32	40	50					
第二系列	0.35	0.7	0.9	1.75	2.25	2.75	(3.25)	3.5	(3.75)	4.5	5.5
	(6.5)	7	9	11	14	18	22	28	(30)	36	45

(3)压力角。由渐开线性质可知,渐开线各点的压力角是不同的,通常所说的压力角是指分度圆上的压力角,用 α 表示。为设计、制造和检验的方便,国家标准 GB/T 1356—2001 规定齿轮分度圆压力角 α 数值为标准值,$\alpha = 20°$。

(4)齿顶高系数。齿顶高与模数之比称为齿顶高系数,用 h_a^* 表示。正常齿轮齿顶高系数为 1,短齿轮为 0.8。

(5)顶隙系数。顶隙与模数之比称为顶隙系数,用 c^* 表示,正常齿轮顶隙系数为 0.25,短齿轮为 0.3。

三、标准直齿圆柱齿轮

模数、压力角、齿顶高系数、顶隙系数都采用标准值,分度圆齿厚与齿槽宽相等的齿轮称为标准齿轮。

1. 渐开线标准直齿圆柱齿轮的几何尺寸

为了完整的确定一个齿轮的各个参数,需要详细的计算其公称尺寸。为了便于计算,现将渐开线标准直齿圆柱齿轮各部分几何尺寸计算公式列于表 6-2。

标准直齿圆柱齿轮各部分几何尺寸计算公式　　表 6-2

名称		代号	计算公式
基本参数	齿数	z	$z \geqslant 17$,通常小齿轮齿数在 20 ~ 28 范围内选取
	模数	m	根据强度计算,设计决定
	压力角	α	取标准值,$\alpha = 20°$
	齿顶高系数	h_a^*	正常齿轮 $h_a^* = 1$,短齿轮 $h_a^* = 0.8$
	顶隙系数	c^*	正常齿轮 $c^* = 0.25$,短齿轮 $c^* = 0.3$
几何尺寸	齿顶高	h_a	$h_a = h_a^* m$
	齿根高	h_f	$h_f = h_a + c = h_a^* m + c^* m = (h_a^* + c^*)m$
	全齿高	h	$h = h_a + h_f = (2h_a^* + c^*)m$
	分度圆直径	d	$d = mz$
	齿顶圆直径	d_a	$d_a = d + 2h_a$
	齿根圆直径	d_f	$d_f = d - 2h_f$
	中心距	a	$a = \frac{d_1}{2} + \frac{d_2}{2} = \frac{m}{2}(z_1 + z_2)$

2. 标准直齿圆柱齿轮正确啮合的条件

一对渐开线齿轮要满足啮合的要求必须是两轮的模数和压力角分别相等,即:

$$m_1 = m_2 = m \quad \alpha_1 = \alpha_2 = \alpha$$

3. 传动比

在一对齿轮传动中,单位时间内主从动轮转过的齿数相同,由此可推算传动比的计算公式为:

$$i = \frac{\omega_1}{\omega_2} = \frac{r_2}{r_1} = \frac{n_1}{n_2} = \frac{z_2}{z_1}$$

式中:ω_1、ω_2——主动齿轮、从动齿轮的角速度,rad/s;

n_1、n_2——主动齿轮、从动齿轮的转速,r/min;

z_1、z_2——主动齿轮、从动齿轮的齿数;

r_1、r_2——主动齿轮、从动齿轮的分度圆半径,mm。

【示例 6-1】已知一标准直齿圆柱齿轮副,其传动比 $i = 3$,主动齿轮转速 $n_1 = 750$ r/min,中心距 $a = 240$mm,模数 $m = 5$mm。试求从动轮转速 n_2 以及两齿轮齿数 z_1 和 z_2。

解:由传动比计算公式可得:

$$n_2 = \frac{n_1}{i} = \frac{750}{3} = 250(\text{r/min})$$

又由 $a = \frac{d_1}{2} + \frac{d_2}{2} = \frac{m}{2}(z_1 + z_2)$ 及 $i = \frac{z_2}{z_1}$ 得:

$$z_1 = 24 \quad z_2 = 72$$

4. 齿轮的规定画法

为了简明的表达齿轮的轮齿部分,国家标准 GB/T 4459.2—2003《机械制图　齿轮画法》规定了齿轮的画法。

（1）单个圆柱齿轮的画法。按国家标准 GB/T 4459.2—2003 规定，齿顶圆用粗实线绘制；分度圆用点画线绘制；齿根圆用细实线绘制或省略不画，如图 6-3 所示。在剖视图上，当剖切平面通过轴线时，轮齿部分按不剖处理，此时的齿根线用粗实线绘制，如图 6-3c）、d）、e）所示。若为斜齿或人字齿时，可用三条与轮齿方向一致的细实线表示其特征，如图 6-3d）、e）所示。

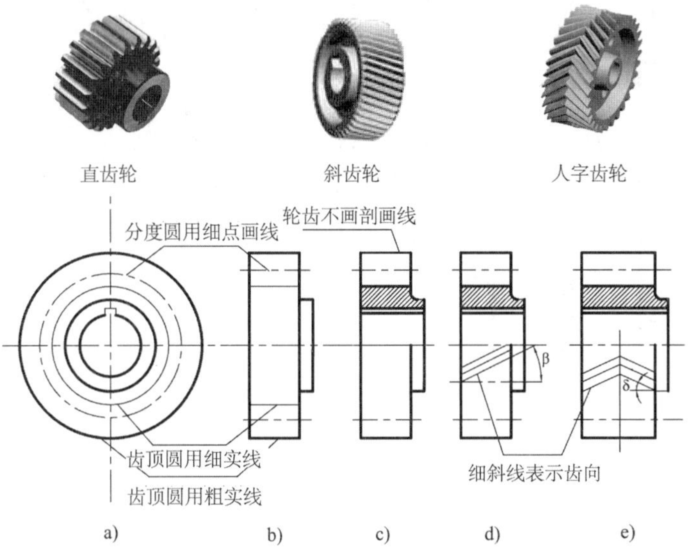

图 6-3　单个圆柱齿轮画法

（2）圆柱齿轮啮合的画法。两个相互啮合的圆柱齿轮，在垂直圆柱齿轮轴线的投影面的视图中（主视图），啮合区内的齿顶圆均用粗实线绘制，有时也可省略。用点画线画出相切的两分度圆，两齿根圆用细实线画出，也可省略不画。在另一视图中（左视图），若取剖视，则其中有一齿顶线画成细虚线，其投影关系如图，但这条细虚线也可省略不画。若画外形图时，啮合区的齿顶线不需画出，节线用粗实线绘制，其他处的节线仍用细点画线绘制，如图 6-4 所示。

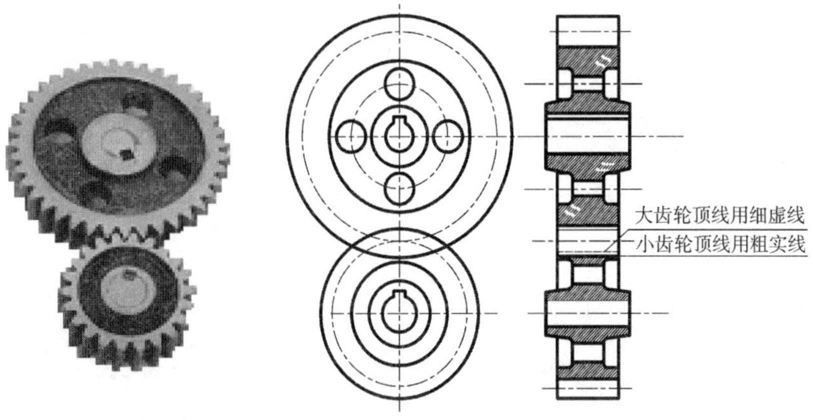

a)一对啮合齿轮　　b)齿轮啮合的剖视图画法

图　6-4

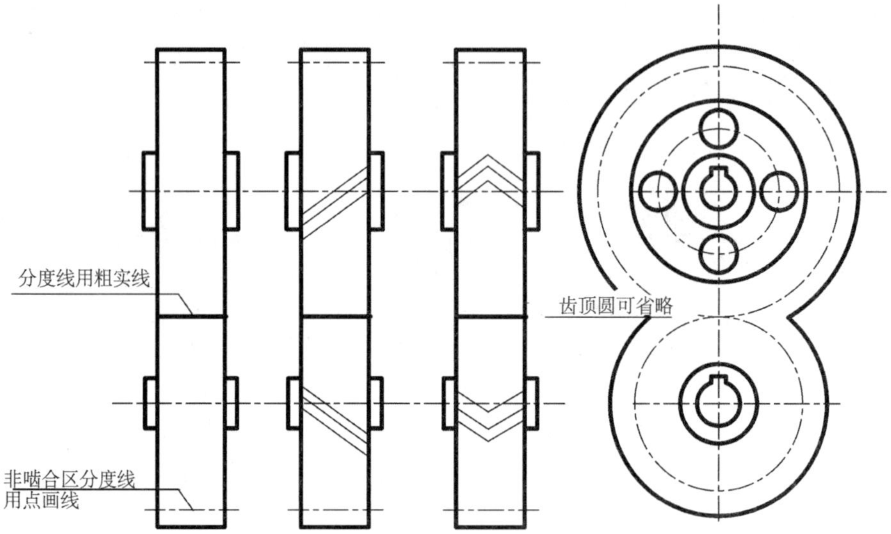

c)齿轮的啮合画法

图 6-4 圆柱齿啮合画法

四、齿轮传动失效形式及其材料选择

1. 齿轮传动的失效

齿轮在传动过程中失去正常工作能力的现象称为失效,其主要失效形式有:轮齿折断、齿面磨损、齿面点蚀、齿面胶合等。研究齿轮失效形式,了解失效产生的原因,有助于我们正确选择齿轮材料及延长齿轮的使用寿命。

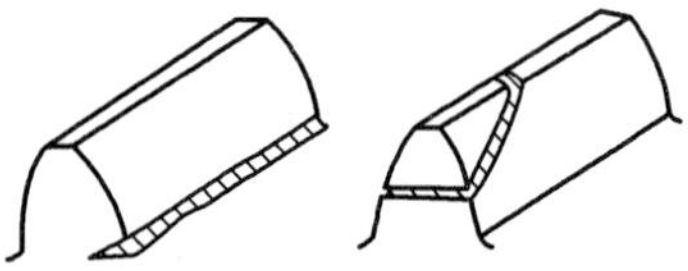

a)疲劳折断　　b)过载折断

图 6-5 轮齿折断

(1)轮齿折断。轮齿折断分两种情况,如图 6-5 所示。

一是疲劳折断。齿轮工作时,轮齿相当于一悬臂梁承受弯曲载荷,齿根产生的弯曲应力最大,当齿轮在交变应力的反复作用下,齿根产生疲劳裂纹,随后裂纹扩展,最后引起。轮齿折断多属于这种情况。

另一种情况是过载折断。轮齿在严重的冲击载荷或短期过载作用下发生折断。铸铁制造的齿轮或淬火钢齿轮容易发生此情况。

知识链接

工程上常用应力来衡量零件的受力大小。零件在外力作用下,内部产生抵抗变形的作用力,即内力。单位面积上的内力称为应力。

为了提高齿轮的抗断能力,设计制造时应对齿轮进行齿根弯曲疲劳强度计算,降低齿根的表面粗糙度,增大齿根圆角,表面进行喷丸、碾压等强化处理,采用良好的热处理工艺等。

(2)齿面磨损。齿轮传动时,齿面间存在相对滑动和法向压力,引起磨损,如图 6-6 所示。齿面磨损分两种情况:

齿面磨损
- 跑合磨损
  - 刚投入运转的齿轮产生的磨损称为跑合磨损
  - 有利,能抛光,消除加工痕迹,改善啮合状况
- 磨粒磨损
  - 灰尘、砂粒进入齿面引起的磨损称为磨粒磨损。影响传动的平衡性,产生冲击和噪声
  - 采用闭式齿轮传动,提高齿面硬度、减小表面粗糙度值等都可以减轻磨粒磨损

(3)齿面点蚀。齿轮接触面上承受着很大的脉动循环变化的接触应力作用,在它的重复作用下,齿面产生疲劳裂纹,裂纹进一步扩展导致表层金属剥落,出现麻点和小坑,这就是点蚀。它多发生在齿轮节线附近的齿根表面处,如图6-7所示。

闭式齿轮传动常见的失效就是点蚀,为防止点蚀,建议进行齿面接触疲劳强度计算,提高齿面硬度,降低表面粗糙度值,使用高黏度润滑油等。

(4)齿面胶合。在高速重载的齿轮传动中,齿面啮合处的金属由于摩擦产生瞬间高温,润滑油膜被破坏而失效,致使齿面接触区金属被熔化并黏结在一起,继而随着齿轮转动,软齿面的金属被撕落下来,齿面上形成沟痕,这种现象就是胶合,如图6-8所示。

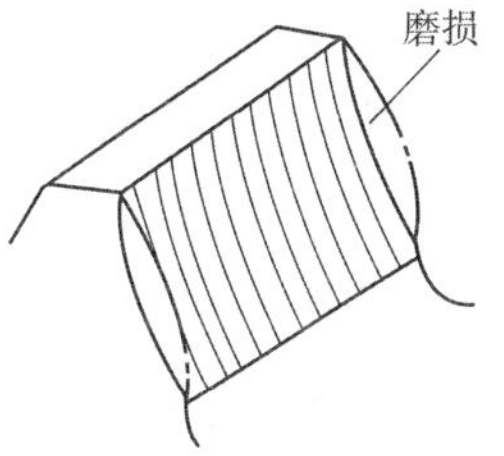

图6-6 齿面磨损

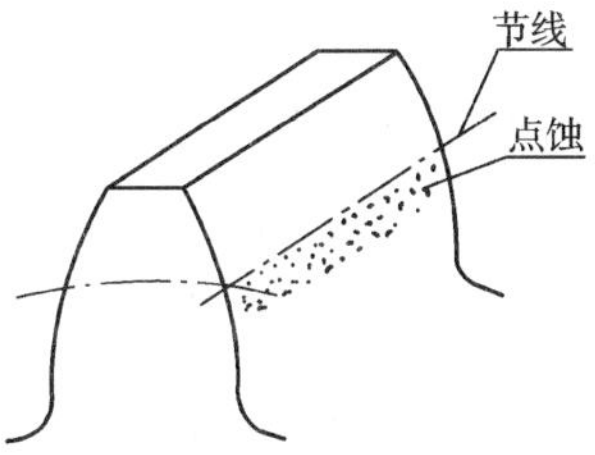

图6-7 表面点蚀

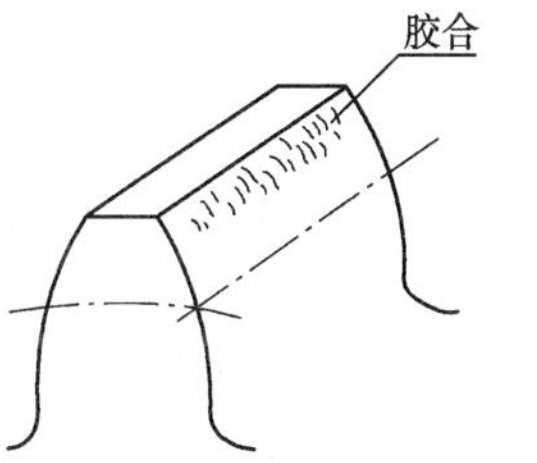

图6-8 齿面胶合

防止胶合现象,建议制造时提高齿面硬度,降低表面粗糙度值,使用时采用黏度较大或抗胶合性较好的润滑油。

2. 齿轮常用材料的选择

为了使齿轮具有一定的抗失效能力,设计齿轮传动时应合理选择材料。对齿轮材料的基本要求有如下方面。

(1)材料应有足够的强度,良好的加工性能和热处理性能。

(2)齿面具有较高的硬度和耐磨性。

(3)齿芯部具有一定的强度和韧性。

最常用的齿轮材料是锻钢、铸钢和铸铁。对于高速、轻载的齿轮传动,还可以采用塑料、有色金属、尼龙、胶木等。

课题小结

1. 模数、压力角、齿顶高系数、顶隙系数都采用标准值,分度圆齿厚与齿槽宽相等的齿轮称为标准齿轮。

2. 齿轮上具有标准模数和标准压力角的圆就是分度圆,对渐开线标准齿轮而言,齿槽宽与齿厚相等的圆是唯一的,这个圆称为分度圆,即 $s=e$。

3. 一对渐开线齿轮正确啮合的条件是:两轮的模数和压力角分别相等。

4. 齿轮失效主要发生在齿根部分,其主要的失效形式有:轮齿折断、齿面磨损、齿面点蚀、齿面胶合等。

课题二 齿轮传动机构的类型、特点和应用

一、齿轮传动机构的类型

知识链接

齿轮传动机构在汽车上获得了广泛应用,如变速器、转向器、主减速器、差速器以及正时齿轮传动等都采用了齿轮传动机构。

齿轮传动机构的分类方法很多,按两齿轮传动轴线的相对位置不同,可分为交错轴齿轮传动机构、平行轴齿轮传动机构和相交轴齿轮传动机构三种类型。

1. 交错轴齿轮传动机构

两啮合齿轮的传动轴线为空间任意交错位置,它是一种空间齿轮传动机构,如图 6-9 所示。常见类型有准双曲面齿轮传动机构、交错轴斜齿轮传动机构和蜗杆传动等。

a)准双曲面齿轮传动机构　　b)交错轴斜齿轮传动机构　　c)蜗杆传动

图 6-9　交错轴齿轮传动机构

2. 平行轴齿轮传动机构

两啮合齿轮的传动轴线相互平行,这是一种平面齿轮传动机构,如图 6-10 所示。常见类型有外啮合齿轮传动机构、内啮合齿轮传动机构和齿轮齿条传动机构等。

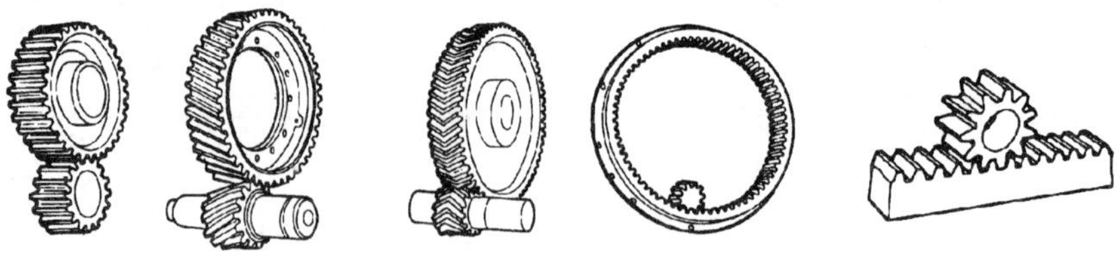

a)外啮合齿轮传动机构　　b)内啮合齿轮传动机构　　c)齿轮齿条传动机构

图 6-10　平行轴齿轮传动机构

3. 相交轴齿轮传动机构

两齿轮的传动轴线相交于一点,它是一种空间齿轮传动机构,如图 6-11 所示。常见类

型有直齿锥齿轮传动机构、斜齿锥齿轮传动机构和曲面锥齿轮传动机构。

a)直齿锥齿轮传动机构　b)斜齿锥齿轮传动机构　c)曲面锥齿轮传动机构

图 6-11　相交轴齿轮传动机构

想一想：汽车变速器、主减速器分别采用了哪种类型的齿轮传动机构？

二、齿轮传动机构的传动特点

齿轮传动机构用来传递任意两轴间的运动和动力，其圆周速度可达到 300m/s，传递功率可达 105kW，齿轮直径可从不到 1mm 到 150m 以上，是现代机械中广泛应用的一种机械传动。齿轮传动与其他机构传动相比，主要有以下特点。

（1）能保持瞬时传动比不变；传动效率高，一般为 0.95～0.98，最高可达 0.99。

（2）使用寿命长，一般可达 10～20 年；适用范围广，传递功率可从几十 W 至几万 kW。

（3）结构紧凑，工作可靠。但不适宜用于远距离两轴间的传动。

（4）制造和安装精度要求较高，故成本较高。

三、轮系的类型及其应用

一对齿轮的传动是齿轮传动机构中最简单的一种传动形式，在实际应用中，往往需要由多对齿轮组成传动机构，如汽车变速器、机床变速机构等。这种由多对齿轮组成的传动系统称为轮系。

1. 轮系的分类

根据轮系运转过程中各齿轮轴线的空间位置是否固定，轮系分为定轴轮系、周转轮系和混合轮系。

（1）定轴轮系。它是指轮系运转过程中，每个齿轮轴线位置都是固定的，如图 6-12 所示。汽车手动变速器就是典型的定轴轮系，驾驶人通过操纵变速杆直接操纵变速器换挡机构，选择不同挡位的传动齿轮进行变速。

图 6-12　定轴轮系

（2）周转轮系。它是指轮系运转过程中，至少有一个齿轮的轴线位置不固定，而是绕着某固定轴线回转，如图 6-13 所示。汽车自动变速器就采用了周转轮系，它根据发动机的负荷和车速的变化自动选定挡位进行变换，驾驶人只需操纵加速踏板来控制车速。

周转轮系由中心轮（1 太阳轮、3 齿圈）、行星轮 2、系杆 H（也称行星架或转臂）、机架等部分组成。

中心轮——具有固定几何轴线的齿轮(外齿中心轮称太阳轮,内齿中心轮称齿圈)。

行星轮——除绕自身轴线自转外,还随系杆 H 绕中心轮公转的齿轮。

系杆——支撑行星轮并和行星轮一起绕固定轴线回转的构件,也称行星架或转臂。

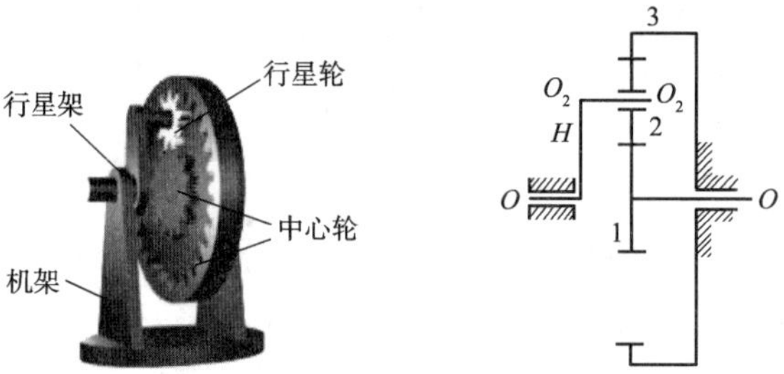

图6-13　周转轮系的组成及示意图

周转轮系又有行星轮系和差动轮系之分。有一个中心轮转速为零即固定不动的周转轮系称为行星轮系;中心轮转速都不为零的周转轮系称为差动轮系。

(3)混合轮系。在实际机构中,大多数轮系不单纯是由定轴轮系或周转轮系组成,而经常是由定轴轮系和周转轮系或者两个以上的周转轮系组成,这样的轮系称为混合轮系,如图6-14所示。

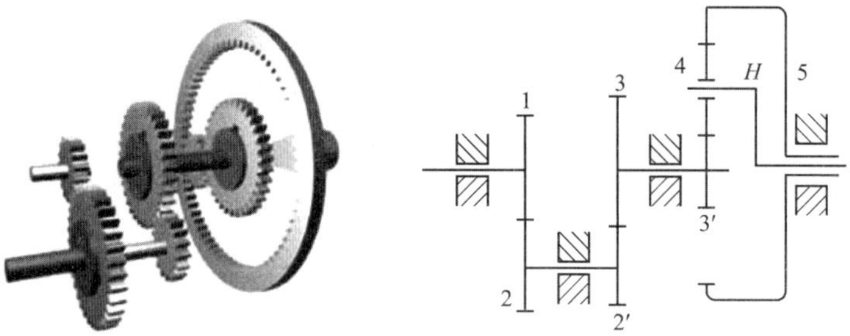

图6-14　混合轮系

2.轮系的功用

在各种机械设备中,轮系获得了广泛应用,它主要有如下方面。

(1)实现相距较远的两轴之间的传动。当输入轴与输出轴之间的距离较远时,如果只用一对齿轮传动,就会造成齿轮尺寸很大,造成既占空间又浪费材料,也给安装和制造带来不便。

(2)实现变速换向。输入轴转速和转向不变的情况下,利用轮系可使输出轴得到多种转速或改变转向,如汽车的变速、倒车等。

(3)实现分路传动。当输入轴的转速一定时,利用轮系可将输入轴的一种转速同时传动到几根输出轴上,获得所需的各种转速,如滚齿机的齿轮传动,输入轴的动力既传给滚刀,同时又传给齿轮毛坯。

(4)实现运动的合成和分解。利用周转轮系可实现运动的合成与分解。如汽车后桥差速器的轮系,当汽车转弯时,发动机输出的运动分解为不同转速后,分别送给左、右两个车轮,以减轻轮胎的磨损。

(5)实现大的传动比。利用行星轮系可以由较少的几个齿轮获得很大的传动比。如

图 6-13 所示的行星轮系,仅用两对齿轮,其传动比可高达 10000;但这类行星齿轮系随着传动比增大,其机械效率不断下降,故只适用于某些微调机构,不宜用于传递动力。

汽车变速器中广泛应用了轮系,实现了传动比的变换,扩大汽车驱动力和速度的变化范围,以适应经常变化的行驶条件。

课题小结

1. 根据两齿轮机构传动轴线的相对位置不同,可分为平行轴齿轮传动机构、交错轴齿轮传动机构和相交轴齿轮传动机构三种类型。

2. 多对齿轮组成的传动系统称为轮系。轮系分为定轴轮系、周转轮系和混合轮系。

3. 齿轮传动的主要工作特点。

课题三　汽车轮系传动比的计算

一、定轴轮系的传动比计算

1. 一对齿轮啮合的传动比计算

齿轮传动系中,首轮 1 与末轮 k 的转速或角速度之比称为轮系的传动比,用 i_{1k}表示,即:

$$i_{1k}=\frac{n_1}{n_k}=\frac{\omega_1}{\omega_x}$$

对于一对啮合齿轮传动,很容易得出其传动比 i_{12}:

$$i_{12}=\frac{n_1}{n_2}=\frac{z_2}{z_1}$$

2. 轮系传动比的计算

轮系传动比的计算主要包括轮系传动比的计算和转向的判断两方面。

(1)轮系传动比计算。图 6-15 所示轮系中,已知主动齿轮 1 为首轮,从动齿轮 5 为末轮,则该轮系的总传动比计算如下。

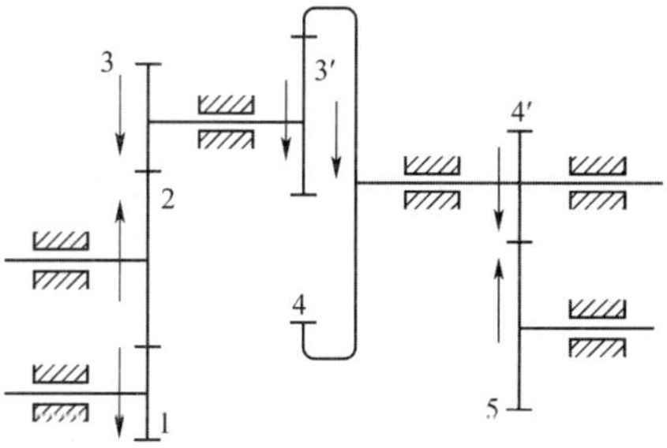

图 6-15　定轴轮系传动比计算

轮系中各对啮合齿轮传动比的大小:

$$i_{12}=\frac{n_1}{n_2}=\frac{z_2}{z_1}\quad i_{3'4}=\frac{n_{3'}}{n_4}=\frac{z_4}{z_{3'}}\quad i_{4'5}=\frac{n_{4'}}{n_5}=\frac{z_5}{z_{4'}}$$

轮系传动比 i_{15}：由于齿轮 3 与 3′、4 与 4′各分别固定在同一根轴上，有 $n_3 = n_{3'}$，$n_4 = n_{4'}$，将各对齿轮传动比公式两边分别连乘，得：

$$i_{15} = i_{12} \times i_{23} \times i_{3'4} \times i_{4'5} = \frac{n_1}{n_5} = \frac{z_2 z_3 z_4 z_5}{z_1 z_2 z_{3'} z_{4'}} = \frac{z_3 z_4 z_5}{z_1 z_{3'} z_{4'}}$$

在计算过程中，可发现齿轮 2 对传动比大小没有影响，但影响传动方向，这种只改变齿轮副中从动轮回转方向，而不影响齿轮副传动比大小的齿轮称为惰轮或中间轮。

由上述五个齿轮的特例延伸到 k 个齿轮的轮系中，若输入轴的转速为 n_1，输出轴的转速为 n_k，中间第 i 轴的转速为 n_i，则可得到：

$$i_1^k = \frac{n_1}{n_k} = \frac{n_1}{n_2} \times \frac{n_2}{n_3} \times \frac{n_3}{n_4} \times \cdots \times \frac{n_i}{n_{i+1}} \times \cdots \times \frac{n_{k-1}}{n_k} = \frac{\text{所有从动轮的齿数之积}}{\text{所有主动轮的齿数之积}} \tag{6-1}$$

综上所述，定轴轮系的传动比等于组成该轮系的各对啮合齿轮传动比的连乘积，也等于各对啮合齿轮中所有从动轮齿数的连乘积与所有主动轮齿数的连乘积之比。

如果定轴轮系中各对啮合齿轮均为圆柱齿轮传动，即各轮的轴线都相互平行，则称该轮系为平面定轴轮系；如果定轴轮系中含有锥齿轮、蜗轮蜗杆等空间齿轮传动，即各轮的轴线不完全相互平行，则称该轮系为空间定轴轮系。平面定轴轮系和空间定轴轮系传动比大小计算均可用式(6-1)，但转向的确定有不同的方法。

想一想：图 6-15 所示轮系中，齿轮 2 起什么作用？

(2)轮系转向的确定。确定轮系转向的方法有两种：

①用“+”“-”表示。只适用于平面定轴轮系。两轮转向相反，用“-”表示，两轮转向相同，用“+”表示。一对外啮合齿轮，其传动比前应加“-”号，一对内啮合齿轮，其传动比前应加“+”。设轮系中有 m 对外啮合齿轮，则在式(6-1)右侧增加$(-1)^m$项。如传动比的计算结果为正，则表示输出轴与输入轴的转向相同，为负则表示转向相反。

②画箭头表示。外啮合时，两箭头同时指向(或远离)啮合点，头头相对或尾尾相对，如图 6-16a)、c)所示。内啮合时，两箭头同向，如图 6-16b)所示。该方法对平面定轴轮系和空间定轴轮系均适用。

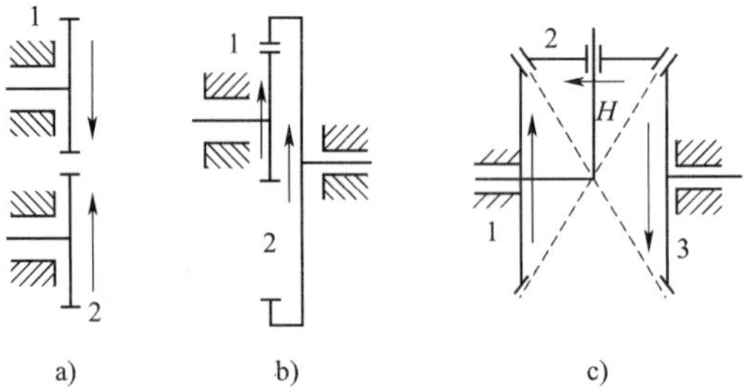

图 6-16　确定从动轮方向

【示例 6-2】试计算如图 6-17 所示三轴式汽车手动变速器一挡的传动比。

分析：输入轴上的齿轮 1 与中间轴上的齿轮 5 常啮合，构成变速器的第一级齿轮传动；中间轴上的其他齿轮均作为主动轮分别与输出轴或倒挡轴上相应的齿轮(从动轮)相啮合，构成变速器的二级传动。任何一个挡位上，中间轴与输出轴都只能有一对齿轮参与传动，其他齿轮空转。根据轮系传动比等于每一级齿轮传动比的乘积，得：

$$三轴式变速器传动比\ i = i_1 \times i_2 = \frac{一、二轴上所有从动轮的齿数之积}{一、二轴上所有主动轮的齿数之积}$$

解：如图6-17b）所示，一挡动力传递路线为：输入轴A→齿轮1→齿轮5→齿轮8→齿轮4→输出轴D；所以，传动比为：

$$i = \frac{z_5}{z_1} \times \frac{z_4}{z_8}$$

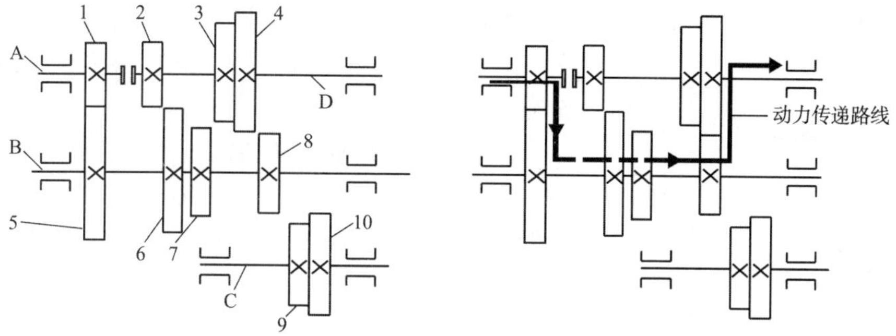

图6-17　三轴式变速器一挡传递路线示意图

A-输入轴；B-中间轴；C-倒挡轴；D-输出轴

动一动：试计算汽车三轴式手动变速器的其他挡位传动比。

二、周转轮系的传动比计算

1.周转轮系传动比的计算方法

求解周转轮系传动比最常用的方法是转化机构法。它是利用反转法给整个周转轮系加上一个的公共角速度 $-\omega_H$（或转速 $-n_H$），将原周转轮系转化为假想的定轴轮系，然后间接地利用定轴轮系的传动比公式来求解周转轮系的传动比。下面以图6-18所示周转轮系为例，说明转化机构法的基本思路和计算方法。

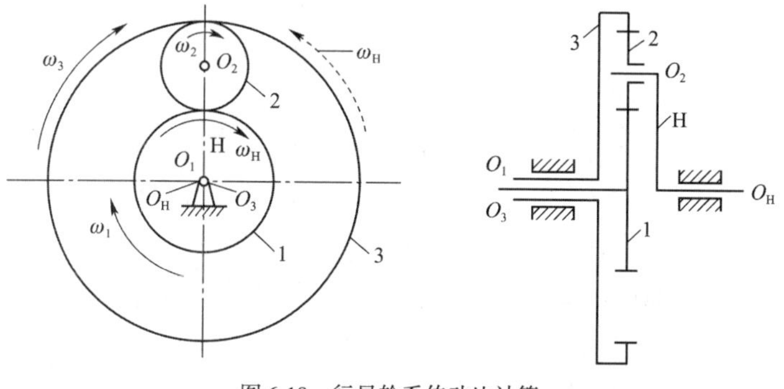

图6-18　行星轮系传动比计算

ω_1（或 n_1）、ω_2（或 n_2）、ω_3（或 n_3）、ω_H（或 n_H）分别表示齿轮1、2、3及系杆H的角速度（或转速），将轮系按 $-n_H$ 反转后，各构件的转速变化见表6-3。

各构件转速的变化　　表6-3

构　件	原来转速	转化后转速
齿轮1	n_1	$n_1^H = n_1 - n_H$
齿轮2	n_2	$n_2^H = n_2 - n_H$
齿轮3	n_3	$n_3^H = n_3 - n_H$
行星架H	n_H	$n_H^H = n_H - n_H = 0$

转化后行星架H变为静止不动。根据相对运动原理,这样并不影响轮系中各构件之间的相对运动关系。此时,整个周转轮系便转化为假想的定轴轮系,如图6-19所示。

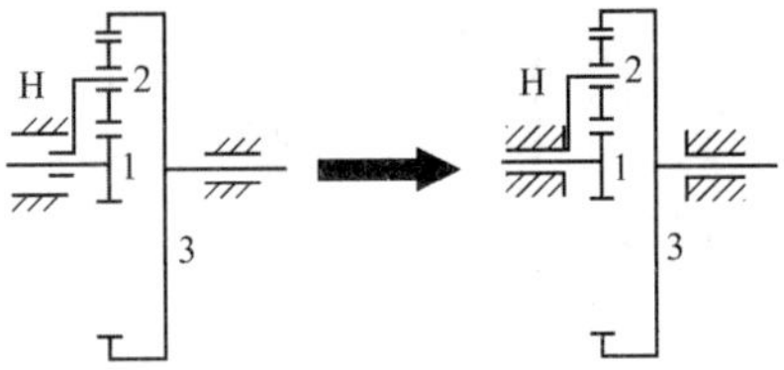

图6-19　行星轮系转化法

转化机构中的输入轴和输出轴的传动比可直接套用定轴轮系传动比的计算公式求得,转向也用定轴轮系的判断方法来确定。图6-19所示转化机构中,齿轮1对齿轮3的传动比为:

$$n_{13}^H = \frac{n_1^H}{n_3^H} = \frac{n_1 - n_H}{n_3 - n_H} = (-1)\frac{z_2 \times z_3}{z_1 \times z_2} = -\frac{z_3}{z_1}$$

上式“−”说明,在转化轮系中齿轮1与齿轮3转向相反。

2. 周转轮系传动比的通用计算式

同理,可将以上分析推广到一般情况。设周转轮系中的两个太阳轮分别为m和n,行星架为H,则:

$$n_{mn}^H = \frac{n_m^H}{n_n^H} = \frac{n_m - n_H}{n_n - n_H} = (-1)^k \frac{\text{齿轮 } m、n \text{ 间所有从动轮的齿数之积}}{\text{齿轮 } m、n \text{ 间所有主动轮的齿数之积}} \tag{6-2}$$

特别注意:

(1)齿轮m、n的轴线必须平行。

(2)计算公式(6-2)中,k是指转化轮系中齿轮m、n间外啮合的次数。

如果是行星轮系,则ω_m、ω_n中必有一个为0(不妨设$\omega_n = 0$),则上述通式可改写成如下形式:

$$i_{mn}^H = \frac{\omega_m - \omega_H}{-\omega_H} = -i_{mH} + 1 \tag{6-3}$$

即

$$i_{mH} = 1 - i_{1mn}^H$$

想一想:如图6-13所示周转轮系的传动比如何计算?

【示例6-3】试计算如图6-20所示行星齿轮机构的传动比。已知$z_1 = 100$,$z_2 = 101$,$z_{2'} = 100$,$z_3 = 99$,求系杆H对输出轮1的传动比i_{H1}。

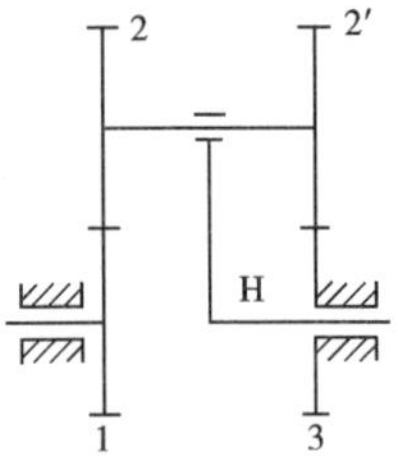

图6-20　行星齿轮机构

解:齿轮1对双联齿轮2-2′、齿轮3和系杆H组成周转轮系,由式(6-3)得:

$$i_{1H} = 1 - i_{13}^H$$

$$i_{13}^{H}=(-1)^{2}\frac{z_2z_3}{z_1z_2}=\frac{101\times 99}{100\times 100}=\frac{9999}{10000}$$

$$i_{1H}=\frac{\omega_1}{\omega_H}=1-\frac{9999}{10000}=\frac{1}{10000}$$

所以
$$i_{H1}=\frac{1}{i_{1H}}=10000$$

3. 混合轮系传动比的计算

在计算混合轮系传动比时,既不能将整个轮系作为定轴轮系来处理,也不能对整个机构采用转化机构的办法。

计算混合轮系传动比的正确方法为如下。

(1)将各个基本轮系正确地区分开来。

(2)分别列出计算各基本轮系传动比的方程式。

(3)找出各基本轮系之间的联系。

(4)将各基本轮系传动比方程式联立求解,即可求得混合轮系的传动比。

【示例 6-4】 如图 6-21 所示,轮系中各齿轮 1、2、3 及 1′、2′、3′的齿数分别为 Z_1、Z_2、Z_3、$Z_{1'}$、$Z_{2'}$、$Z_{3'}$,试求轮系传动比 i_{1H}。

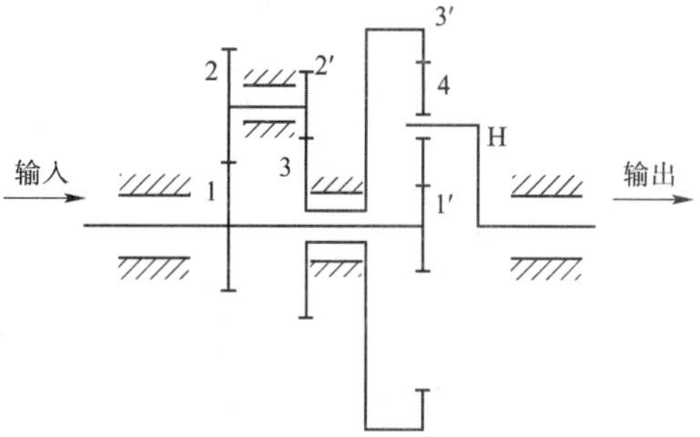

图 6-21　混合轮系传动比

解:(1)将各个基本轮系正确地区分开来。

齿轮 1、2、2′、3 组成定轴轮系;齿轮 1′、4、3′、H 组成周转轮系 。

(2)分别列出计算各基本轮系传动比的方程式。

定轴轮系:

$$i_{13}=\frac{\omega_1}{\omega_3}=(-1)^{2}\frac{Z_2Z_3}{Z_1Z_2}$$

周转轮系 :

$$i_{3'1'}^{H}=\frac{\omega_{3'}-\omega_H}{\omega_{1'}-\omega_H}=(-1)\frac{Z_1}{Z_3}$$

(3)找出各基本轮系之间的联系。

$$\begin{cases}\omega_1=\omega_{1'}\\ \omega_3=\omega_{3'}\end{cases}$$

(4)将各基本轮系传动比方程式联立求解,求得混合轮系的传动比。

$$i1_{H}=\frac{\omega_1}{\omega_H}=\frac{Z_{1'}+\dfrac{Z_{3'}}{Z_{1'}}}{1+\dfrac{Z_{1'}Z_{2'}Z_{3'}}{Z_2Z_3}}$$

课题小结

1. 轮系传动比计算内容主要包括两方面:一是传动比大小的计算;二是确定从动轮的

转向。

2. 定轴轮系的传动比等于组成该轮系的所有从动轮齿数连乘积除以所有主动轮齿数的连乘积，也等于组成该轮系的各对齿轮传动比的乘积。

3. 行星轮系传动比计算利用转化轮系法，轮系转化后，周转轮系转化为定轴轮系，从而直接套用定轴轮系传动比的计算公式进行计算。

练习题

一、填空题

1. 按两齿轮的相对运动方式，齿轮传动可分为__________和__________。

2. 齿轮的齿廓主要有__________、__________、__________三种，其中__________齿廓应用最广。

3. 齿轮几何尺寸计算的五个基本参数是__________、__________、__________、__________、__________。

4. 一对正确安装的标准齿轮，两轮的__________圆外切或内切，它们的中心距分别为 $a_{外}$ = __________，$a_{内}$ = __________。

5. 齿轮失效主要发生在__________部分，主要失效形式有__________、__________、__________、__________。

二、简答题

1. 简述齿轮传动的主要特点。

2. 简述轮齿的主要失效形式、减轻和防止失效的措施。

3. 简述轮系在汽车变速器中的作用。

三、计算题

1. 已知一标准直齿圆柱外齿轮的齿数 $z=36$，齿顶圆直径 $d_a=304\text{mm}$。试计算其分度圆直径 d、齿根圆直径 d_f 及全齿高 h。

2. 如左下图所示双排外啮合行星轮系，已知各轮齿齿数分别为 $z_1=100$，$z_2=101$，$z_3=99$。试求传动比 i_{H1}。

3. 如右下图所示，已知轮系中各轮齿数分别为 $z_1=10$，$z_2=15$，$z_3=40$，$z_4=25$，$z_5=20$，$z_6=15$，$z_7=10$，求传动比 i_{17}；如果齿轮 1 作顺时针方向旋转，则齿轮 7 的转向如何？

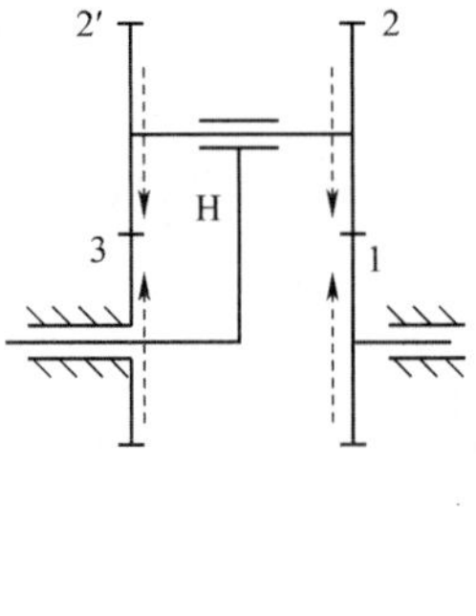

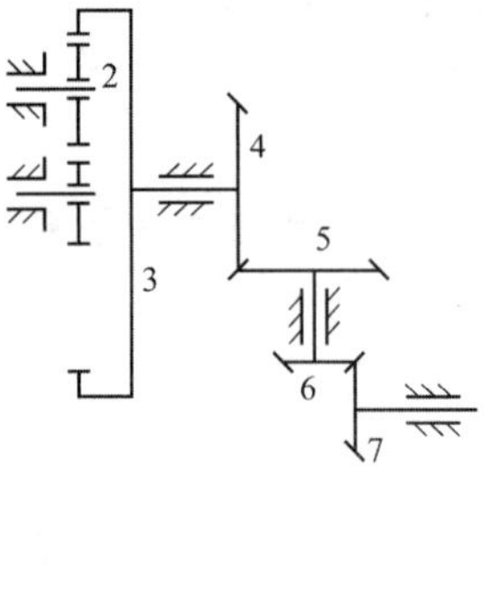

项目七　蜗杆传动机构

项目要求

1. 知识目标

能描述蜗轮蜗杆传动的种类和特点,学会初步应用;会进行传动比的计算。

2. 技能目标

能拆装汽车蜗杆式转向器;能正确使用和维护蜗杆传动机构。

3. 素养目标

通过拆装训练,增强学生理论联系、团结协作的意识;培养学生一丝不苟、严肃认真的工作作风。

项目叙述

蜗轮蜗杆传动用于传递空间两交错轴之间的运动和动力,通常两轴垂直交错,轴交角$\Sigma=90°$,在各种机械设备中应用广泛。机构通过本项目的学习,懂得蜗杆传动的基本知识,能根据蜗杆传动的失效形式正确使用和维护蜗杆传动机构。

建议课时

2 课时。

课题一　蜗杆传动的种类及特点

看一看:汽车蜗轮蜗杆式转向器的结构及其工作原理。

一、蜗杆、蜗轮的形成

蜗杆传动由交错轴斜齿圆柱齿轮演化而来,通常用来传递空间两交错轴间的运动和动力,在绝大多数情况下,两轴在空间是互相垂直的,两轴交角为$\Sigma=90°$,它由蜗杆和蜗轮组

图 7-1　蜗杆传动

成，如图 7-1 所示。

在一对轴交错角 $\Sigma=90°$ 的交错轴斜齿传动中，如果小齿轮的齿数 z_1 很少(一个或几个齿)，而螺旋角 β_1 和齿宽 b_1 很大，则其轮齿在分度圆上将绕行一周以上，使小齿轮的外形像一个螺杆，这样的斜齿轮称为蜗杆；用与蜗杆形状和参数相同的滚刀(两者的区别在于滚刀外径稍大，以加工出顶隙)加工而成的大齿轮则称为蜗轮。

蜗杆与螺旋杆相似，有左旋和右旋之分，通常使用右旋蜗杆。蜗杆上只有一条螺旋线，即端面上只有一个齿的蜗杆称为单头蜗杆；有两条螺旋线的蜗杆称为双头蜗杆；蜗杆螺纹的头数即是蜗杆齿数，用 z_1 表示。

想一想：蜗杆传动是否属于齿轮传动？

二、蜗杆传动的种类

按照蜗杆形状的不同，蜗杆传动分为圆柱蜗杆传动、环面蜗杆传动和锥面蜗杆传动，如图 7-2 所示。圆柱蜗杆传动的齿顶位于圆柱面上，而环面蜗杆的齿顶位于圆弧回转面上。环面蜗杆传动比圆柱蜗杆传动的承载能力大而且效率高，但其制造和安装精度要求更高，成本也高。

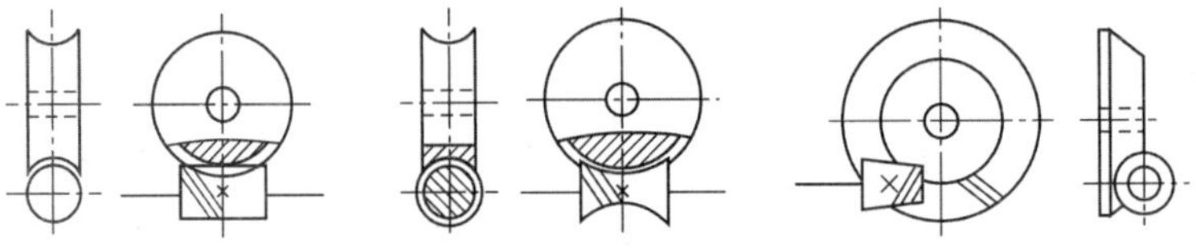

a)圆柱蜗杆传动　b)环面蜗杆传动　c)锥面蜗杆传动

图 7-2　蜗杆传动的类型

其中，圆柱蜗杆传动在工程中应用最广，以下仅讨论圆柱蜗杆传动。圆柱蜗杆按其齿廓形状不同，又可分为阿基米德蜗杆、渐开线蜗杆和延伸渐开线蜗杆，如图 7-3 所示。

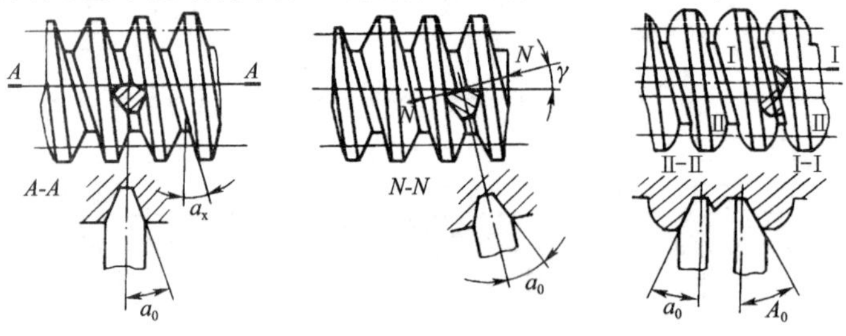

a)阿基米德蜗杆　b)渐开线蜗杆　c)延伸渐开线蜗杆

图 7-3　普通圆柱蜗杆的主要类型

三、蜗杆传动的基本参数

知识链接

沿着蜗杆轴线且垂直于蜗轮轴线的平面称为中间平面。

1. 模数 m 和压力角 α

如图 7-4 所示，在中间平面内，蜗杆与蜗轮的啮合相当于齿条与齿轮的啮合，蜗杆的轴向齿距等于蜗轮的端面齿距，规定中间平面上的模数和压力角为标准值，标准压力角 $\alpha = 20°$。因此蜗杆传动的正确啮合条件为：在中间平面内其模数和压力角分别相等，即蜗杆的轴面模数 m_{x1} 等于蜗轮端面模数 m_{t2}，蜗杆的轴面压力角 α_{x1} 等于蜗轮端面压力角 α_{t2}。当其轴交错角 $\Sigma = 90°$ 时，蜗轮的螺旋角 β 还应等于蜗杆的导程角 γ，即：$m_{x1} = m_{t2} = m$；$\alpha_{x1} = \alpha_{t2}$；$\beta = \gamma$。

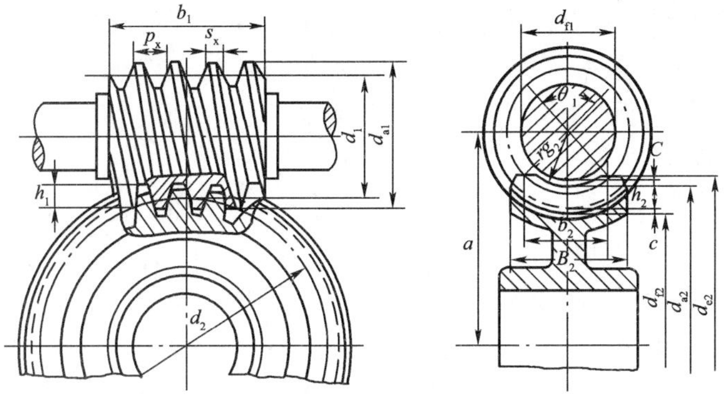

图 7-4　圆柱蜗杆传动

2. 蜗杆分度圆直径 d_1

蜗杆上齿厚与齿槽宽相等的圆柱称为蜗杆分度圆柱，其直径用 d_1 表示。为保证蜗杆与蜗轮的正确啮合，每一种尺寸的蜗杆就需相同尺寸的蜗轮滚刀来加工，为减少蜗轮滚刀的数量，每一标准模数 m 规定了一定数量的蜗杆分度圆直径 d_1，可参考《机械设计手册》选取。

3. 蜗杆直径系数 q

蜗杆直径系数是蜗杆分度圆直径与其轴向模数的比值，用 q 表示，$q = d_1/m$。

4. 蜗杆导程角 γ

蜗杆的导程角 γ 是指圆柱螺旋线的切线与端平面之间所夹的锐角。蜗杆的形成原理与螺杆相似，如果将直径为 d_1 的蜗杆分度圆柱展开，如图 7-5 所示，若设其头数为 z_1，蜗杆的轴向齿距为 p_x，则蜗杆分度圆柱面上的导程角 γ 为：$\tan\gamma = \dfrac{z_1 p_x}{\pi d_1} = \dfrac{m z_1}{d_1}$。

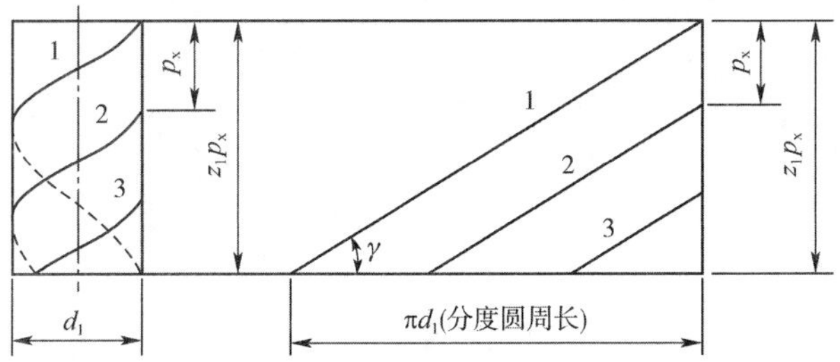

图 7-5　蜗杆展开图

5. 蜗杆头数 z_1 和蜗轮齿数 z_2

蜗杆头数可根据要求的传动比和效率来选定。单头蜗杆传动的传动比可以较大，但效率较低。如果要提高效率，则需增加蜗杆头数，但蜗杆头数过多，又会给加工带来很大困难，所以蜗杆的头数通常取 1、2、4。蜗轮齿数可根据的蜗杆头数和传动比 i 的大小，由 $z_2 = iz_1$ 确定。

四、蜗杆传动的特点及应用

1. 蜗杆传动的主要特点

可实现空间交错轴间的很大传动比,其结构比交错轴斜齿轮机构紧凑;在动力传动中,一般传动比可达 $i=10\sim80$,在手动或分度机构中,传动比可达1000;传动平稳,噪声小;当蜗杆的导程角很小时,传动具有自锁性,即只能由蜗杆带动蜗轮,而蜗轮不能带动蜗杆,故常用于起重或其他需要自锁的场合。主要缺点是:蜗杆传动效率低,一般效率 $\eta=0.7\sim0.8$;具有自锁性的蜗杆传动,其效率更小,$\eta\leqslant0.5$;齿面的螺旋线方向有较大的滑动速度,易引起发热和磨损,常需要用较贵重的青铜等减摩材料来制造,故成本较高;螺旋角大,由此轴向力大,其轴承结构比较复杂。

2. 应用

蜗杆传动广泛应用于机床、汽车、仪器、起重运输机械、冶金机械以及其他机械制造部件中。蜗杆传动通常用于减速装置中,但也有个别机器用作增速装置。

考一考: 蜗杆传动中,一般谁是主动件?如改变主动件,能传递运动吗?

课题小结

1. 蜗杆传动分为圆柱蜗杆传动、环面蜗杆传动和锥面蜗杆传动。

2. 蜗杆传动的正确啮合条件为:$m_{x1}=m_{t2}=m$;$\alpha_{x1}=\alpha_{t2}=\alpha$;$\beta=\gamma$。

3. 蜗轮蜗杆传动的主要特点:传动比大;蜗杆的导程角很小时,传动具有自锁性;轴向力大,传动效率低等。

课题二 蜗杆传动的传动比计算

一、蜗杆传动的传动比计算

一对蜗杆传动的传动比计算可由下式确定:

$$i=\frac{n_1}{n_2}=\frac{z_2}{z_1}$$

式中:i——蜗杆传动比;

n_1、n_2——蜗杆和蜗轮的转速,r/min;

z_1、z_2——蜗杆头数和蜗轮的齿数。

二、蜗杆、蜗轮转向的判定

1. 螺旋方向的判定

蜗轮、蜗杆的螺旋方向判别与螺纹旋向的判定方法相同,可采用如下判定:如图7-6所示，将蜗杆或蜗轮的轴线按竖直放置，若螺旋线向左升高为左旋，向右升高为右旋。

2. 旋转方向的判定

蜗轮旋转方向的判定方法用左、右手法则，即：若蜗杆是右旋（或左旋）时，伸出右手（或左手）半握拳，用四指顺着蜗杆的旋转方向，这时与大拇指指向相反的方向，就是蜗轮的旋转方向。

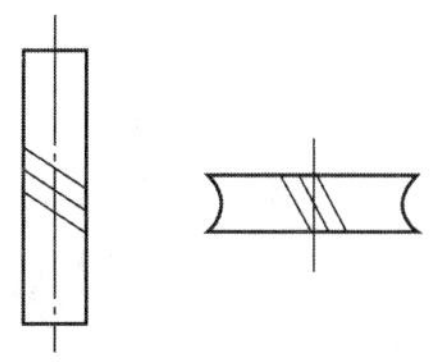
a)左旋蜗杆　b)右旋蜗杆

图7-6　蜗杆、蜗轮螺旋方向判断

如图 7-7a）所示，若已知蜗杆为右旋、顺时针旋转，则图中蜗轮转向为逆时针旋转；如图 7-7b）所示，若已知蜗杆为左旋、逆时针旋转，则图中蜗轮旋转方向为顺时针方向旋转。

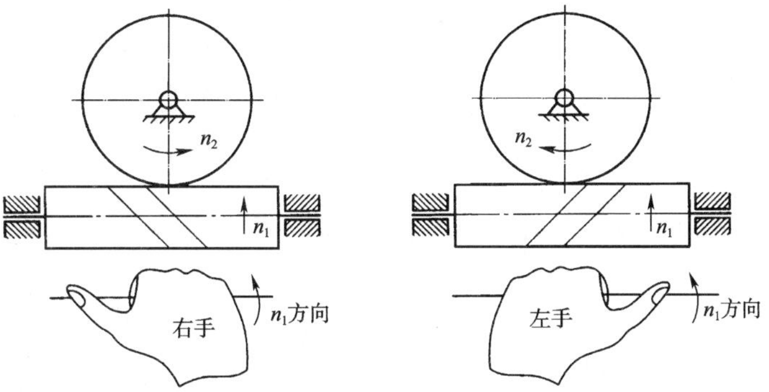

a)右旋蜗杆　b)左旋蜗杆

图 7-7　蜗杆蜗轮转向判断

考一考：若已知蜗轮的转向及蜗杆的旋向，则蜗杆的转向如何判断？

三、蜗杆传动的失效形式及材料选择

1. 蜗杆传动的失效形式

与齿轮传动相类似，蜗杆传动的失效形式主要有胶合、点蚀、磨损和折断。由于蜗轮材料的强度往往比蜗杆材料强度低，在一般情况下，失效总是发生在强度较低的蜗轮上。由于蜗杆传动齿面间的相对滑动速度较大，传动效率低，发热量大，所以容易发生胶合和磨损。实践表明，在闭式传动中，蜗轮的失效形式主要是胶合与点蚀；在开式传动中，失效形式主要是磨损；当过载时，会发生轮齿的折断现象。

2. 蜗杆、蜗轮的结构和材料

蜗杆一般用碳钢或合金钢制造，由于直径较小，通常将蜗杆与轴做成一体。

较好的蜗轮材料是锡青铜，它具有较好的抗胶合和耐磨性，但价格较贵；为节约材料，蜗轮结构常采用齿圈用锡青铜、轮芯用铸铁制造的组合式结构。当滑动速度较低时，蜗轮也可采用铸铁或铝青铜制造，虽然抗胶合能力远比锡青铜差，但强度较高，价格便宜。

四、蜗杆传动的安装与维护

1. 蜗杆传动的安装

蜗杆传动的安装精度要求很高。根据蜗杆传动的啮合特点，应使蜗轮的中间平面通过蜗杆的轴线，蜗轮的轴向安装定位要求很高，装配时可采用垫片调整蜗轮的轴向位置及轴承间隙，还可以利用蜗轮与轴承之间的隔套作较大距离的轴向调整。

2. 蜗杆传动的维护

由于蜗杆传动效率低，滑动速度大，为了提高蜗杆传动的效率，降低齿面的工作温度，避免产生胶合和减少磨损，因此，良好的润滑对蜗杆传动有十分重要的意义。润滑油黏度和润滑方法，一般根据相对滑动速度和载荷类型来选用。对于闭式蜗杆传动，润滑油黏度和润滑方法，参照表7-1。

蜗杆传动润滑方法及润滑油黏度(推荐)　　表7-1

滑动速度(m/s)	<1	<2.5	<5	>5~10	>10~15	>15~25	>25
工作条件	重载	重载	中载	—	—	—	—
黏度(mm^2/s)	1000	680	320	220	150	100	68
润滑方法	油浴			油浴或喷油	压力润滑		

由于蜗杆传动时的发热量大，如润滑油的工作温度超过许可值，可采用下列方法提高散热能力(图7-8)。

(1)在箱壳外面增加散热片以增加散热面积。

(2)在蜗杆轴上装风扇，以提高壳体表面散热效果。

(3)在箱体内装蛇形冷却液管。

(4)采用压力喷油循环润滑。

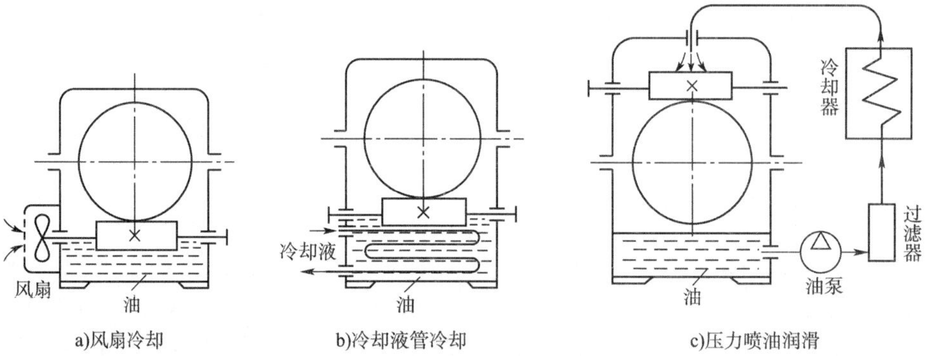

图7-8　蜗杆减速器冷却方法

课题小结

1. 蜗轮蜗杆传动比的计算：$i = n_1/n_2 = z_2/z_1 \neq d_2/d_1$。

2. 蜗杆、蜗轮的螺旋方向及其旋转方向的判定。

3. 蜗杆传动的主要失效形式主要有胶合、点蚀、磨损和折断。

练习题

一、填空题

1. 阿基米德蜗杆和蜗轮在中间平面上相当于直齿条与________齿轮的啮合。

2. 在蜗杆传动中，蜗杆头数越少，则传动效率越________，自锁性越________，一般蜗杆

头数常取 z_1 = ________。

3. 蜗轮轮齿的失效形式有________、________、________、________。但因蜗杆传动在齿面间有较大的________，所以更容易产生________和________失效。

4. 在蜗杆传动中，蜗轮螺旋线的方向与蜗杆螺旋线的旋向应该________。

5. 在标准蜗杆传动中，当蜗杆为主动时，若蜗杆头数 z_1 和模数 m 一定，而增大直径系数 q，则蜗杆刚度________；若增大导程角 γ，则传动效率________。

6. 由于蜗杆传动的两齿面间产生较大的________速度，因此在选择蜗杆和蜗轮材料时，应使相匹配的材料具有良好的________和________性能。通常蜗杆材料选用________或________，蜗轮材料选用________或________，因而失效通常多发生在________上。

二、选择题

1. 与齿轮传动相比较，(　　)不能作为蜗杆传动的优点。

A. 传动平稳，噪声小　　B. 传动效率高

C. 可产生自锁　　D. 传动比大

2. 阿基米德圆柱蜗杆与蜗轮传动的(　　)模数，应符合标准值。

A. 法面　　B. 端面　　C. 中间平面

3. 在蜗杆传动中，当其他条件相同时，增加蜗杆直径系数 q，将使传动效率(　　)。

A. 提高　　B. 减小

C. 不变　　D. 增大也可能减小

4. 起吊重物用的手动蜗杆传动，宜采用(　　)的蜗杆。

A. 单头、小导程角　　B. 单头、大导程角

C. 多头、小导程角　　D. 多头、大导程角

三、简答题

1. 蜗杆传动与齿轮传动相比有何特点？常用于什么场合？

2. 按蜗杆形状不同，蜗杆传动可分为哪几种类型？

3. 如何选取蜗杆线数 z_1 与蜗轮齿数 z_2？

4. 如何选择蜗杆传动副的材料？

5. 指出下列各图中未注明的蜗杆或蜗轮的螺旋线旋向及蜗杆或蜗轮的转向。

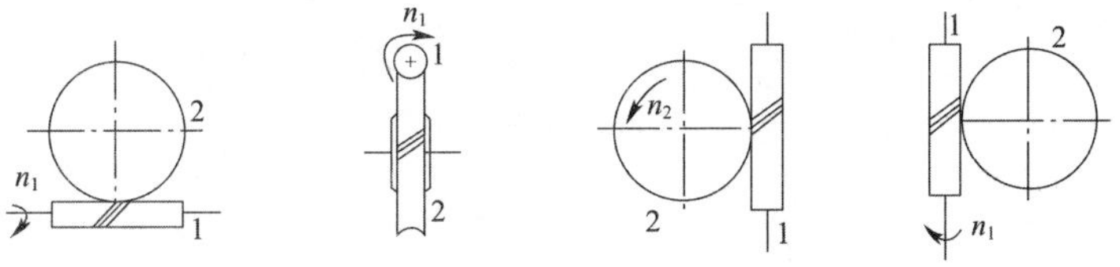

a)　　b)　　c)　　d)

四、计算题

1. 已知一蜗杆传动，蜗杆头数 $z_1=2$，蜗杆转速 $n_1=980\text{r/min}$，蜗轮齿数 $z_2=70$，试求蜗轮转速 n_2。如要求蜗轮转速 $n_2=35\text{r/min}$，蜗轮的齿数 z_2 应为多少？

2. 已知一蜗杆传动，蜗杆头数、$z_1=2$，蜗杆转速 $n_1=1450\text{r/min}$，蜗轮齿数 $z_2=62$，求蜗杆传动的传动比 i 及蜗轮转速 n_2。

项目八　带传动和链传动分析

项目要求

1. 知识目标

能描述带传动和链传动装置的类型、特点；会列举应用实例；会进行传动比的计算。

2. 技能目标

观察汽车中所用到的带传动，并能描述其工作原理。

3. 素养目标

通过学习与实践，培养学生善于观察生活、理论联系实际、不断探究的钻研精神。

项目叙述

带传动和链传动是机械传动中重要的传动形式，在汽车工业、家用电器等机械装备中应用广泛。通过学习，能判断带传动和链传动的类型，会计算带传动和链传动的传动比，熟悉其在汽车中的应用。

建议课时

4 课时。

课题一　带　传　动

一、带传动的组成、特点和应用

1. 带传动的组成及特点

如图 8-1 所示，带传动主要由主动带轮、从动带轮、传动带及机架组成。工作时，以张紧在至少两轮上的带作为中间挠性件，靠带与带轮接触面间产生的摩擦力(或啮合力)来传递运动和动力。

由于带传动具有结构简单、传动平稳、适于两轴中心距较大的场合、价格低廉、缓冲吸振及过载打滑以保护其他零件等优点，使得带传动在机械传动中占据了重要地位，而且从易损件向传动的功能部件演变，以至在许多场合替代了其他传动形式。但有的带传动传动比不稳定、传动装置外形尺寸较大、效率较低、带的使用寿命较短以及不适合高温易燃场合等缺点。

2. 带传动的类型

带传动根据其传动原理分为摩擦带传动（图 8-1）和啮合带传动（图 8-2）两大类。摩擦带传动主要是靠带和带轮间接触面之间的摩擦力来传递动力和运动；而啮合带传动（也称同步带传动），它是靠带齿与带轮齿的啮合传递运动和动力的。如图 8-2 所示同步带传动，工作时靠带的齿与带轮外缘上的齿槽啮合来传动递动力和运动的。

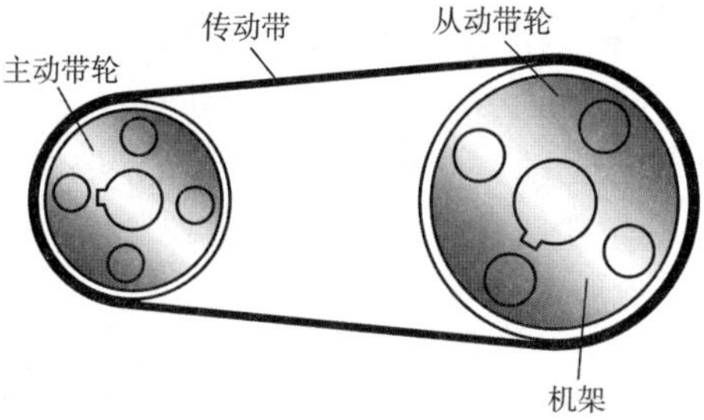

图 8-1　带传动

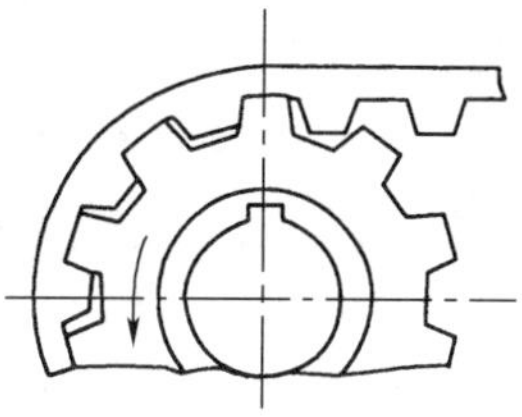

图 8-2　同步带传动

摩擦带传动的传动带按带的截面形状不同，分为平带、V 带、多楔带和圆带等，其特点及应用见表 8-1。

传动带的类型、特点及应用　　表 8-1

类型	横截面形状	工　作　面	特点及应用	示　意　图
平带	扁平矩形	与带轮相接触的内表面	结构简单、带轮易制造、传递功率小	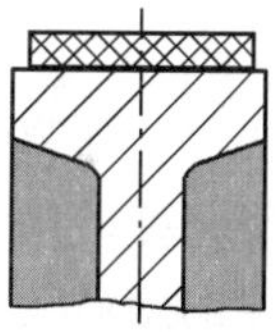
V 带	等腰梯形	两侧面	分为普通 V 带和窄 V 带，其传递功率大，应用最广泛	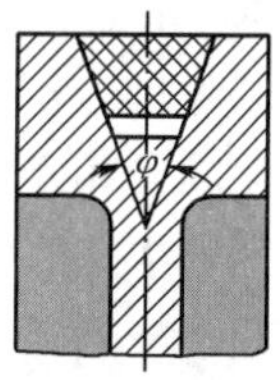
多楔带	以扁平部分为基体，下面有几条等距纵形槽	侧面	弯曲应力小，摩擦力大，多用于传递功率较大、结构紧凑的场合	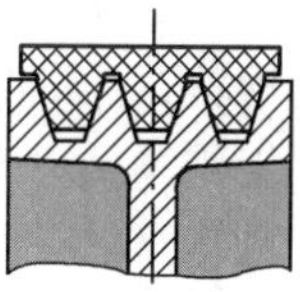
圆带	圆形	与带轮接触的圆柱面	牵引能力小，常用于仪器、家用器械、人力机械中	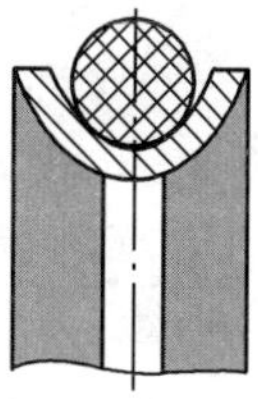

想一想:汽车上采用带传动的部位有哪些?带的形状如何?

二、带传动的工作情况分析

1. 带传动中的受力分析

如图 8-3a)所示,带传动安装时,带必须以一定的初拉力张紧在带轮上。当带静止不动时,带上各处所受的拉力均相等,此时带所受的拉力称为初拉力,用 F_0表示。

如图 8-3b)所示,设小带轮为主动轮,大带轮为从动轮,当带传动时,带与带轮之间产生摩擦力,主动轮对带的摩擦力 F_f的方向与带的运动方向相同,从动轮对带的摩擦力 F_f的方向与带运动的方向相反。由于摩擦力的作用,带绕入主动轮的一边被拉紧,称为紧边,紧边拉力由 F_0增加到 F_1;带绕入从动轮的一边则被放松,称为松边,松边拉力由 F_0减小到 F_2。两边的拉力差(F_1-F_2)就是带传动中起传递动力作用的有效拉力 F_e,即 $F_e=F_1-F_2$。有效拉力等于带和带轮接触面上各点摩擦力的总和。

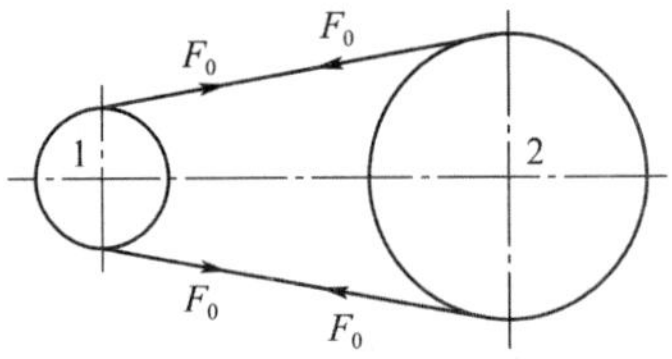

a)带静止时受力情况

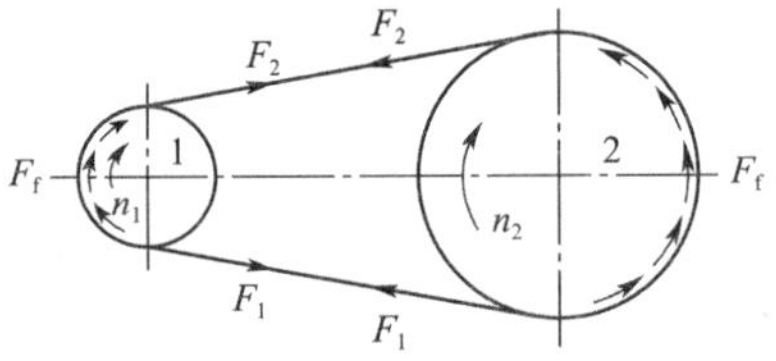

b)带传动时受力情况

图 8-3 带传动受力分析

2. 带传动弹性滑动和打滑

带是弹性体,当带受拉时会产生弹性伸长。由于带在紧边、松边上所受的拉力不同,因而产生的弹性变形量也不同。在主动轮上,带由紧边运动到松边时,所受的拉力由 F_1逐渐降低到 F_2,带的弹性变形量也随之逐渐减小,即带一方面由于摩擦力的作用随着带轮前进,同时又因弹性变形的减小而向后收缩,使带的速度小于主动轮的圆周速度。也就是说带与主动轮之间发生了相对滑动。同理,在从动轮上,带由松边运动到紧边时,所受的拉力由 F_2逐渐增加到 F_1,带的弹性变形量也随之逐渐增大,即带一方面由于摩擦力的作用随着带轮前进,同时又因弹性变形的增大而向前伸长,使带的速度大于从动轮的圆周速度。也就是说带与从动轮之间也发生了相对滑动。这种由于带的弹性变形及拉力差而引起的带与带轮间的滑动现象,称为带的弹性滑动。弹性滑动是带传动中不可避免的一种正常的物理现象。

当传递的外载荷增大时,要求有效拉力 F_e随之增大。当 F_e达到一定数值时,带与小带轮轮槽接触面间的摩擦力总和 F_f将达到极限值。若外载荷超过这个极限值时,带将沿整个接触弧发生相对滑动,这种现象称为打滑。打滑加剧了带的磨损,从动轮转速将急剧降低甚至停止运动,导致传动失效。为了保证带传动的正常工作,应避免出现过载打滑现象。但当带传动突然超载时,打滑可以起到过载保护作用,避免其他零件的损坏。

想一想:弹性滑动能否避免?打滑与弹性滑动有何区别?

三、带传动的主要失效形式

由带传动的工作情况分析可知，当传递的载荷超过带的极限有效拉力时，传动带将在带轮上打滑，从而失去传动能力。所以，打滑是带传动的主要失效形式之一。

由于带绕着带轮不断地作循环运动，带任一截面上的应力都将随着带的运转而循环变化，当带使用达到一定次数后，传动带的局部会出现帘布（或线绳）与橡胶脱离，造成该处松散，甚至断裂，从而发生疲劳损坏，丧失传动能力，由此，带的疲劳损坏是带传动的另一种主要失效形式。

四、V带传动结构及特点

V带传动是由V带和V带轮组成的摩擦传动，V带安装在相应的轮槽内，仅与轮槽的侧面接触，而不与底面接触，以免带加速磨损，降低带的使用寿命，带在轮槽中的位置如图8-4所示。因此，V带的工作面为V带的两侧面。

1. V带的结构和类型

V带是横截面为等腰梯形的传动带，其结构分为帘布结构和线绳结构两种。两种结构均由伸张层、强力层、压缩层和包布层组成，如图8-5所示。

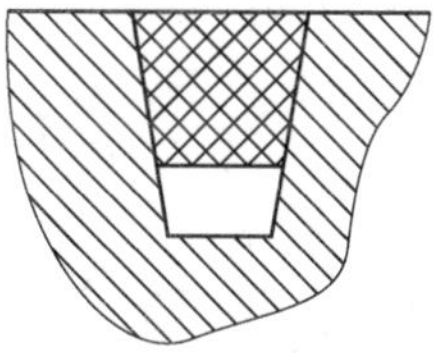

图8-4　V带在轮槽中的位置

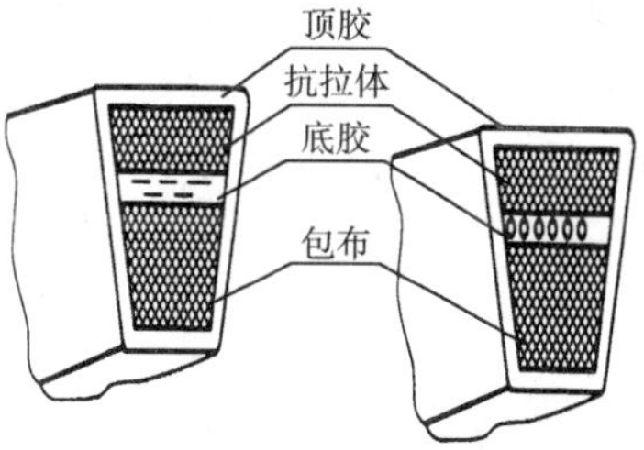

a)帘布结构　　b)线绳结构

图8-5　V带的结构

V带弯曲时，顶胶伸长，底胶缩短，只有两者之间的中性层长度不变，称为节面；带的节面长度称为基准长度，也即公称长度。强力层是V带的主要承力层，两种结构分别用胶帘布和胶线绳，常用V带主要采用帘布层结构。包布层用胶帆布制成，对V带起保护作用。

V带类型有：普通V带、窄V带、宽V带、齿形V带等十多种，最常用V带是普通V带。

2. 普通V带的型号与标记

按V带的横截面尺寸的大小，普通V带分Y、Z、A、B、C、D、E七种型号，窄V带分SPZ、SPA、SPB、SPC四种类型。其中，Y型V带的截面积最小，E型V带面积最大。V带截面积越大，其传递的功率也越大。

普通V带的标记由型号、基准长度和标准号组成，如基准长度为2000mm的普通V带，其标记为：B2000（GB/T 11544—2012）。V带的标记、制造日期和生产厂家，通常压印在带的表面。

3. 带轮材料和结构

带轮常用的材料是灰铸铁、铸钢、铝合金、工程塑料等，其中灰铸铁应用最广。

普通V带轮一般由轮缘、轮毂及轮辐组成。根据轮辐的结构不同，可分为实心式、腹板式、孔板式和轮辐式等类型，如图8-6所示。

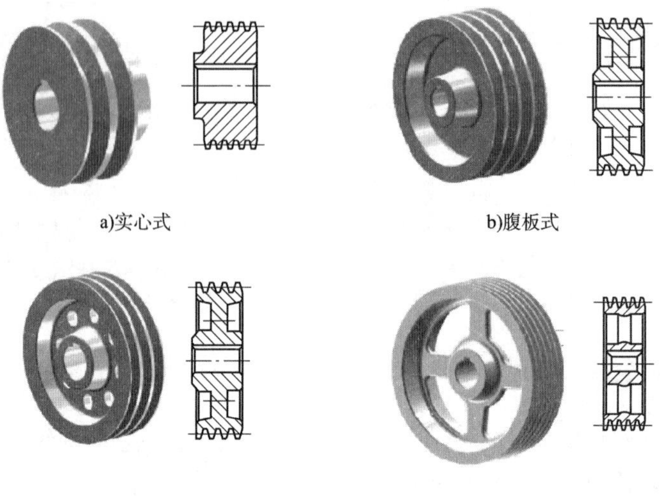

a)实心式　b)腹板式　c)孔板式　d)轮辐式

图 8-6　普通 V 带轮的结构

五、带传动的张紧

传动带由于长期受到拉力作用,将产生塑性变形而伸长,使得带与轮之间变得松弛,张紧力下降,甚至无法传动,因此必须重新张紧。常用的张紧方法有定期调整装置、自动张紧装置和使用张紧轮三种方法,如图 8-7 所示。

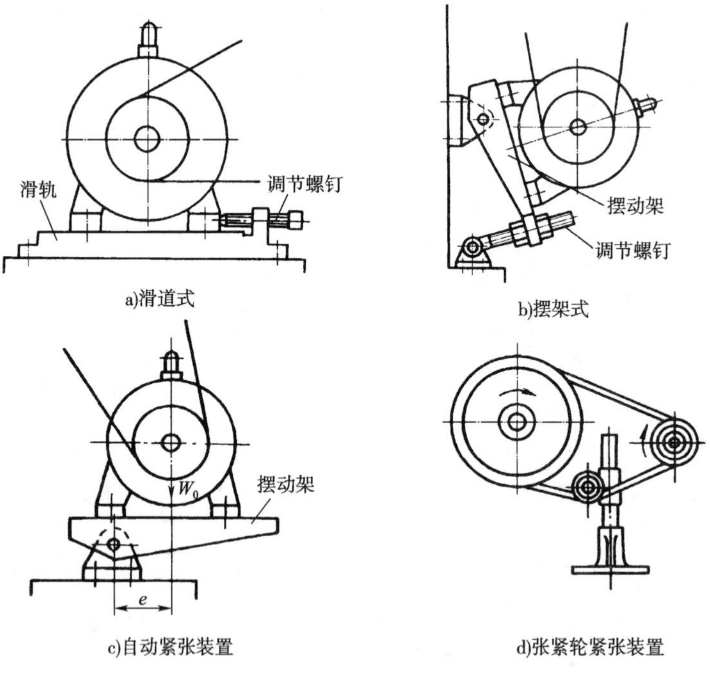

a)滑道式　b)摆架式　c)自动紧张装置　d)张紧轮紧张装置

图 8-7　V 带张紧装置

1. 定期张紧装置

常见的有滑道式和摆架式,它们均靠调节螺钉来调整带的张紧程度,如图 8-6a)、b)所示。

2. 自动张紧装置

利用电动机自身质量，使带始终在一定的张紧力下工作，如图 8-6c）所示。

3. 张紧轮张紧装置

两轮中心距无法调整时，可采用张紧轮张紧。张紧轮应放在松边内侧，并靠近大带轮。张紧轮的轮槽尺寸与带轮相同，且直径小于小带轮的直径，如图 8-6d）所示。

想一想：台钻上的带传动采用了哪种张紧装置？

六、带传动的使用和维护

为保证带传动能正常工作和延长使用寿命，正确使用和维护十分重要。通常使用和维护时应注意以下几个方面：

（1）安装时，两带轮轴线必须保持规定的平行度；两轮的轮槽要对齐，且带与轴线相垂直，如图 8-8 所示。对于中等中心距的带传动，也可凭经验张紧，带的张紧程度以大拇指能将带按下 15mm 为宜，如图 8-9 所示。

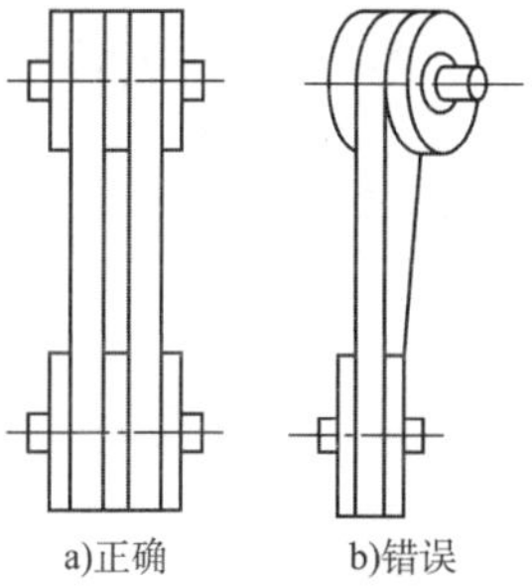

图 8-8　带轮的安装图

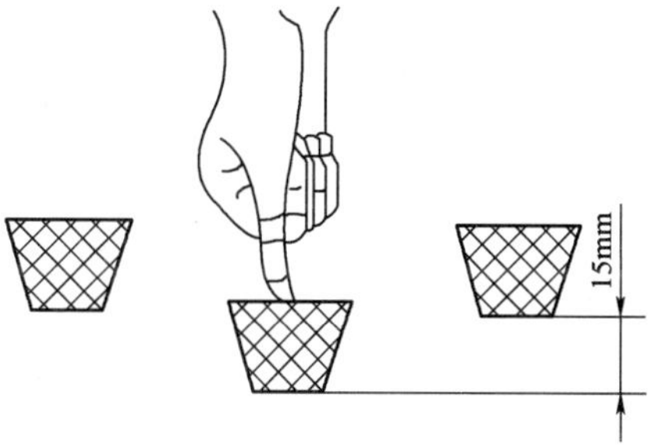

图 8-9　V 带的张紧程度

（2）安装或拆卸 V 带时，应使用调整中心的方法，将 V 带套入或取出，切忌强行撬入或撬出，以免损坏带的工作表面和降低带的弹性。

（3）胶带不宜与酸、碱或油接触，工作温度不应超过 60℃。

（4）为保证使用安全，带传动装置应加设保护罩。

（5）定期检查，如发现其中一根带过度松弛或疲劳损坏时，应全部换用新带，不能新旧并用，否则会加速新带的磨损。

动一动：观察一下汽车上带传动的结构及其带的标记。

七、带传动的传动比计算

带传动的传动比是指主动轮转速 n_1 与从动轮转速 n_2 之比，用 i 表示。若不考虑传动带在带轮上的弹性滑动时，带传动的传动比为从动轮基准直径 d_{d2} 与主动轮基准直径 d_{d1} 之比，则：

$$i_{12}=\frac{n_1}{n_2}=\frac{d_{d2}}{d_{d1}}$$

八、汽车用传动带

汽车用传动带有V带、多楔带和同步带。

(1)汽车V带。

汽车V带外形见表8-1,根据其结构分为包边式V带(简称包布带)和切边式V带(简称切边带)两种,而切边带又分为普通式、底胶夹布式和有齿式三种形式。

汽车V带是标准件,根据公称顶宽分为AV10、AV13、AV15、AV17和AV22五种型号,V带标记依次由型号、基准长度、标准号组成,例如AV15×1000(GB/T 12732—2008)表示AV15型汽车V带、顶宽15mm、基准长度为1000mm。

(2)汽车多楔带。

汽车多楔带外形见表8-1,其型号用来表示截面形状和尺寸,一般采用PK一种型号,双面多楔带为DPK,多楔带标记依次由楔数、型号、有效长度组成,例如6PK 1150,表示楔数为6、有效长度为1150mm的汽车多楔带。

(3)汽车同步带(正时齿轮皮带)。

汽车同步带外形见表8-1,常见的同步带齿形有梯形齿(ZA、ZB)、圆弧齿(Y、R)和改进圆弧齿(YU、RU)。汽车同步带标记依次由齿数、齿型、宽度,例如92RU22,表示92个齿、22mm宽的RU型汽车同步带。

动一动:观察一下汽车上带传动的结构及其带的标记

课题小结

1. 带传动根据其传动原理分为摩擦带传动和啮合带传动两大类。带传动主要由主动带轮、从动带轮、传动带及机架组成。

2. 弹性滑动是带传动中不可避免的一种正常的物理现象,而打滑是由于外载荷超过带的有效拉力引起的,打滑是可以避免的。

3. 带的主要失效形式是打滑和疲劳损坏。

4. 带传动常用的张紧方法有定期调整装置、自动张紧装置和使用张紧轮三种。

5. 带传动传动比等于主动轮转速 n_1 与从动轮转速 n_2 之比或从动轮基准直径 d_{d2} 与主动轮基准直径 d_{d1} 之比。

课题二 链传动

一、链传动的类型、特点和应用

1. 链传动的组成及特点

如图8-10所示,链传动由主动链轮1、链条2、从动链轮3以及机架组成。通过链条与链轮轮齿的啮合来传递运动和动力。

想一想:你生活中所见到的链传动有哪些?

链传动与带传动相比,具有以下优点。

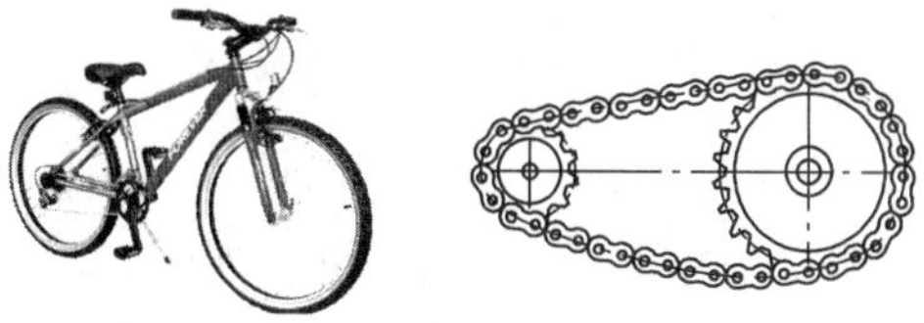

图 8-10　认识链传动

(1)由于是啮合传动,没有弹性滑动与打滑现象,所以平均传动比恒定不变。

(2)链条装在链轮上,不需要很大的张紧力,对轴的压力小。

(3)能传递较大的圆周力,效率较高。

(4)维护容易,并有一定的缓冲减振作用。

(5)能在较恶劣的环境下(如高温、多尘、油污、潮湿、泥沙、易燃及有腐蚀性条件)工作。

但其缺点有:瞬时传动比不恒定,工作时有噪声;磨损后容易发生跳齿;不宜在载荷变化很大和急速反向的传动中应用。

2. 链传动的类型

按用途不同,链传动可分为传动链、起重链和牵引链。常用的传动链主要有滚子链传动和齿形链传动两类。

(1)滚子链。如图 8-11 所示,滚子链由内链板、外链板、轴销、套筒和滚子组成。

(2)齿形链。如图 8-12 所示,齿形链是由一组齿形链板铰接而成。因其传动平稳,噪声小,故又称为无声链。

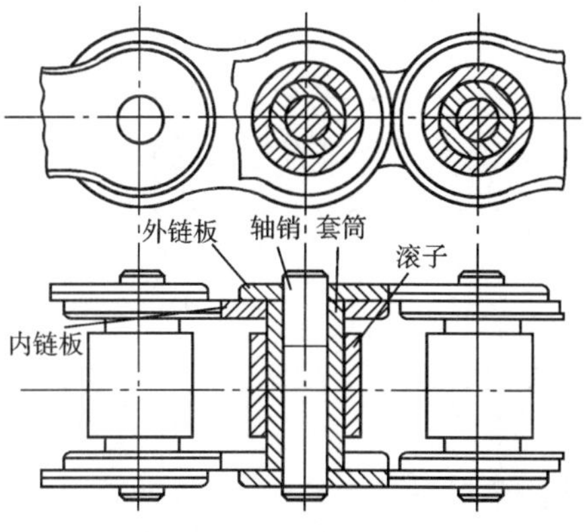

图 8-11　滚子链

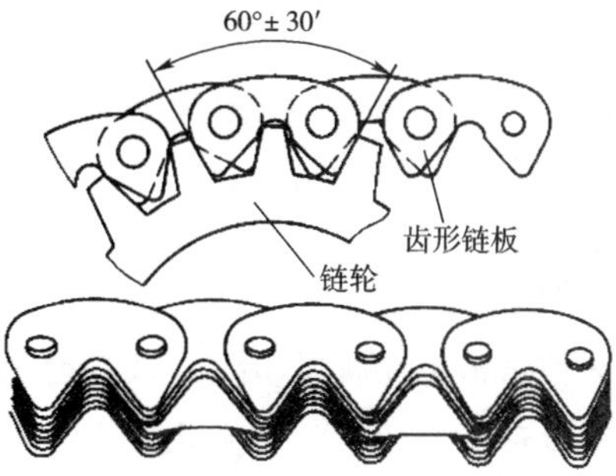

图 8-12　齿形链

动一动:拆装汽车上链传动,观察其结构并判断链传动的类型。

二、链传动的传动比计算

因为单位时间内主动链轮转过的齿数与从动链轮转过的齿数相等,即 $z_1 n_1 = z_2 n_2$,所以

链传动的传动比为:

$$i_{12}=\frac{n_1}{n_2}=\frac{z_2}{z_1}$$

式中:n_1、n_2——主、从动链轮的转速,r/min;

z_1、z_2——主、从动链轮齿数。

三、链传动的安装与张紧

1. 链传动的布置

链传动的布置对传动的工作状况和使用寿命有较大影响。合理布置链传动的一般原则为:链传动应布置在铅垂平面内,尽量避免布置在水平或倾斜平面内。布置时,两链轮的轴线应平行;两链轮的回转面应共面,否则易引起脱链或非正常磨损;两链轮的中心连线与水平面夹角应小于45°,以免下链轮啮合不良;尽量使紧边在上,松边在下,以免松边垂度过大,使链与轮齿相干涉。常见链传动的布置如图8-13所示。

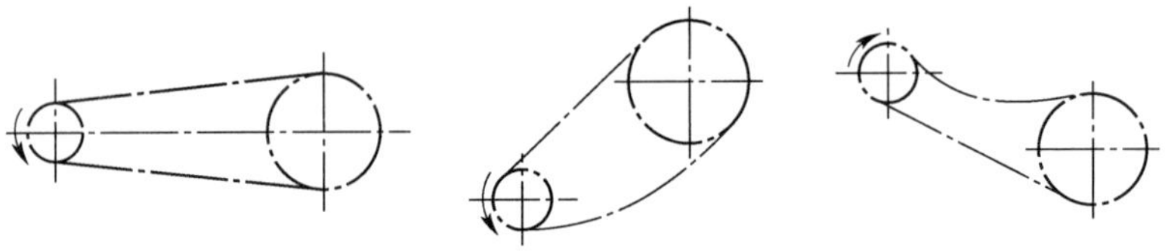

图8-13　链传动的布置

2. 链传动的张紧

链传动是靠链条与链轮的啮合传递动力,不需要很大的张力。链传动张紧的目的主要是避免链条松边垂度过大而引起啮合不良和链条振动,同时也为了增大包角等。常用的张紧方法有:调整中心距、去掉1~2个链节或张紧轮张紧。

动一动:自行车链传动中,当链条过松时,你是采用什么方法将它调紧的?

课题小结

1. 链传动由主动链轮、链条、从动链轮以及机架组成。
2. 链传动与带传动的特点比较。
3. 链传动按用途不同,可分为传动链、起重链和牵引链。
4. 链传动传动比等于主动链轮转速 n_1 与从动链轮转速 n_2 之比或从动链轮齿数 z_2 与主动链轮齿数 z_1 之比。

练习题

一、简答题

1. 简述带传动的组成及工作原理。
2. 带传动中,带的截面形状有哪几种?各有什么特点?
3. 什么是链传动?链传动有哪几种类型?

4. 带传动与链传动相比，各有什么优缺点？

二、计算题

1. 某V带传动，已知主动带轮基准直径 $d_{d1}=200\text{mm}$，从动带轮基准直径 $d_{d2}=600\text{mm}$，试计算其传动比。若主动轮转速 $n_1=1200\text{r/min}$，试求从动带轮的转速 n_2。

2. 已知一摩托车小链轮齿数 $z_1=21$，转速 $n_1=720\text{r/min}$，传动比 $i_{12}=3$，试计算大链轮的齿数 z_2 和转速 n_2。

项目九　键、销连接

项目要求

1. 知识目标

叙述键、销连接的功用、类型和特点;知道平键连接的结构标准、销连接的应用。

2. 技能目标

能识读销、花键连接的装配图及标记;能正确选用键与销并准确安装。

3. 素养目标

键、销结构的千差万别,充分发挥学生的空间想象能力和发散性思维,激发浓厚的学习兴趣。

项目叙述

键和销都属于标准件,起定位或固定的作用,在机器中应用相当普遍。本项目通过对键、销基本知识的学习,能准确判断键、销的类型,并正确对其进行拆装或更换。

建议课时

2 课时。

课题一　键　连　接

知识链接

按拆开连接时是否会损坏连接中的零件,连接分为不可拆连接和可拆连接两类。铆接、焊接和胶接属于不可拆连接;而螺纹连接、键连接、销连接等属于可拆连接。

键是标准件,它主要用于轴与轴上零件(齿轮、带轮、凸轮等)的连接,实现周向固定,并传递转矩(也称为扭矩),有的还能实现轴上零件的轴向固定或轴向滑动的导向。

如图 9-1 所示,将键嵌入轴上键槽中,再把齿轮装在轴上,当轴转动时,通过键的连接,齿轮也将与轴同步转动,达到传递动力的目的。

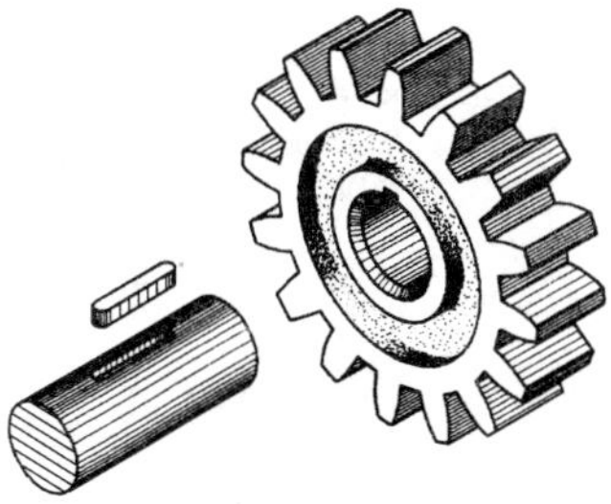

图 9-1　键连接

一、键连接的类型及其结构形式

键一般用 45 号钢制成，常用的键连接类型有：平键连接、半圆键连接、楔键连接、切向键连接和花键连接等。

1. 平键连接

平键连接如图 9-2a）所示。平键的上下两面和两个侧面都要互相平行。工作时靠键与键槽侧面的挤压来传递转矩，平键的两侧面是工作面，上表面与轮毂上的键槽底部之间留有间隙，键的上、下面为非工作面。平键连接具有结构简单、工作可靠、装拆方便和对中心性好等特点，故应用最广；但它不能承受轴向力，对轴上零件不起轴向定位作用。图 9-2b）所示为平键连接的装配图。

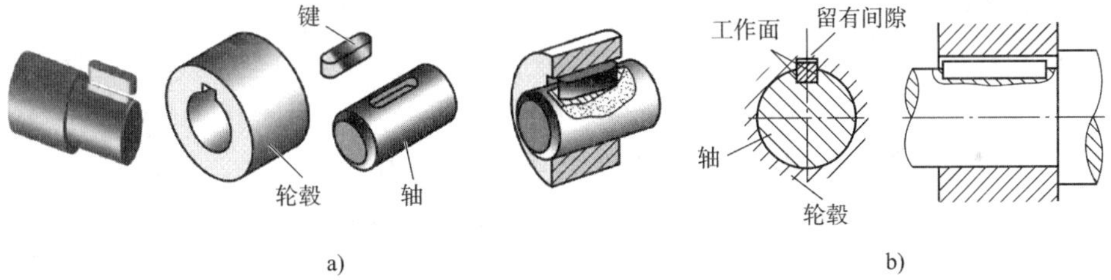

图 9-2　平键工作面及装配图

根据用途不同，平键可分为普通平键、导向平键和滑键三种。

（1）普通平键。普通平键应用最为广泛，按键的端部形状不同，又可分为 A 型（圆头）、B 型（方头）、C 型（单圆头）三种，如图 9-3 所示。

（2）导向平键。导向平键是一种较长的平键，如图 9-4 所示。它用螺钉固定在轴上，键与轮毂槽采用间隙配合，轴上零件能作轴向滑移，适用于移动距离不大的场合。

图 9-3　普通平键类型

图 9-4　导向平键

（3）滑键。滑键是将键固定在轮毂上，随轮毂一起沿轴槽移动，如图 9-5 所示。它适用于轴上零件滑移距离较大的场合，如台钻与带轮的连接等。

普通平键与轮毂上的键槽配合较紧,属较紧键连接。导向平键和滑键与轮毂的键槽配合较松,属较松键连接。

考一考:导向平键与普通平键有何区别?

2. 半圆键连接

半圆键连接的工作原理与平键连接相同,它靠键的两个侧面传递转矩。轴上键槽用与半圆键半径相同的盘状铣刀铣出,图 9-6 所示为半圆键及其连接的装配图。半圆键连接的优点是轴槽的加工工艺性好,装配方便,但由于键槽较深,对轴的强度削弱较大。一般适用于轻载,尤其适合于锥形轴端与轮毂的连接。

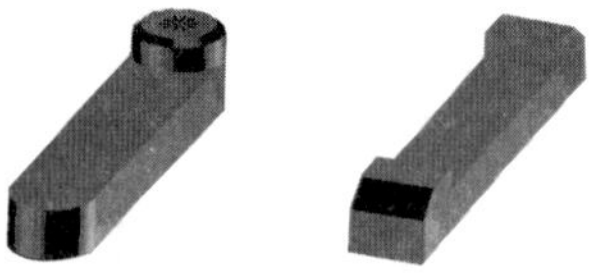

图 9-5　滑键

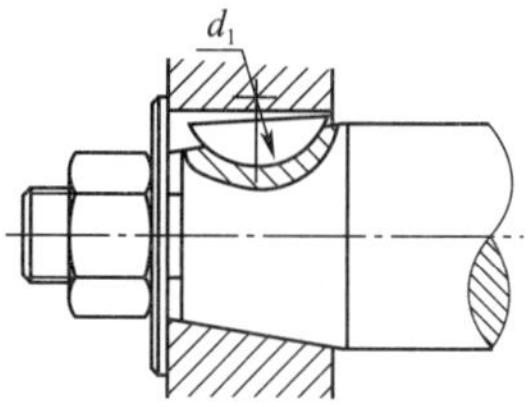

图 9-6　半圆键连接及装配图

3. 楔键连接

知识链接

楔键的上表面和轮毂键槽底面均具有 1:100 的斜度。装配后,键楔装于轴槽和毂槽之间。工作时,靠键、轴、毂之间的楔紧力来传递转矩,同时能承受单方向的轴向载荷。

楔键分普通楔键和钩头楔键两种,楔键的上表面有 1:100 的斜度。普通楔键有 A 型(圆头)、B 型(方头)、C 型(单圆头)三种,如图 9-7 所示;钩头楔键则只有一种,如图 9-8 所示。楔键的上下表面是工作面,图 9-9 所示为楔键的装配图。由于在打紧楔键时破坏了轴与毂的对中性,且在冲击、振动和承受变载荷时易松动。故楔键连接适用于对传动精度要求不高、低速和载荷平稳的场合。钩头楔键的钩头是供拆卸键用的,为防止工作时发生事故,钩头部分应加保护罩。

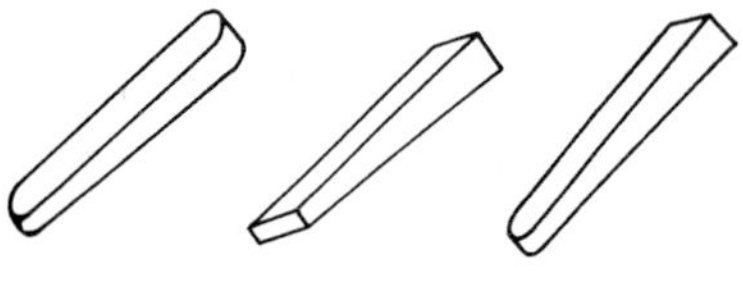

a)圆头　b)方头　c)单圆头

图 9-7　普通楔键

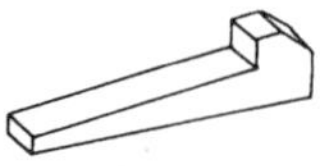

图 9-8　钩头楔键

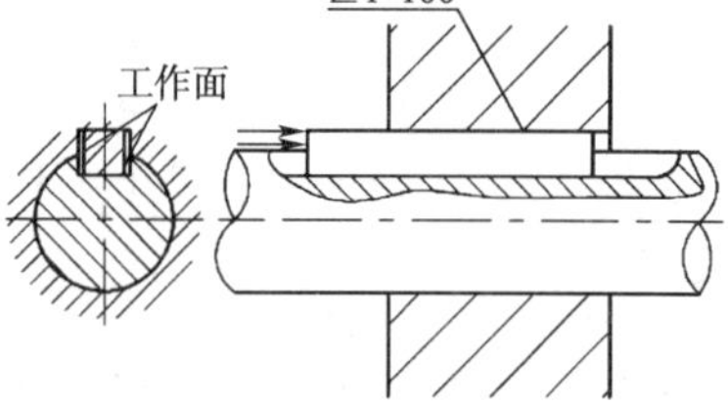

图 9-9　楔键工作面及装配图

4. 切向键连接

切向键由两个斜度为 1:100 的普通楔键组成,如图 9-10 所示。切向键连接的工作原理是靠工作面的挤压来传递转矩。一个切向键只能传递单向转矩,若要传递双向转矩,必须用两个切向键,并错开 120°~135°反向安装。这种键连接的对中性差,对轴的强度削弱也大,故只适用于轴径大于 100mm、对中性要求不高且载荷较大的重型机械中。

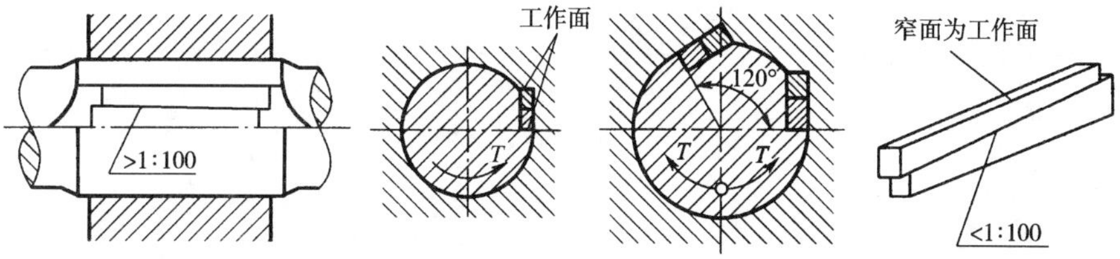

图 9-10　切向键连接

二、键连接的标记和选用

1. 标记

普通平键的尺寸主要是键的截面宽度 b 和高度 h 及键长 L(图 9-11),对 A 型键,标记中“A”可以省略。平键标记示例如下:

圆头普通平键(A 型),b:16mm,h:10mm,L:100mm:

键 16 × 10 × 100　GB/T 1096—2003

方头普通平键(B 型),b:16mm,h:10mm,L:100mm:

键 B16 × 10 × 100　GB/T 1096—2003

单圆头普通平键(C 型),b:16mm,h:10mm,L:100mm:

键 C16 × 10 × 100　GB/T 1096—2003

圆头导向平键(A 型),b:16mm,h:10mm,L:100mm:

键 16 × 100　GB/T 1097—2003

方头导向平键(B 型),b:16mm,h:10mm,L:100mm:

键 B16 × 100　GB/T 1097—2003

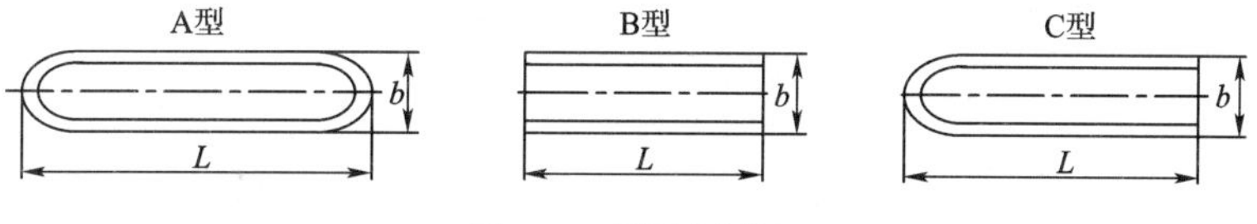

图 9-11　平键的标记

在普通平键标准中,键高与键宽有明确的对应关系,因此,在标记中只要标出键宽,键高即可确定。

国家标准规定,在普通平键标记中 A 型(圆形)键的键型可省略不标,而 B 型(方头)键和 C 型(单圆头)键的键型必须标出。

2. 键的选择

键的选择包括类型选择和尺寸选择两个方面。选择键连接类型时,一般需考虑传递转矩大小,轴上零件沿轴向是否有移动及移动距离大小,对中性要求和键在轴上的位置等因素,并结合各种键连接的特点加以分析选择。键的截面尺寸(键宽 b 和键高 h)按轴的直径 d 由相关标准中选定;键的长度 L 可根据轮毂的长度确定,可取键长等于或略短于轮毂的宽度;导向平键应按轮毂的长度及滑动距离而定。键的长度还须符合标准规定的长度系列。

3. 平键的配合种类及应用

平键连接采用基轴制配合,按键宽与槽宽配合的松紧程度不同,分为较松键连接、一般键连接和较紧键连接三种,三种连接的键宽、轴槽宽和轮毂宽的公差带及其应用范围如表9-1。

平键连接配合种类及应用范围 表9-1

<table>
<tr><th rowspan="2">平键连接配合种类</th><th colspan="3">尺寸 b 的公差带</th><th rowspan="2">应用范围</th></tr>
<tr><th>键宽</th><th>轴槽宽</th><th>轮毂槽宽</th></tr>
<tr><td>较松键连接</td><td rowspan="3">h9</td><td>H9</td><td>D10</td><td>主要用于导向平键</td></tr>
<tr><td>一般键连接</td><td>N9</td><td>JS9</td><td>用于传递荷载不大的场合,在一般机械制造中应用广泛</td></tr>
<tr><td>较紧键连接</td><td colspan="2">P9</td><td>用于传递重载荷、冲击载荷及双向传递转矩的场合</td></tr>
</table>

考一考:平键连接的承载能力低,轴上应力集中严重;紧键连接的对中性差,要求低速、载荷平稳。如在载荷较大且转速较快的场合怎么办?

三、花键连接

花键连接是指花键轴与花键孔组成的连接,如图9-12所示。花键连接是由多个键齿与键槽在轮毂孔的周向均布而成,花键是标准件,其工作面是键齿的两侧面,适用于一般键连接。

a)外花键 b)内花键 c)花键连接

图9-12 花键连接

1. 花键的类型及特点

花键按齿形不同,分为矩形花键、渐开线花键两类。与普通平键相比,花键具有下列特点。

(1)因为在轴与轮毂上直接均匀的加工成较多的齿与槽,所以连接处受力较为均匀。

(2)因槽较浅,齿根处应力集中较小,轴与轮毂的强度削弱较小。

(3)齿数较多,总接触面积较大,可承受较大的工作载荷。

(4)轴上零件与轴的对中性好。

(5)导向性好(对较松键连接很重要)。

(6)花键加工需专用设备,制造成本高。

2. 花键连接在汽车上的应用

花键连接适用于定心精度要求高、载荷大的或经常要求滑动的连接,如汽车手动变速器中间轴及同步器、汽车传动轴万向节叉等部位的连接,如图9-13、图9-14所示。

动一动:在教师指导下,观看手动变速器中间轴与齿轮间的连接关系。

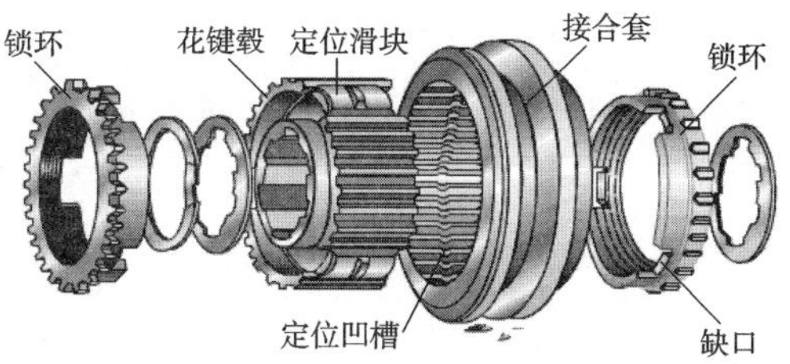

图 9-13　同步器里的花键连接

图 9-14　万向节花键轴叉

课题小结

1. 常用的键连接有平键连接、半圆键连接、楔键连接、切向键连接和花键连接。

2. 平键的两侧面是工作面，上表面与轮毂上的键槽底部之间留有间隙，键的上、下面为非工作面；半圆键呈半圆形，其侧面为工作面，楔键的上下表面是工作面；切向键其上、下两面(窄面)为工作面。

课题二　销　连　接

一、销连接的类型

销连接主要用于确定零件之间的相互位置，并可传递不大的载荷。也可用于轴与轮毂或其他零件的连接。

想一想：采用键连接的部位，可否用销连接来代替？

(1)根据销的形状分类。它可以将其分成圆柱销(图 9-15)、圆锥销(图 9-16)等。

①圆柱销。利用微量的过盈配合固定在销孔中，如多次拆装，连接的紧固性和定位精度降低，因此只适宜于不经常拆卸处。活塞销就是典型的圆柱销。

图 9-15　圆柱销

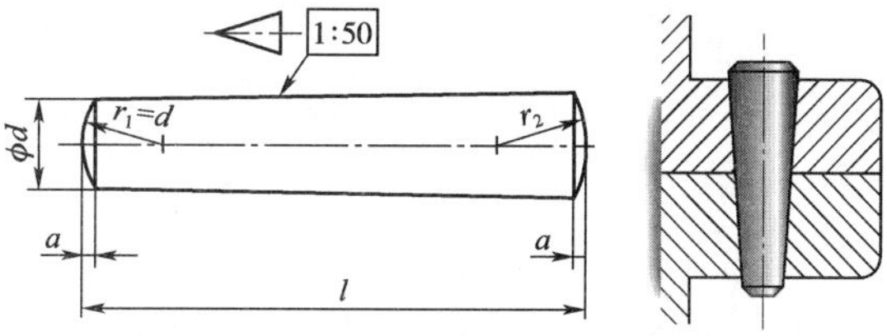

图 9-16　圆锥销

②圆锥销。具有 1:50 的锥度，连接具有可靠的自锁性，能在同一销孔中多次拆装，且对连接的紧固性和定位精度影响不大，因此应用较广。

(2)按销的作用分类。它可分为定位销、连接销和安全销等。

①定位销:确定零件间相互位置,一般不承受或只承受很小的载荷。定位销多采用圆锥销。

②连接销:主要用于零件间的连接或锁定,可传递不大的载荷。连接销可采用圆柱销和圆锥销。

③安全销:保护被连接零件在过载时免受损坏。

二、特殊形式的销

1. 带螺纹的圆锥销

为了拆装方便,或者对盲孔的销连接,可采用螺纹圆锥销,如图 9-17 所示。螺纹圆锥销有外螺纹圆锥销和内螺纹圆锥销两种。为便于销的拆卸,外螺纹圆锥销又可制成大端具有外螺纹的圆锥销和小端具有外螺纹的圆锥销;前者可用于盲孔连接,后者可用螺母锁紧,适用于有冲击场合。

2. 槽销

销上有三条压制的纵向沟槽,如图 9-18 所示。槽销压入销孔后,它的凹槽即产生收缩变形,借助材料的弹性而固定在销孔内。槽销可多次拆装,适用于承受变载荷和振动的连接。

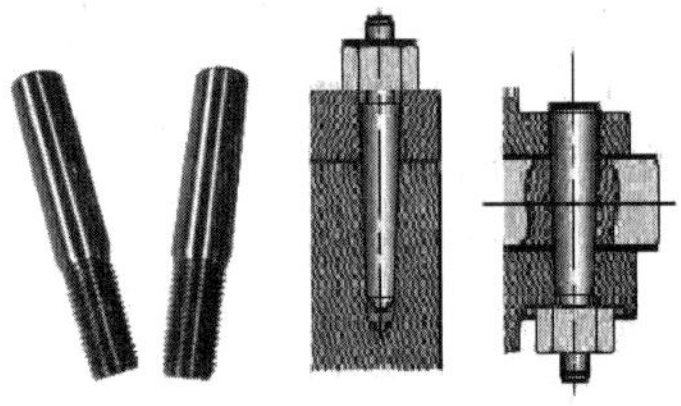

图 9-17　带螺纹的圆锥销

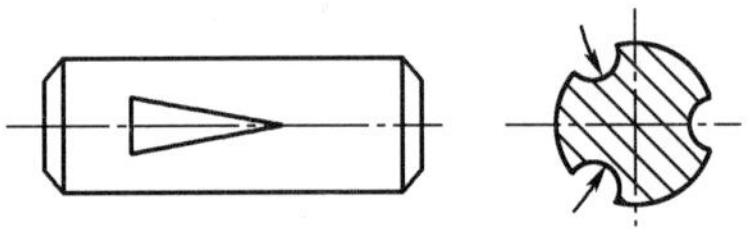

图 9-18　槽销

3. 开尾圆锥销

如图 9-19 所示。销尾可分开,能防止松脱,多用于振动冲击场合。

4. 开口销

一种防松零件,用于锁紧其他紧固件,如图 9-20 所示。

图 9-19　开尾圆锥销

图 9-20　开口销

课题小结

1. 根据不同形状可以将销分成两类:圆柱销和圆锥销。按作用不同分为定位销、连接销、安全销。

2. 定位销多采用圆锥销,连接销可用圆柱销和圆锥销。

3. 特殊形式的销有带螺纹的销、槽销、开尾圆锥销、弹性圆柱销、开口销等。

练习题

一、填空题

1. 平键的________为工作面，半圆键的________为工作面，楔键的________为工作面，切向键的________为工作面。

2. 普通平键按键的端部形状不同分为________、________、________。

3. 根据销的不同形状可以将其分成两类：________和________；其中____销应用最为广泛。

4. 按销的作用不同，销的类型可分为________、________、________。

5. 为了拆装方便，对盲孔的销连接，可采用________。

6. 键的选择包括________和________两个方面。

二、简答题

1. 键的主要作用是什么？

2. 平键连接有哪些形式，平键的尺寸 $b \times h \times L$ 如何确定？

3. 与普通平键相比，花键的优点有哪些？

项目十　螺纹连接

项目要求

1. 知识目标

熟悉螺纹连接的基本参数;根据图样上螺纹标记,快速识别螺纹。

2. 技能目标

判断螺纹旋向,会螺纹相关的简单计算;能绘制不同螺纹;初步学会正确选用和更换螺纹连接件。

3. 素养目标

从一个细小的螺钉开始培养学生一丝不苟的学习和工作作风,知识与能力并举。

项目叙述

螺纹连接不但在日常生活中随处可见,在机器中各式各样的螺栓、螺钉也都是靠螺纹工作的,本项目要求我们通过对螺纹及螺纹基本知识的学习,认识螺纹,进行简单计算,并学会快速、正确的更换螺纹连接件,掌握基本的螺纹防松法。

建议课时

4 课时。

课题一　螺纹的基本知识

螺纹是在圆柱或圆锥外表面或内表面上沿着螺旋线所形成的具有规定牙型的连续凸起。在圆柱表面形成的螺纹称圆柱螺纹,在圆锥表面形成的螺纹称圆锥螺纹。图 10-1 所示的螺栓和螺母就是典型的螺纹。

看一看:我们周围哪些地方有螺纹?内、外螺纹的形状如何?

一、螺纹的基本要素

螺纹的基本要素包括:牙型、大径、中径、小径、螺距、导程、线数、旋向等,如图 10-2 所示。

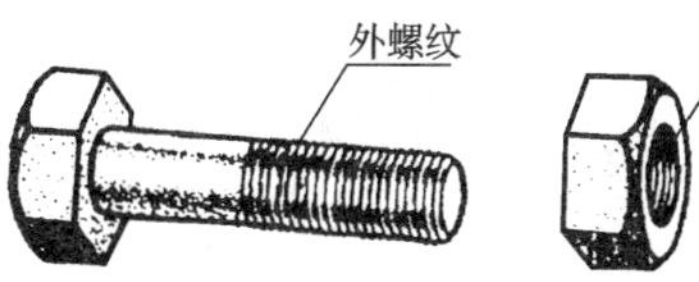

图 10-1　螺栓和螺母的螺纹

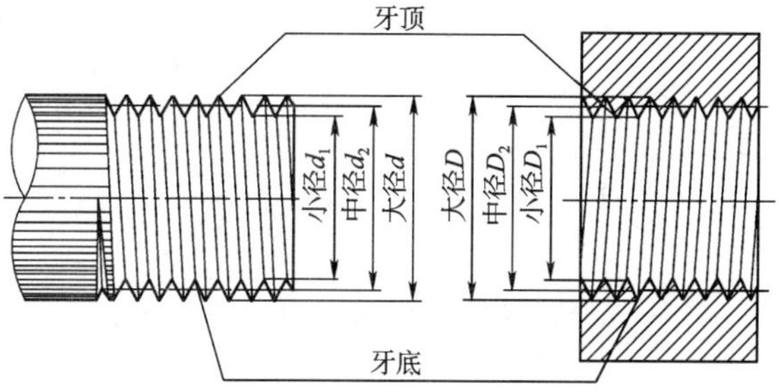

图 10-2　螺纹各部分名称

1. 大径、小径和中径

(1)大径。与外螺纹牙顶或内螺纹的牙底相重合的假想圆柱面直径,又称公称直径 。内螺纹大径用 D 表示,外螺纹大径用 d 表示。

(2)小径。与外螺纹牙底或内螺纹的牙顶相重合的假想圆柱面直径,内螺纹小径用 D_1 表示,外螺纹小径用 d_1 表示。

(3)中径。在大径和小径之间有一个假想的圆柱,在其轴向剖面内牙宽与槽宽相等,该假想圆柱面的直径称为中径。内螺纹中径用 D_2 表示,外螺纹中径用 d_2 表示。

2. 牙型

在通过螺纹轴线的剖面上,螺纹轮廓的形状称为螺纹牙型。常见螺纹牙型有三角形、梯形、锯齿形、矩形。轴向平面内螺纹牙型两侧边的夹角称为牙型角 α;牙型斜角 β 指螺纹牙型的侧边与螺纹轴线的垂直平面的夹角。常用标准螺纹的牙型情况见表 10-1。

常用标准螺纹牙型情况　　　表 10-1

螺纹种类		牙型符号	牙型图	说明
普通螺纹	细牙	M	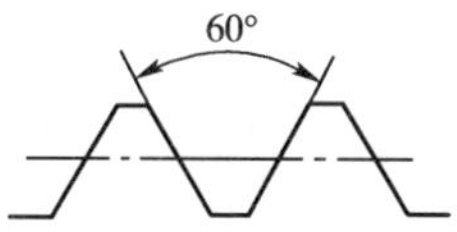	常用的螺纹连接,一般连接用粗牙;薄壁或紧密连接的零件多用细牙
	粗牙			
管螺纹	用螺纹密封	RC、R、RP	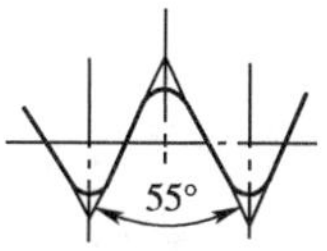	包括圆锥内螺纹与圆锥外螺纹、圆柱内螺纹与圆锥外螺纹两种连接形式。适用于管子、管接头、旋塞阀门等
	非螺纹密封	G		
梯形螺纹		Tr	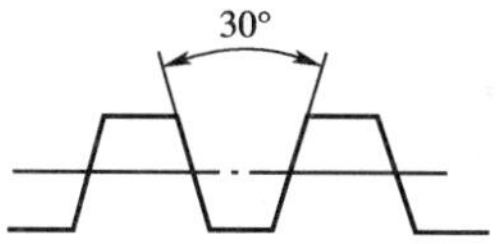	用于传递运动和力,如机床丝杆、尾架丝杆等
锯齿形螺纹		B	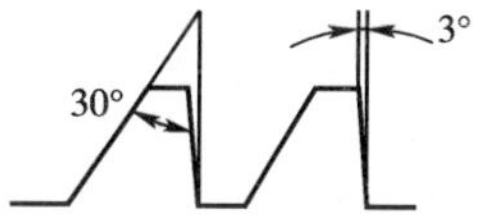	用于传递单向压力,如千斤顶螺杆

3. 螺距、导程、线数

(1)螺距。相邻两牙在中径圆柱面的母线上对应两点间的轴向距离称为螺距,用 P 表示。

(2)导程。同一螺旋线上相邻两牙在中径圆柱面的母线上对应两点间的轴向距离称为导程,用 p_h 表示。在普通螺旋传动中,螺杆相对螺母每回转一圈,螺杆或螺母移动一个导程的距离。

(3)线数。形成螺纹螺旋线数目,用 n 表示。有单线螺纹和多线螺纹之分,为便于制造,一般 $n \leq 4$,如图 10-3 所示。

导程、线数、螺距之间的关系:$p_h = n \times p$。

从计算式可以看出,单线螺纹的导程就等于螺距;多线螺纹的导程等于 n 倍螺距。

4. 螺纹旋向

螺纹旋向分左旋(代号 LH)和右旋(代号 RH)两种,按顺时针方向旋入的称右旋螺纹,按逆时针方向旋入的称左旋螺纹。螺纹旋向的判断可采用直观判断法:如图 10-4 所示,把螺杆垂直放置,当螺旋线左低右高时为右旋螺纹;反之即左高右低为左旋螺纹。

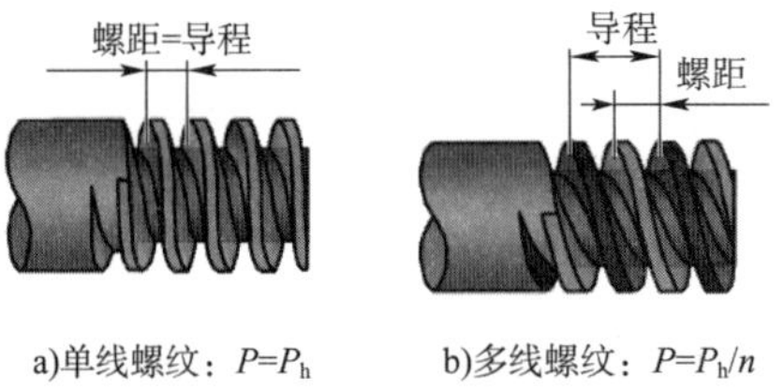

图 10-3 螺纹线数

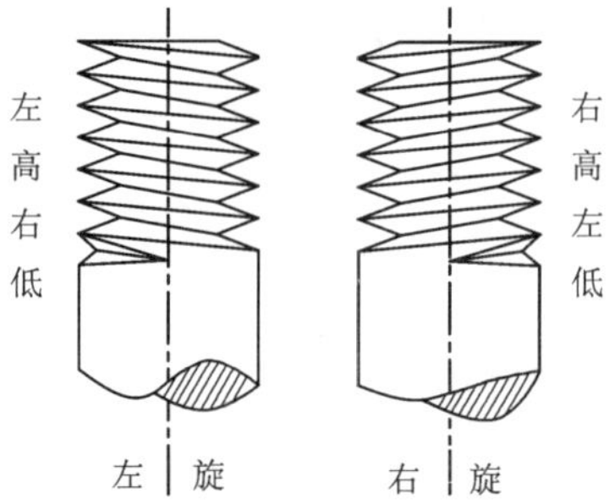

图 10-4 螺纹旋向

螺纹要配套使用才能发挥它的作用,螺纹的牙型、大径、螺距、线数和旋向称为螺纹五要素,只有这五个要素都相同的内、外螺纹才能相互旋合。

5. 旋合长度代号

旋合长度是指两个相互配合的螺纹沿螺纹轴线方向相互旋合部分的长度。旋合长度分为短旋合长度 S、中等旋合长度 N(可省略不标)、长旋合长度 L 三种类型,特殊需要时可直接把旋合长度的数字标出来。通常采用中等旋合长度。

6. 公差带代号

螺纹公差带代号包括中径和顶径公差带代号,分别由数字加字母(内螺纹用大写,外螺纹用小写)组成。中径公差带代号在前。

二、螺纹的分类

1. 按螺纹形成的位置分类

(1)外螺纹:在圆柱(圆锥)外表面上形成的螺纹,如图 10-1 所示的螺栓。

(2)内螺纹:在圆柱(圆锥)内表面上形成的螺纹,如图 10-1 所示的螺母。

2. 按标准化程度分类

(1)标准螺纹:牙型、公称直径、螺距符合国家标准。

(2)非标准螺纹:牙型不符合国家标准的螺纹。

(3)特殊螺纹:牙型符合国家标准,而直径或螺距不符合国家标准。

3. 按螺纹的用途分类

(1)连接螺纹:用于零件间的相互连接的螺纹。

(2)传动螺纹:用于传递运动和动力的螺纹。

三、螺纹的规定画法

1. 外螺纹的规定画法

国家标准规定,外螺纹的牙顶(大径)及螺纹终止线用粗实线表示,牙底(小径)用细实线表示。在平行于螺杆轴线的投影面的视图中,倒角或倒角圆应画出(牙底细实线应画入倒角);在垂直于螺纹轴线的投影面视图中,牙底的细实线圆只用3/4的圆弧表示,此时倒角圆不画,如图10-5所示。

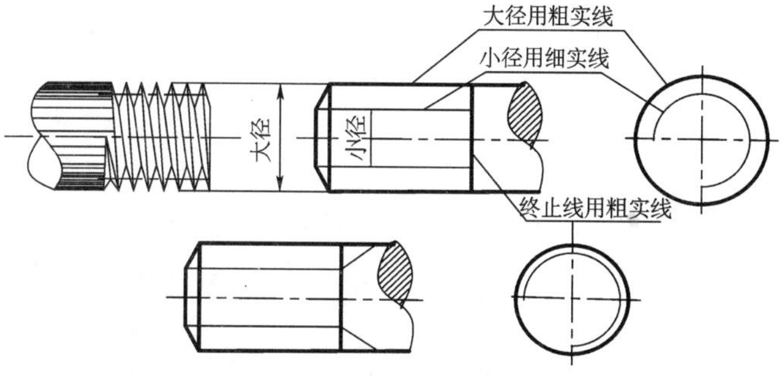

图10-5　外螺纹的规定画法

2. 内螺纹的规定画法

在平行于螺孔轴线的投影面的视图中,当采用剖视图时,内螺纹的牙顶和螺纹终止线用粗实线表示,牙底用细实线表示,剖面线应画到粗实线;在垂直于螺孔轴线的投影面视图中,牙底的细实线圆只用3/4的圆弧表示,此时倒角圆不画。当不剖开时,牙底、牙顶、螺纹终止线等所有图线均用虚线表示,如图10-6所示。

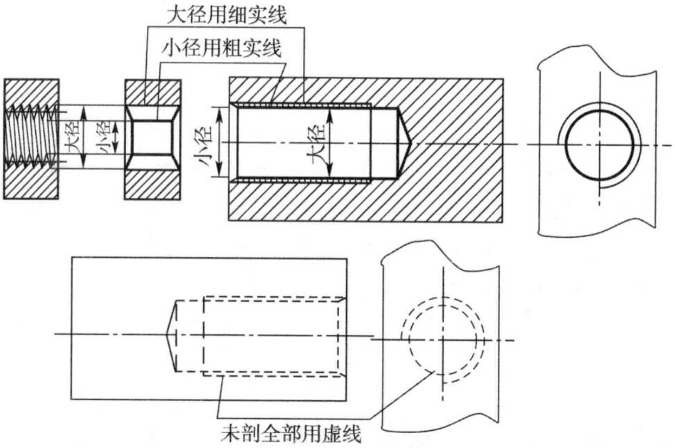

图10-6　内螺纹规定画法

3. 内外螺纹的旋合画法

国家规定,在剖视图中表示螺纹连接时,内外螺纹旋合部分应按外螺纹的规定画法绘制,其余不重合部分按各自原有的规定画法绘制。在剖切平面通过螺纹轴线的剖视图中,实心螺杆按不剖绘制,如图10-7所示。

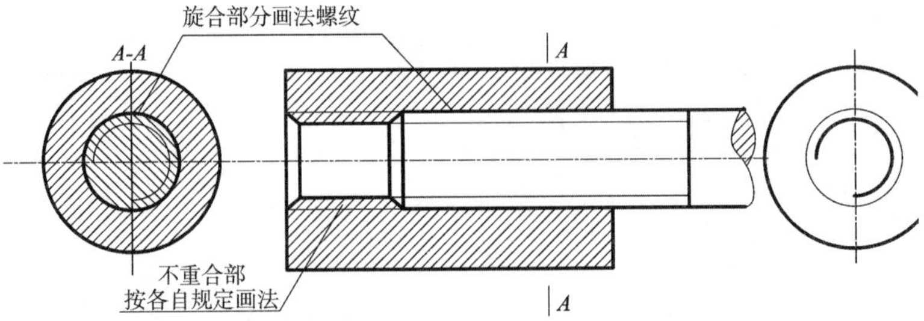

图 10-7　内外螺纹旋合的规定画法

四、螺纹的标记

由于各种不同螺纹的画法都是相同的,所以需要在图上做出标记来表明螺纹的公称直径、牙型、螺距、线数、旋向等要素。

普通螺纹标记的规定格式如下:

螺纹代号　　　公差带代号　-　旋合长度代号

螺纹牙型代号　公称直径代号×螺距　旋向　中径公差带　顶径公差带　螺纹旋合长度

【**示例 10-1**】试解释下列螺纹代号的含义:(1)M24;(2)M24×1.5LH;(3)Tr20×14-5g6g-40。

解:(1)M24 表示大径为 24mm 的单线、右旋、粗牙普通螺纹。

(2)M24×1.5LH 表示大径为 24mm 的单线、左旋、细牙普通螺纹。

(3)Tr20×14-5g6g-40

- 40:旋合长度40mm
- 5g6g:中、顶径公差代号分别为5g、6g
- Tr20×14:细牙、右旋梯形螺纹,公称直径20mm、导程为14mm、右旋

课题小结

1. 螺纹是在圆柱或圆锥外表面或内表面上沿着螺旋线所形成的具有规定牙型的连续凸起。螺纹的基本要素包括:牙型、大径、中径、小径、螺距、导程、线数、旋向等。
2. 只有牙型、大径、螺距、线数和旋向这五个要素都相同的内、外螺纹才能相互旋合。
3. 螺纹按形成位置可分为内螺纹和外螺纹;按标准化程度可分为标准螺纹、特殊螺纹和非标准螺纹;按作用可以分为连接螺纹和传动螺纹。
4. 普通螺纹的标记都是由螺纹代号、公差带代号、旋合长度代号组成的。

课题二　常用螺纹连接件及其类型

一、常用螺纹连接件

螺纹连接件品种很多,大都已标准化。常用的标准螺纹连接件有螺栓、螺钉、双头螺柱、

紧定螺钉、螺母和垫圈。常用螺纹连接件见表10-2。

常用螺纹连接件　　表10-2

名　　称	图　　例	标　　记	应　　用
螺栓		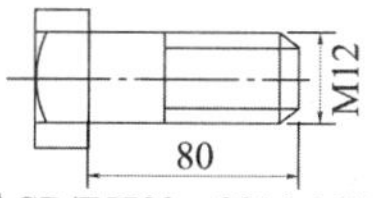 螺栓GB/T5782—2016 M12×80	螺纹规格 d = 12mm、公称长度 l = 80mm、冷镦法生产的小六角头螺栓，经济、生产率高、力学性能好，但不宜用于频繁拆装、易锈蚀的场合
双头螺柱		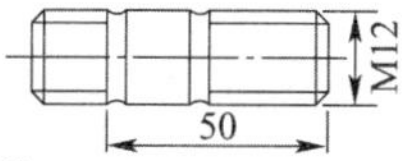 螺柱GB/T897—1988 M12×50	两端均为粗牙普通螺纹，d = 12mm、l = 50mm，两头螺纹有相等和不相等两类
开槽盘头螺钉		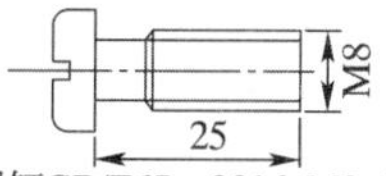 螺钉GB/T67—2016 M8×25	螺钉头部形状有内六角圆柱头、十字槽头、开槽头等。内六角头适用于拧紧力矩大、连接强度高的场合；十字槽拧紧时易对中，不易打滑、打秃，易实现自动化装配；开槽头结构简单，适用于拧紧力矩小的场合
开槽沉头螺钉		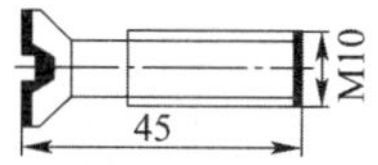 螺钉GB/T—2016 M10×45	
内六角圆柱头螺钉		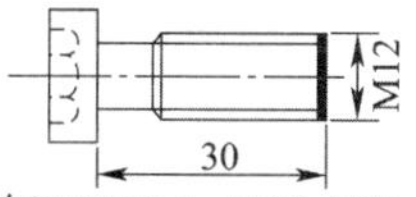 螺钉GB/T70.1—2008 M12×30	
紧定螺钉		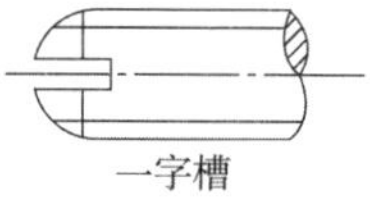 一字槽	紧定螺钉末端有平端、圆柱端、锥端等，各适用于不同的场合
螺母		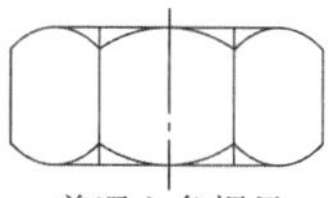 普通六角螺母	常用螺母有圆螺母和六角头螺母，其中六角头螺母应用较广
垫圈		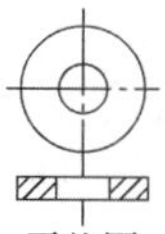 平垫圈	常用的垫圈有平垫圈、斜垫圈和斜垫圈等，其作用是增大被连接件的支撑面，降低支撑面的压强，防止拧紧螺母时擦伤被连接件表面

二、螺纹连接的基本类型

螺纹连接的形式很多，大致可以分为以下四种基本类型。

1. 螺栓连接

螺栓连接用于被连接零件钻成通孔的情况，被连接件的孔中不切制螺纹，装拆方便。它又可分成普通螺栓连接和铰制孔螺栓连接两种。

普通螺栓连接,如图10-8a)所示。螺栓与孔之间有间隙,由于加工简便,成本低,所以应用最广。

铰制孔螺栓连接,如图10-8b)所示。被连接件上孔用高精度铰刀加工而成,螺栓杆与孔之间一般采用过渡配合,主要用于螺栓承受横向载荷或需靠螺杆精确固定连接件相对位置的场合。

2. 双头螺柱连接

使用两端均有螺纹的螺柱,一端旋入并紧定在较厚被连接件的螺纹孔中,另一端穿过较薄被连接件的通孔,如图10-8c)所示。适用于被连接件较厚、要求结构紧凑和经常拆装的场合。

3. 螺钉连接

螺钉直接旋入被连接件的螺纹孔中,如图10-8d)所示。螺钉结构较简单,适用于被连接件之一较厚或另一端不能装螺母的场合。但经常拆装会使螺纹孔磨损,导致被连接件过早失效,所以不适用于经常拆装的场合。

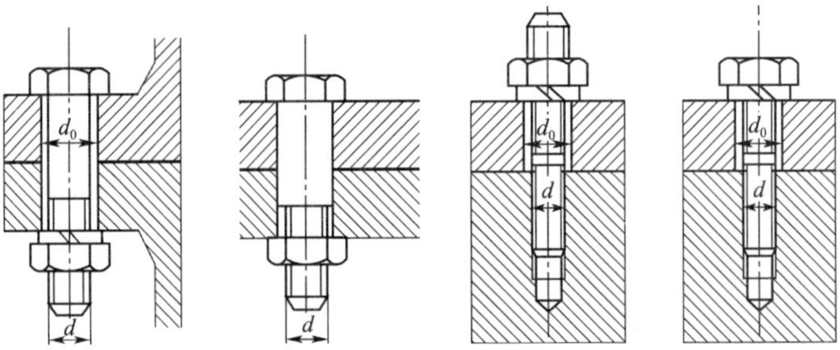

a)普通螺栓连接　b)铰制孔螺栓连接　c)双头螺柱连接　d)螺钉连接

图10-8　螺纹连接

4. 紧定螺钉连接

将紧定螺钉拧入某一连接件的螺纹孔中,其末端顶住另一连接件的表面或顶入相应的凹坑中,如图10-9所示。它常用于固定两个零件的相对位置,并可传递不大的力或转矩。

三、螺纹连接在汽车上的应用

汽车上的螺纹连接无处不在,如发动机的汽缸盖与汽缸体、活塞连杆机构、发电机等部位都采用了螺纹连接,如图10-10所示。

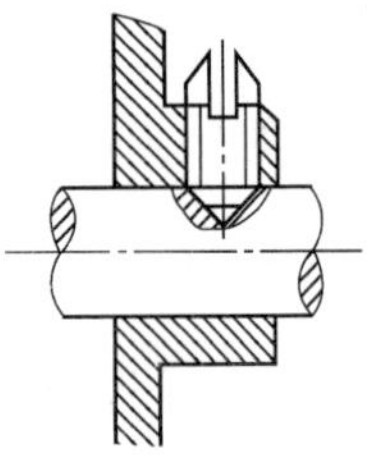

图10-9　紧定螺钉连接

a) 活塞连杆机构的螺栓连接　b) 发电机前后端盖的锁紧螺栓

图10-10　螺纹在汽车上的应用

课题小结

1. 常用的标准螺纹连接件有螺栓、螺钉、双头螺柱、紧定螺钉、螺母和垫圈等。
2. 螺纹连接的形式大致可以分为螺栓连接、双头螺柱连接、螺钉连接、紧定螺钉连接四种。

课题三　螺纹连接的防松和拆装

一、螺纹连接的预紧和防松

想一想：螺纹连接在承受冲击、振动或变温时，会发生什么现象？

1. 螺纹连接的预紧

在生产实践中，大多数螺栓装配时一般都需要拧紧螺母，即预紧。

预紧目的：防止螺栓出现缝隙和滑移，以提高的紧密性、可靠性和防松能力，保持正常工作。如汽缸螺栓，有紧密性要求，防漏气，接触面积要大些，靠摩擦力工作时，增大刚性等。

(1)拧紧力矩 T：在预紧螺栓时，用来克服螺旋副和螺母支撑面上的摩擦力矩。对于 M10 ~ M68 的粗牙螺纹，无润滑时有如下近似关系：

$$T = 0.2F_0 \times d \qquad (\mathrm{N \cdot mm})$$

式中：d——螺纹大径，mm；

F_0——预紧力，N。

(2)预紧力的控制。对于普通场合使用的螺纹，为保证所需的预紧力，同时又不使螺纹件过载，通常由工人用普通扳手凭经验决定。对于重要场合，如汽缸盖等紧密性要求高的螺纹，可利用指针式扭力扳手(图 10-11)来控制预紧力的大小。

图 10-11　指针式扭力扳手

2. 螺纹连接的防松

螺纹连接一般具有自锁性，此外螺母及螺栓头部的支撑面上的摩擦力也有防松作用，故拧紧后一般不会松脱。但在冲击、振动或变载荷作用下以及在高温或温度变化较大时，螺纹之间的摩擦力会瞬时减小或消失，就可能松动。防松的关键就是防止螺母和螺栓间的相对转动。防松的方法很多，按其工作原理，可分为摩擦防松、机械防松和破坏螺纹副三类。常用的防松方法见表 10-3。

螺纹连接的防松方法　　表 10-3

摩擦力防松	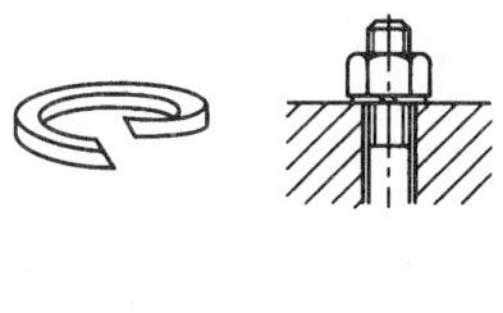	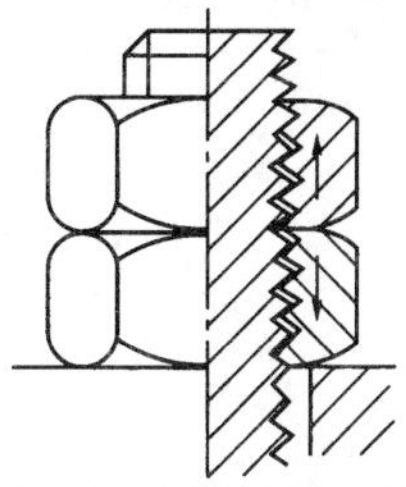	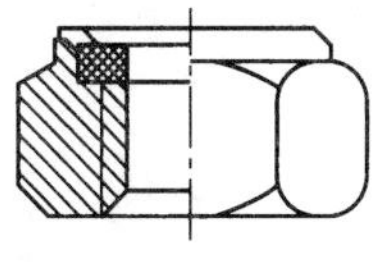

续上表

<table>
<tr><td>摩擦力防松</td><td>弹簧垫圈:弹簧垫圈材料为弹簧钢,装配时拧紧螺母,垫圈被压平,其反弹力使螺纹间保持一定的压紧力和摩擦力而防止松脱</td><td>对顶螺母:两螺母对顶拧紧后,螺栓旋合段受到附加拉力和附加摩擦力的作用而防止松脱</td><td>尼龙圈锁紧螺母:螺母中嵌有尼龙圈,拧紧螺母后尼龙圈内孔胀大,箍紧螺栓而防止松脱</td></tr>
<tr><td rowspan="2">机械防松</td><td>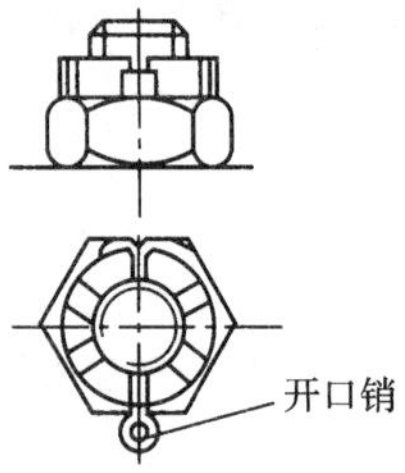</td><td>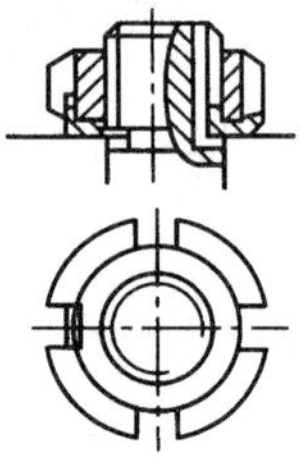</td><td>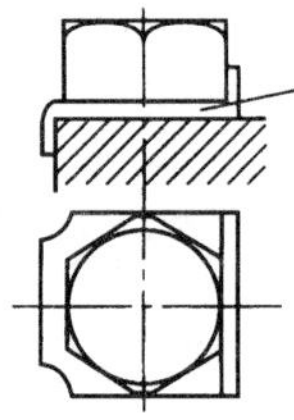</td></tr>
<tr><td>六角开槽螺母和开口销:六角开槽螺母拧紧后,用开口销穿过螺栓尾部小孔和螺母的槽而防止松脱</td><td>圆螺母用止动垫圈:装配时将垫圈内舌插入轴上的槽内,而将垫圈的外舌嵌入圆螺母的槽内,螺母即被锁紧而防止松脱</td><td>带舌止动垫圈:将垫圈褶边以固定螺母和被连接件的相对位置而防松</td></tr>
<tr><td rowspan="2">其他防松方法</td><td colspan="2">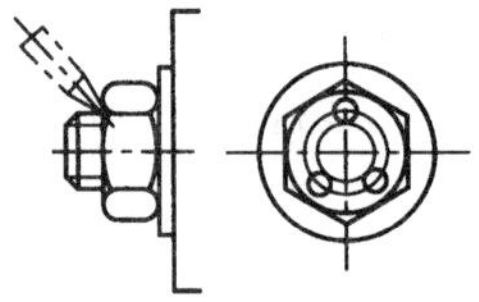</td><td>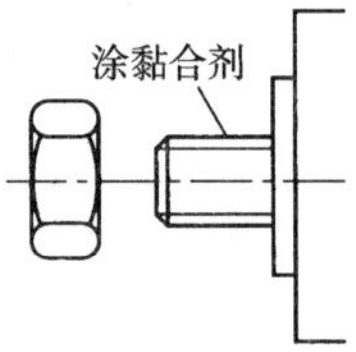</td></tr>
<tr><td colspan="2">冲点法防松:用冲头冲 2 ~ 3 点,使螺母连接不可拆而防松</td><td>用黏合剂涂于螺纹旋合表面,拧紧螺母后黏合剂能自行固化,使螺纹连接不可拆而防松</td></tr>
</table>

二、螺纹连接的拆装

汽车上零部件之间的连接形式有多种,主要有螺纹连接、过盈配合、键连接、铆钉连接、焊接、黏接、卡扣等。这里主要介绍应用非常广泛的螺纹的拆卸与装配,如图 10-12 所示。

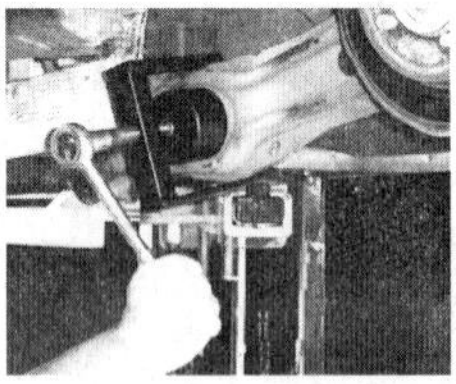

a)螺纹拆装

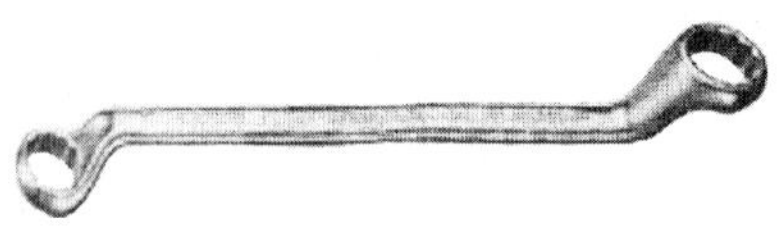

b)梅花扳手

图 10-12 螺纹拆装

1. 拆装工具

拆装螺纹使用的工具有手动和机动两类。手动工具主要有固定扳手(梅花)、活扳手、套筒扳手、螺钉旋具等。机动扳手按动力源分,有电动式、气动式和液压式三种类型。

拆装工具的选用,应根据螺母、螺栓的尺寸,拧紧力矩及所在部位的回转空间等具体条件来选择。一般情况下,使用工具时原则上:能用固定扳手的则不用活扳手,能用梅花扳手的则不用固定扳手,能用套筒扳手的则不用固定扳手。

2. 螺纹件拆装要领及注意事项

(1)用扳手拆装螺栓(母)时,扳手的开口尺寸必须适合螺栓头部或螺母的六方尺寸,不得过松。旋转时,扳手开口与六方表面应尽量靠拢。操作空间允许时,要用一只手握住扳手开口处,避免扳手因用力过大脱出。使用螺钉旋具拆装开槽螺钉时,刀头与槽口的尺寸必须合适。无论拧紧还是旋松螺钉,均要用力将螺钉旋具顶住螺钉,避免损坏螺钉槽口,造成拆装困难。

(2)在向螺栓上拧紧螺母或向螺孔内拧螺栓(钉)时,一般先用手旋进一定距离,这样既可感觉螺纹配合是否合适,又可提高工作效率。在旋进螺母(栓)两圈后,如果感觉阻力很大,则应拆下检查原因:有时是因螺纹生锈或夹有铁屑等杂物造成的,清洗后涂少许机油(全损耗系统用油)即可解决;有时是因螺纹乱牙造成的,可用板牙或丝锥修整一下;有时是因粗、细螺纹不相配造成的,应重新选配。

(3)在螺纹件中,垫圈的作用非常重要,既可以保护零件的支撑表面,还能防松,决不能随意弃之不用,应根据原车要求,安装到位。

(4)在发动机缸体上有许多不通的螺纹孔(盲孔),在旋入螺栓前,必须清除孔中的铁屑、水、油等杂物,否则螺栓不能拧紧到位。如加力拧进,有可能造成螺栓断裂及缸体开裂等后果。

(5)锈死螺栓的拆卸。对于锈死螺栓的拆卸可用下列方法:①将螺栓拧紧1/4圈左右再退回,反复松动,逐渐拧出。②用锤子振击螺母,借以振碎锈层,以便拧出。③在煤油中浸泡20~30min,使煤油渗到锈层中去,使锈层变松,以便拧出。

动一动:在教师的指导下,体验一下拆装桑塔纳轿车发动机缸盖螺栓。

课题小结

1. 螺纹预紧目的是防止螺栓出现缝隙和滑移,以提高其紧密性、可靠性和防松能力,保持正常工作。

2. 螺纹防松的方法很多,按其工作原理,可分为摩擦防松、机械防松和破坏螺纹副。

3. 拧紧力矩 $T=0.2F_0\times d$,通过指针式扭力扳手来控制。

4. 拆装螺纹使用的工具有手动和机动两类。手动工具主要有固定扳手(梅花)、活扳手、套筒扳手、螺钉旋具等;机动工具按动力源分,有电动式、气动式和液压式三种类型。

5. 拆装工具使用原则:能用固定扳手的则不用活扳手,能用梅花扳手的则不用固定扳手,能用套筒扳手的则不用固定扳手。

练习题

一、填空题

1. 常见的螺纹牙型有________、________、________、________、________。

2. 螺纹五要素是________、________、________、________、________。

3. 按用途分类,螺纹可分为________和________,其中普通螺纹属于________,梯形螺纹属于________。

4. 国家标准规定,外螺纹的大径用________表示,小径用________表示,在反映圆柱面的视图上,牙底用________表示。内螺纹不剖时,所有图线均用________表示。

5. 普通螺纹标记由________、________和________组成。

二、判断题

1. 只有牙型、大径、线数、旋向相同的内外螺纹才能相互旋合。 ( )

2. 内外螺纹旋合部分应按外螺纹规定画法绘制,不重合部分按各自原有的画法绘制。 ( )

3. 梯形螺纹旋合长度代号分为三组:长旋合长度 L、中等旋合长度 N 和短旋合长度 S。 ( )

4. 普通螺栓连接中,螺柱与孔之间没有间隙,能承受横向载荷。 ( )

5. 弹簧垫片与对顶螺母都属于摩擦防松。 ( )

三、名词解释

1. 标准螺纹。

2. 螺距。

3. 导程。

4. 螺纹 M16×1.5-5g6g-S。

项目十一 轴与轴承

项目要求

1. 知识目标

叙述滚动轴承的种类、结构;描述滑动轴承的种类、结构。

2. 技能目标

会识别滚动轴承代号;正确进行轴承的拆装。

3. 素养目标

通过对不同轴承结构的了解,能熟练运用类比学习法,增进对新知识的掌握程度。

项目叙述

轴与轴承是机器中不可与缺的重要零件。轴的结构因其功能各异而各不相同,旋转轴又必须由轴承支撑,轴与轴承相互依存。本项目的主要任务是认识轴和轴承的结构、类型和材料;理解轴承的代号含义。

建议课时

8 课时。

课题一 轴

一、轴的基本知识

轴是机械设备中重要的零件之一,它的主要作用是支撑作回转运动的传动零件(如齿轮、车轮、带轮等)、传递运动和转矩、承受载荷,以及给轴上的零件定位和保证其回转精度。

1. 轴的分类

按照轴的形状不同,轴可以分为直轴、曲轴和软轴。

(1)直轴。轴上各段的轴心线重合于同一根直线的轴。

直轴按照外形不同又可以分为光轴和阶梯轴,为了减轻质量,有时把直轴制成空心轴,

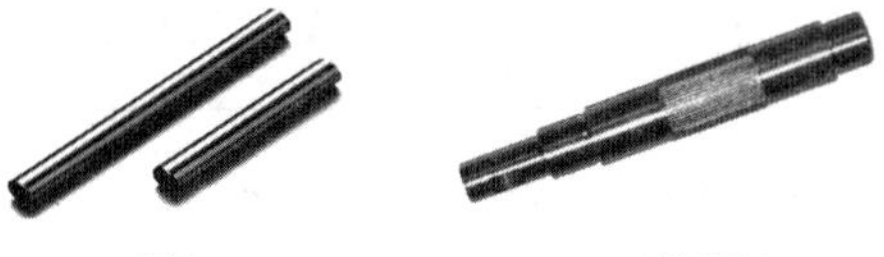

a)光轴　　b)阶梯轴

图 11-1　直轴

如图 11-1 所示。根据承受的载荷不同直轴又可以分为传动轴、心轴和转轴。

①传动轴:用来传递动力,主要承受转矩的轴。例如:汽车的传动轴。

②心轴:用来支撑回转零件,只承受弯矩不传递动力的轴。心轴可以是转动的也可以是固定不动的。

③转轴:既传递动力又支撑回转零件,同时承受转矩和弯矩的轴。机器中大多数轴都是属于这种,例如手动变速器中的齿轮轴。

(2)曲轴。轴上各段轴的中心线不重合的轴,主要用于将回转运动和往复直线运动相互转化,如汽车发动机上的曲轴,如图 11-2 所示。

(3)软轴。轴心线可以弯曲的轴,能将回转运动灵活的传到空间任何位置,如图 11-3 所示。

图 11-2　曲轴

图 11-3　软轴

2. 轴的结构

轴主要由轴头、轴颈和连接各轴颈的轴身组成。轴上被支撑的部分称为轴颈,安装轮毂的部分称为轴头,连接轴颈和轴头的非配合部分称为轴身,如图 11-4 所示。轴身上为了零件的轴向定位,设有轴肩和轴环等结构;给零件作轴向固定的台阶称为轴肩,轴的环形部分称为轴环,如图 11-5 所示。工程上一般采用阶梯轴,阶梯轴的各个阶台均有其作用,因此轴的结构多种多样,没有标准的形式。为使轴的结构和其各个部位具有合理的形状尺寸,轴的结构应该满足轴上零件能可靠固定、轴便于加工和尽量避免或减小应力集中、轴上零件便于安装和拆卸、节约材料、减轻质量等方向的要求。

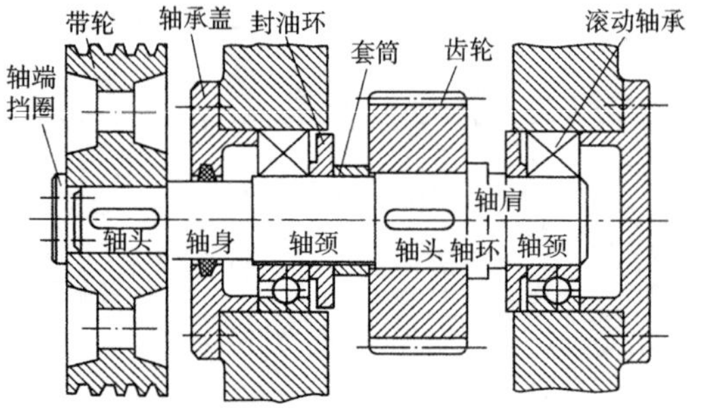

图 11-4　轴的结构

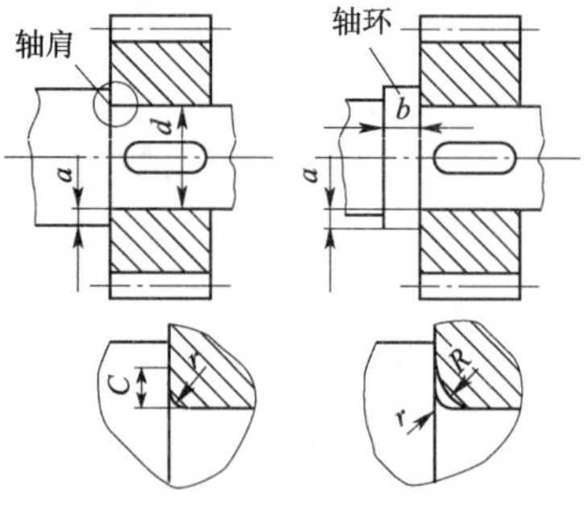

图 11-5　轴肩和轴环

想一想:汽车手动变速器各轴的结构及其轴上零件是如何定位的?

二、轴上零件的定位

为了确保轴能支撑轴上零件并传递运动和转矩,轴上的零件相对于轴沿轴线方向不能移动,沿圆周方向不能有相对转动,否则会加剧轴和轴上零件的磨损,为此轴上零件要进行轴向定位和周向定位。

1. 轴向定位

轴向定位的目的是保证零件在轴上有确定的轴向位置,防止移动并能承受轴向力。常用的方法有轴肩和轴环固定、套筒定位、圆螺母固定、轴端挡圈和圆锥面固定以及用紧定螺钉、弹性挡圈、轴端挡圈作轴向定位。

2. 周向定位

周向定位的目的是传递转矩,防止零件与轴产生相对转动。常用的方法有键连接和过盈配合等。键连接在之前的项目中已经介绍了,这里不再重复。

(1)过盈配合:利用轴与零件轮毂间的过盈来达到定位目的。主要用于不拆卸的位置,结构简单,对轴的削弱小,对中性好,能承受大载荷和抗冲击。过盈配合的装配有两种方法,即压入法和温差法。

(2)其他方法:用圆锥销和紧定螺钉作周向固定,但只适用于载荷很小的条件下。

三、轴的常用材料

轴的材料应满足强度、刚度、耐磨性和耐腐蚀性等方面的要求。主轴的要材料为碳素钢和合金钢。碳素钢价格相对便宜,对应力集中的敏感性小,经热处理后可以提高其疲劳强度和耐磨性,应用较广;合金钢具有比碳素钢更好的力学性能和热处理性能,但对应力集中的敏感性强,价格较贵,常用于对强度、耐磨性和抗腐蚀性要求更高的场合。

课题小结

1. 按照形状不同,轴可以分为直轴、曲轴和软轴;根据承受的载荷不同直轴又可以分为传动轴、心轴和转轴。

2. 转轴是既传递动力又支撑回转零件,同时承受转矩和弯矩的轴。机器中大多数轴都是属于转轴。

3. 轴向定位的方法有轴肩和轴环固定、套筒定位、圆螺母固定、轴端挡圈和圆锥面固定等。

4. 周向定位常用的方法有键连接和过盈配合。

课题二 轴承

轴承是通过与轴颈接触,支撑轴及轴上零件的重要部件。它能保持轴的旋转精度,减少相对转动零件之间的摩擦和磨损。合理选择和使用轴承对机器的使用性能、延长使用寿命有着十分重要的意义。

根据轴与轴承工作表面间的摩擦性质不同,轴承可分为滑动轴承和滚动轴承两大类。

一、滑动轴承

知识链接

部分摩擦表面被润滑油隔开的润滑方式称为半液体润滑。摩擦表面被润滑油完全隔开的润滑方式称为液体润滑。

1. 滑动轴承的特点与结构

轴与轴承工作表面只存在滑动摩擦的轴承称为滑动轴承。发动机内很多位置都用到了滑动轴承。其工作特点是:滑动轴承具有径向尺寸小,结构简单,便于安装;滑动轴承与轴之间接触面积较大,可承受较大压力和较高转速,抗冲击能力强;摩擦损耗较大,轴向结构不紧凑及润滑建立和维护困难。一般滑动轴承的润滑均采用半液体润滑。

滑动轴承主要由轴承座、轴瓦或轴套组成。与支撑轴颈相配的圆筒形整体零件称为轴套,与轴颈相配的对开式零件称为轴瓦,装有轴瓦和轴套的壳体称为轴承座,如图 11-6 所示。

2. 滑动轴承的主要类型

根据所受载荷方向不同,滑动轴承可以分为径向滑动轴承(承受径向载荷)、止推滑动轴承(承受轴向载荷)和径向止推滑动轴承(同时承受轴向和径向)三种,如图 11-6 所示。

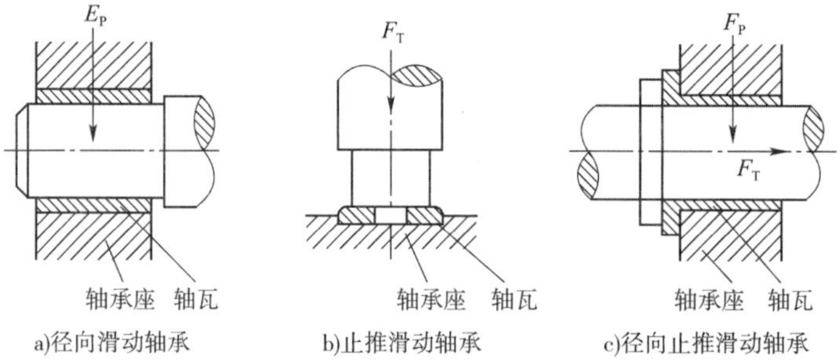

图 11-6 滑动轴承的类型

(1)径向滑动轴承。径向滑动轴承也称向心滑动轴承,用于承受沿轴承直径方向的载荷。径向滑动轴承按结构不同,又分为以下几种形式。

①整体式滑动轴承:它是由轴承座和整体轴套组成,如图 11-7 所示,这种轴承优点是结构简单、成本低,适用于轻载、低速场合,缺点是轴颈只能从端部装入,使得安装和检修不方便,而且轴承磨损后不能调整,只能更换轴套。

②剖分式滑动轴承:这种轴承主要由轴瓦、轴承盖、轴承座、螺栓及垫片组成,如图 11-8 所示。剖分式轴承的优点是拆装方便而且能调整间隙,因此应用很广,如汽车曲轴轴承等。

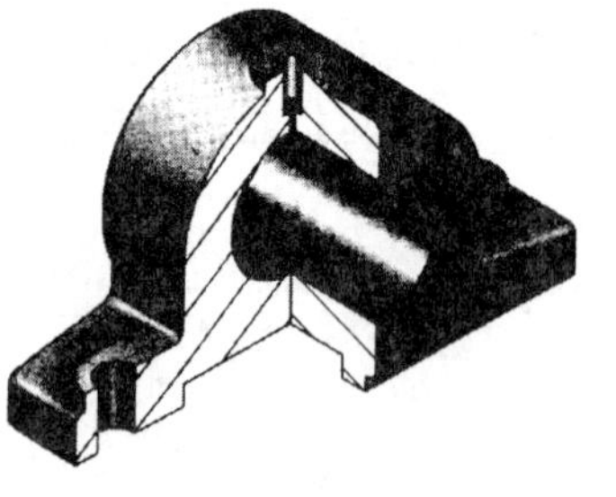

图 11-7 整体式滑动轴承座结构

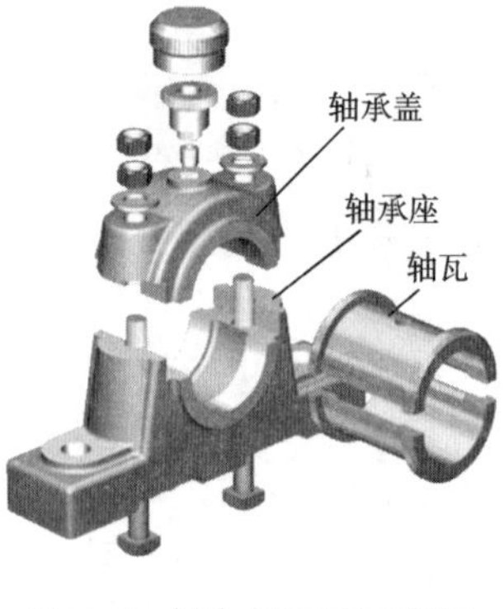

图 11-8 剖分式滑动轴承结构

(2)止推滑动轴承。也称推力滑动轴承,它用于承受轴向载荷,防止轴的轴向移动。

想一想：发动机曲轴是采用什么方式进行轴向定位的？

3. 轴承的失效形式

滑动轴承的失效形式主要是磨损和胶合，其次是疲劳和轴承衬脱落。

二、滚动轴承

以滚动摩擦为主的轴承称滚动轴承，滚动轴承是标准件，由专业厂家生产。滚动轴承在现代机械中运用非常普遍，如汽车变速器、汽车非驱动轮轮端等部位都采用了滚动轴承来减少零件的摩擦阻力。

1. 滚动轴承的结构及工作特点

滚动轴承用滚动摩擦代替滑动摩擦，摩擦阻力小、旋转精度高。它主要由四部分组成：内圈、外圈、滚动体、保持架，如图 11-9 所示。

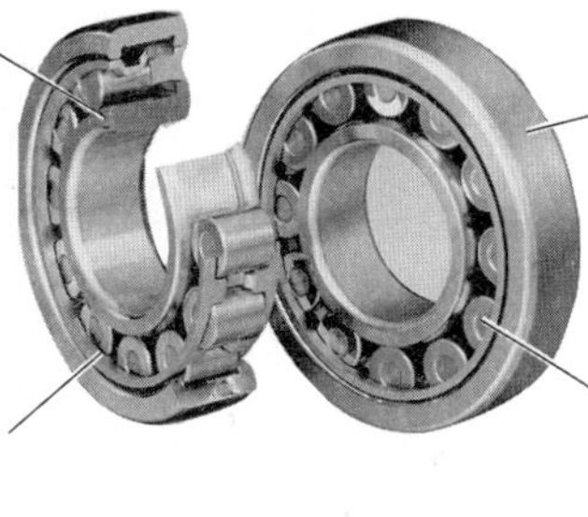

图 11-9　滚动轴承的结构

(1)外圈。轴承最外部分，装在机体或轴承座内，一般固定不动或偶尔做少许运动。

(2)内圈。与轴颈装配在一起，随轴颈一起回转，也有的内圈固定不动。

(3)滚动体。安装在内圈和外圈之间的滚道中，是轴承中形成滚动摩擦必不可少的零件，起到传递载荷的作用。当内、外圈作相对回转时，滚动体在内、外圈的滚道间既自转又公转。常见的滚动体形状如图 11-10 所示。

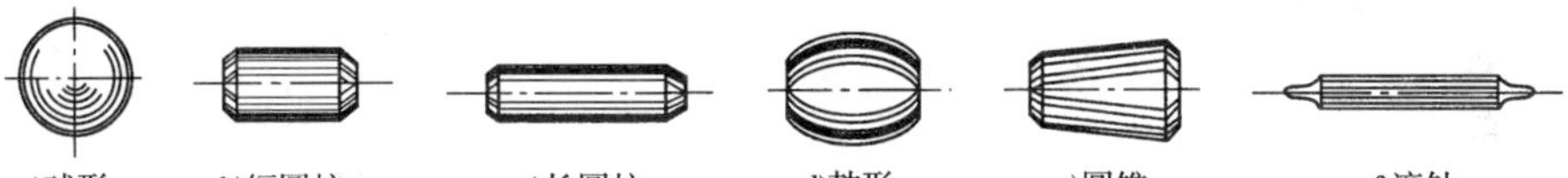

图 11-10　常见滚动体形状

(4)保持架。保持架是形状各异的框架，用以均匀分隔滚动体，防止它们相互之间发生摩擦和碰撞，并能改善轴承内部负荷分配。图 11-11 所示为保持架和滚动体组合结构。

图 11-11　保持架和滚动体组合结构

滚动轴承具有摩擦阻力小，效率高；起动灵敏，工作稳定且不受速度影响；宽度小，内部间隙小，回转精度高；润滑简便，易于密封和维护；标准化专业生产，互换性好。但抗冲击性能差、径向尺寸偏大、寿命短、噪声大；安装精度要求高，由于不能剖分，在某些场合安装困难。

2. 滚动轴承的类型和代号

1)滚动轴承的类型

按承受载荷方向不同，滚动轴承可分为下述三类。

(1)向心轴承——只承受或主要承受径向载荷,如深沟球轴承。

(2)推力轴承——只承受轴向载荷,如推力球轴承。

(3)向心推力轴承——同时承受径向和轴向载荷的滚动轴承,如角接触球轴承。

常见的滚动轴承类型及代号见表 11-1。

常用滚动轴承类型代号 表 11-1

类　型	代　号	结　构	类　型	代　号	结　构
调心球轴承	1	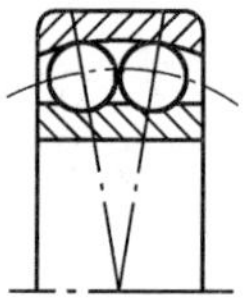	圆锥滚子轴承	3	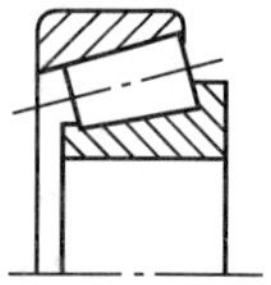
调心滚子轴承	2	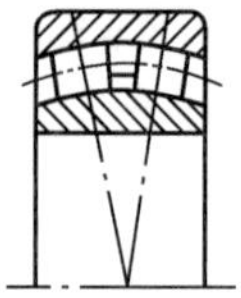	推力球轴承	5	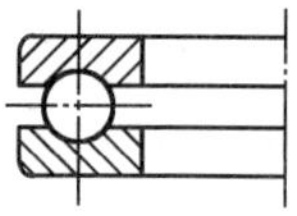
圆柱滚子轴承	N	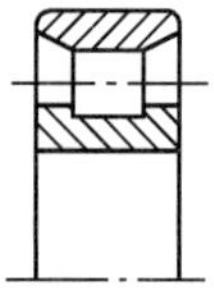	双列角接触球轴承	0	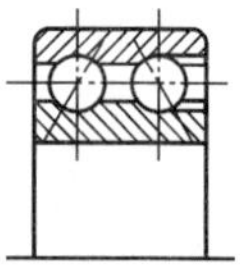
深沟球轴承	6	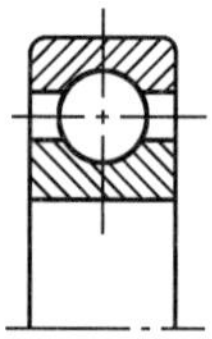	滚针轴承	NA	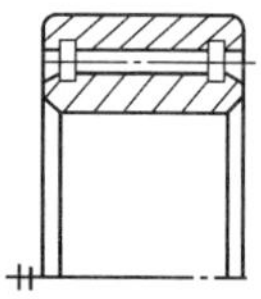
角接触球轴承	7		推力调心滚子轴承	2	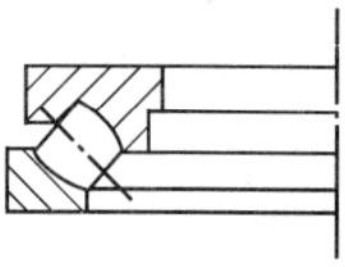
推力圆柱滚子轴承	8	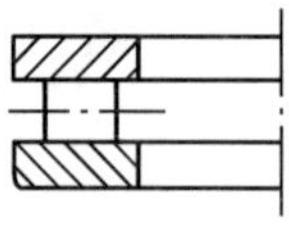	双列深沟球轴承	4	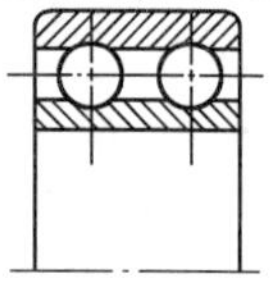

2)滚动轴承的代号

为了简明表示轴承的类型、尺寸、技术要求以及一些特殊的结构和性能,国家标准《滚动轴承 代号方法》(GB/T 272—2017)和《滚动轴承代号方法的补充规定》(JB/T 2974—2004)规定了用一组字母和数字组成的代号来表示每一个轴承。轴承代号由前置代号、基本代号、后置代号构成,顺序排列,轴承代号见表 11-2。

前置代号——轴承分部件代号，用字母表示。

后置代号——表示轴承内部结构特点、公差等级、游隙及一些特殊要求等，用字母加数字表示。后置代号内容很多，但并不经常用到。

基本代号——表示滚动轴承的基本类型、结构和尺寸，是滚动轴承代号的基础，按从左到右顺序由类型代号、尺寸系列代号、内径代号三部分构成。

轴 承 代 号　　　　表 11-2

<table>
<tr><td>前置代号</td><td colspan="4">基本代号</td><td>后置代号</td></tr>
<tr><td rowspan="3">字母</td><td>类型代号</td><td colspan="2">尺寸系列代号</td><td>内径代号</td><td rowspan="3">字母数字</td></tr>
<tr><td rowspan="2">数字或字母</td><td>宽度代号</td><td>直径代号</td><td rowspan="2">二位数字</td></tr>
<tr><td>一位数字</td><td>一位数字</td></tr>
</table>

(1)类型代号：由数字或字母表示，分别表示不同的滚动轴承，详见表 11-1。

(2)尺寸系列代号：由轴承的宽度系列代号和直径系列代号组合而成，用两位阿拉伯数字表示。它的主要作用是区别内径相同而宽度和外径不同的轴承。宽度系列代号写在直径系列代号前，读的时候先读直径系列，再读宽度系列代号。如尺寸系列代号 02 的宽度系列代号是 0(窄)、直径系列代号是 2(轻)，读作轻窄。尺寸系列代号的数字含义见表 11-3。

尺 寸 系 列 代 号　　　　表 11-3

宽度代号	8	0	1	2	3	4	5	6	7	9
含义	特窄	窄	正常	宽	特宽	特宽 4	特宽 5	特宽 6	特低	低
直径代号	7	8	9	0	1	2	3	4	5	
含义	超特轻	超轻	超轻	特轻	特轻	轻	中	重	特重	

注：0(窄)宽度系列代号通常省略不标注；7(特低)、9(低)适用于推力轴承的高度。

(3)内径代号：表示轴承的公称内径，由两位数字组成。内径代号与轴承内径尺寸的关系，详见表 11-4。

内 径 代 号　　　　表 11-4

内径代号	/0.6 – /10	00	01	02	03	04 ~ 99 (整数)	/22/28/32/d (d≥500)
轴承内径 (mm)	代号数	10	12	15	17	代号数 ×5	22,28,32,d

【示例 11-1】解释下列滚动轴承基本代号含义：(1)6202；(2)N2214。

解：(1) 6　2　02

02——轴承内径 d=15mm

2——(0)2轻载系列

6——深沟球轴承

(2) N　22　14

14——轴承内径 d=14 × 5=70mm

22——22轻宽系列

N——圆柱滚子轴承

3. 滚动轴承的失效形式及其材料

(1)主要失效形式。由于轴承工作时,长期承受交变载荷的作用,并伴有一定的冲击和较大的静载荷作用,加之工作中轴承如果润滑不良、密封不好、配合不当、安装不正确等原因,易造成滚动轴承发生疲劳点蚀、塑性变形和磨损等失效形式,导致旋转精度下降、噪声增大,丧失工作能力。

(2)轴承材料。滚动轴承的内圈、外圈、滚动体应该具有较高的强度、硬度、耐磨性和冲击韧性,一般选用 GCr15、GCr15SiMn 等轴承钢制造,淬火硬度达到 61 ~ 65HRC;保持架多用低碳钢冲压制造,也可以用有色金属或塑料制造。

4. 滚动轴承的润滑和密封

(1)滚动轴承的润滑。

滚动轴承润滑的作用是降低摩擦阻力、减少磨损、防止锈蚀,同时还可起散热、吸振等作用。常用润滑剂有润滑脂与润滑油。

脂润滑的优点是油膜强度高,能承受较大的载荷,润滑脂不易流失,便于密封和维护,且不需要经常加油;缺点是摩擦阻力较大,功率损耗高,散热效果差。脂润滑通常用于转速不太高及不便于经常加油的工作条件。润滑脂的填充量要适当,一般不超过轴承空间的 1/3 ~ 1/2,填脂过多或过少,都会引起摩擦发热,影响轴承的正常使用。

油润滑摩擦阻力小,润滑可靠,兼有冷却和清洗作用,但对密封和供油条件要求较高。高速和高温条件下须采用油润滑。

(2)滚动轴承的密封。

轴承的密封是为了阻止外部的灰尘、水分及其他杂质进入轴承,并防止轴承内润滑剂的流失。选用密封装置时,一方面要保证轴承得到良好的密封,同时又要兼顾到密封件及有关零件的寿命。常见的密封结构有接触式密封和非接触式密封两大类。接触式密封有毡圈密封、皮碗式密封等,非接触式密封有环槽式密封、迷宫式密封等。

课题小结

1. 按照摩擦性质不同,轴承可分为滑动轴承和滚动轴承两大类。

2. 根据所受载荷方向不同,滑动轴承分为径向滑动轴承、止推滑动轴承和径向止推滑动轴三种。

3. 内圈、外圈、滚动体、保持架是滚动轴承的四大部分;滚动轴承代号由前置代号、基本代号、后置代号组成,其中基本代号按顺序由三部分组成,类型代号、尺寸系列代号、内径代号。

课题三 轴承的拆装

轴承拆卸的顺序与安装顺序相反,拆卸时应使用专用工具。

一、轴承的拆卸

轴承拆卸的常用方法有拉出法和敲击法。

1. 拉出法

图11-12所示为轴承拉拔器。如拆卸轴承内圈时,拉具两脚应向内,卡于轴承内圈端面上,如图11-13所示,使丝杆对准轴的中心孔,不得歪斜,将拉具的拉钩钩住轴承的内圈,而不应钩在外圈上,以免轴承松动过度或损坏,然后旋转手柄,轴承就会被慢慢拉出来。

注意:拆卸轴承外圈时,拉具两脚弯角应向外张开,卡于轴承外圈端面上,使丝杆抵住箱体;使用拉具时,还应注意拉钩与轴承的受力情况,不要将拉钩及轴承损坏,防止拉钩滑脱。

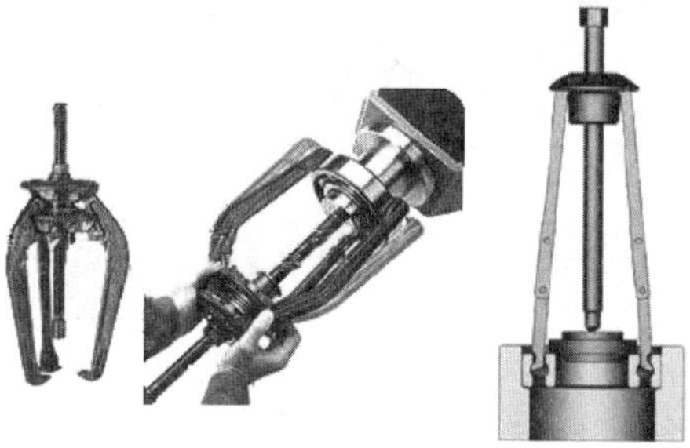

图11-12 拉拔器

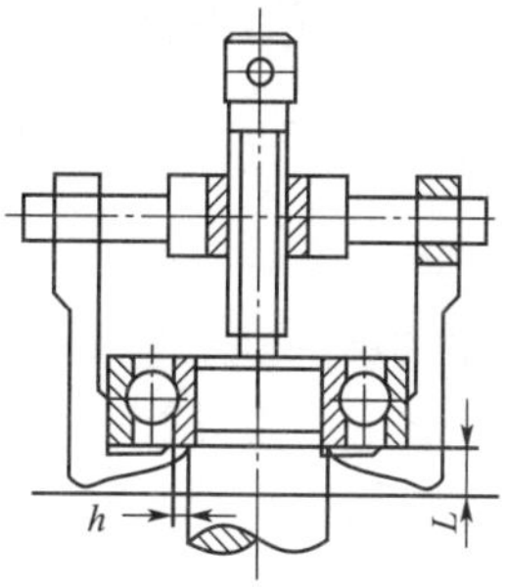

图11-13 轴承的拆卸

2. 敲击法

当轴承位于轴的末端时,用小于轴承内径的铜棒或其他软金属材料抵住轴端,轴承下部加垫块,用手锤轻轻敲击,即可拆下轴承。运用此法应注意垫块放置的位置要适当,着力点应正确;敲击力一般加在轴承内圈,敲击力不应加在轴承的滚动体和保持架上,此法简单易行,但容易损伤轴承。

二、轴承的安装

安装轴承时,应先安装轴再安装轴承。轴承的安装可用下述方法进行。

1. 敲击法

将轴承装入轴颈或轴承座时,首先将轴和轴承的中心线成一直线状态;再外加载荷将轴承敲压到轴上。

注意:安装时应使用木块等辅助工具,避免载荷直接作用在轴承端面或密封圈上,损坏轴承。

2. 热胀冷缩法

装配过盈量较大的轴承时,利用热胀冷缩原理,加热轴承或冷却轴颈,然后快速装配。

课题小结

1. 滚动轴承在安装轴承时,应先装轴再装轴承,拆卸顺序正好相反。

2. 轴承的拆卸方法有敲击法、拉出法。轴承安装时可用敲击法和热胀冷缩法进行。

练习题

一、填空题

1. 根据承受载荷的不同,轴可以分为__________、__________、和__________,其

中既受弯矩又受转矩的是＿＿＿＿＿＿。

2. 为了确保轴能支撑轴上零件并传递动力和转矩,轴上零件需相对于轴沿轴线方向作＿＿＿＿＿＿定位,沿圆周方向作＿＿＿＿＿＿定位。

3. 按照轴与轴承工作表面间的摩擦性质不同,轴承可分为＿＿＿＿＿＿和＿＿＿＿＿＿。

4. 滚动轴承由＿＿＿＿＿＿、＿＿＿＿＿＿、＿＿＿＿＿＿和＿＿＿＿＿＿四部分组成,其中＿＿＿＿＿＿能用有色金属或塑料制造。

5. 滚动轴承代号主要由＿＿＿＿＿＿。基本代号又由＿＿＿＿＿＿、＿＿＿＿＿＿和＿＿＿＿＿＿构成。

二、简答题

1. 滑动轴承和滚动轴承各有什么工作特点?

2. 解释轴承代号含义:6308,30316。

项目十二　液压和液力传动分析

项目要求

1. 知识目标

掌握液压传动与液力传动的主要元件、基本回路与基本知识。能识读液压传动的基本回路和系统。

2. 技能目标

了解液压传动与液力传动在汽车中的应用。

3. 素养目标

通过学习与实践，增强学生分析问题、解决问题的能力；培养学生一丝不苟、团结协作的工作作风。

项目叙述

液压传动在汽车上被广泛应用，如液压制动系统、液压助力转向系统等。液压传动以油液为工作介质，由动力元件、执行元件、控制元件及辅助元件组成，这些元件按一定规律连接成回路，实现动力或信息的传递。

建议课时

8 课时。

课题一　液压传动基本概念

知识链接

液压系统相对于机械传动来说是一门新兴技术。虽然从 17 世纪中叶帕斯卡提出静压传递原理、18 世纪末英国制造出第一台水压机算起，已有上百年的历史，但液压传动在工业上被广泛应用和迅猛发展却是 20 世纪以后的事情。20 世纪 60 年代以后，液压技术发展成为包括传动、控制和检测在内的一门完整的自动化技术，工业发达国家都是液压技术先进的国家，在机电装备领域，近95%的工程机械都采用了液压传动。随着液压机械自动化程度的不断提高，特别是近年来，液压技术与传感技术、微电子技术的密切结合，出现了电液比例控制阀、数字阀、电液伺服液压缸等机(液)电一体化元器件。液压元件小型化、系统集成化成为未来的发展趋势。

一、液压传动的工作原理及其系统的组成

1. 液压传动的工作原理

图12-1所示为液压千斤顶的工作原理示意图。当向上提起杠杆时，小活塞上升使油腔A的容积增大，此时止回阀B受油腔B中油液的作用力关闭，油腔A形成真空，油箱中的油液在大气压的作用下，推开止回阀A，完成吸油；当向下压杠杆时，小活塞下移，此时止回阀A关闭，油腔A内的液体经止回阀B进入油腔B，使大活塞上升，从而顶起重物W。由此可知，液压传动是以油液作为工作介质，通过密封容积的变化来传递运动，通过油液内部的压力来传递动力。

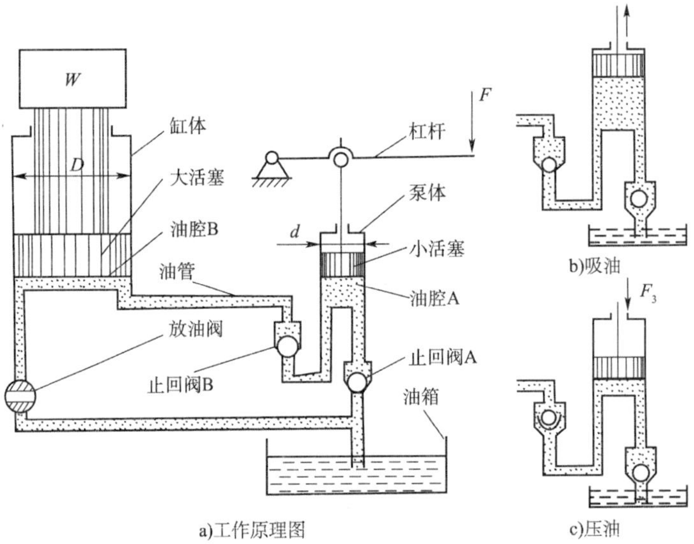

图12-1　液压千斤顶工作原理

2. 液压传动系统的组成

从上述实例可以看出，整个液压系统除工作介质外，由以下几个部分组成。

(1)动力元件——将原动机的机械能转换为油液的压力能的装置，即液压泵。

(2)执行元件——将液压能转换为机械能以驱动工作部件的装置，它可以是做直线运动的液压缸，也可以是做回转运动的液压起动机。

(3)控制元件——用来控制和调节系统的压力、流量和液体的流动方向的装置，包括各种控制阀。

(4)辅助元件——用来将前面三部分连接在一起，为系统的正常工作提供条件，主要包括油箱、过滤器、管路、接头等。

想一想：在你日常生活中见到的液压传动装置有哪些？

二、液压系统的主要参数

1. 液体的静压力

静压力是指作用在液体单位面积上的力，用 p 表示；在物理学上称为压强，在工程实际应用中习惯上称为压力。若作用在活塞有效面积 A 上的外力为 F，则压力 p：

$$p=\frac{F}{A}$$

液体的静压力具有下列特性：

(1)静止油液中任意一点所受到的各个方向的压力都相等。

(2)油液静压力的作用方向总是垂直指向承压表面。

(3)密闭容器内静止油液中任意一点的压力如有变化，其压力的变化值将传递给油液的各点，且其值不变，这称为静压传递原理，即帕斯卡原理。

2. 流量和平均流速

流量和平均流速是描述液体流动的两个基本参数。

知识链接

由于液体具有黏性，液体在管道中流动时，在同一截面内各点的流速不可能完全相同，所以假定流通截面上各点的流速均匀分布，从而引入平均流速的概念。

(1)流量。单位时间内进出液压缸或通过管道某一截面的液体的体积称为流量，符号为 $q(m^3/s)$。若在时间 t 内流过的液体体积为 V，则流量 q_v 为：

$$q_v=\frac{V}{t}$$

由于活塞的运动速度等于液压缸中的平均流速，故液压缸有效作用面积 A、流量 q_v 和活塞运动速度 v 之间的关系为：$q_v=Av$。

(2)平均流速 $\bar{v}$。它是指液体质点在单位时间内流过的距离，单位为 m/s。则平均流速 $\bar{v}$ 为：

$$\bar{v}=\frac{q_v}{A}$$

(3)液体流动连续性原理。它是指理想液体在无分支管路中作稳定流动时，由于其不可压缩，故液体流过每一截面时的流量相等，如图 12-2 所示。即：

$$A_1v_1=A_2v_2$$

当液体在无分支管路中作稳定流动时，流经管路不同截面时的平均流速与其截面面积大小成反比。

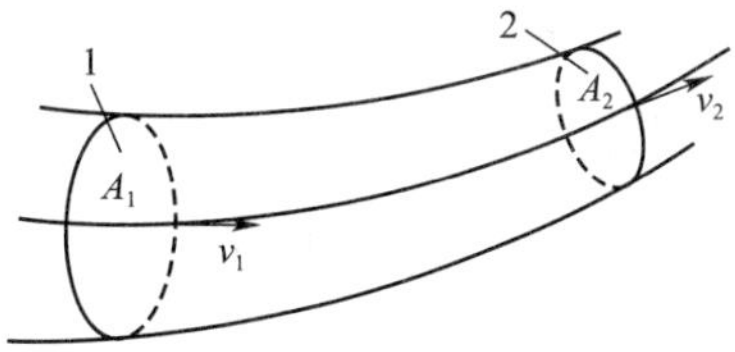

图 12-2　液体连续性原理

三、液压传动的特点

液压传动与其他传动形式相比较，有以下特点。

(1)功率密度(即单位体积所具有的功率)大，结构紧凑，质量轻。

(2)能无级调速,调速范围大。

(3)由于液压元件质量小,惯性矩小,故变速性好。

(4)运动平稳可靠,能自行润滑,使用寿命较长。

(5)操纵方便、省力,特别是与电气组合应用时。

(6)液压元件易于实现标准化、系列化和通用化,有利于生产与设计。

(7)传动效率较低。

(8)液压系统产生故障时,不易找到原因,维修困难。

(9)为减少泄漏,液压元件的制造精度要求较高。

课题小结

1. 液压传动的工作原理是以油液作为工作介质,通过密封容积的变化来传递运动,通过油液内部的压力来传递动力。

2. 液压传动由液压介质、动力元件、执行元件、控制元件、辅助元件等组成。

3. 压力和流量是液压传动的主要参数。

4. 静压传递原理是指密闭容器内,静止油液中任意一点的压力如有变化,其压力的变化值将传递给油液的各点,且其值不变,也称帕斯卡原理。

5. 液体流动连续性原理是指理想液体在无分支管路中作稳定流动时,由于其不可压缩,故液体流过每一截面时的流量相等。

6. 液压传动的特点。

课题二 液压元件

液压元件主要有液压泵、液压缸、液压控制阀及液压辅助元件等组成。

一、液压泵

1. 液压泵的工作条件

液压泵是液压系统的动力元件,它把电动机或其他原动机输出的机械能转换成液压能的装置,其作用是向液压系统提供压力油。液压泵按其输出流量是否改变可分为定量泵和变量泵;按油液输出方向分单向泵和双向泵。如图 12-3 所示为液压泵图形符号。

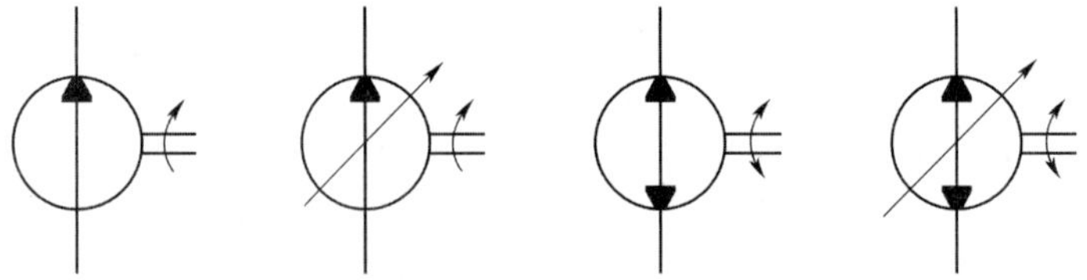

a)单向定量液压泵　b)单向变量液压泵　c)双向定量液压泵　d)双向变量液压泵

图 12-3　常用液压泵图形符号

液压泵正常工作的必备条件如下。

(1)具有周期性变化的密封容积。密封容积由小变大是吸油,由大变小时压油。

(2)具有配流装置。其作用是保证密封容积在吸油时与油箱相通,同时关闭供油通路;压油时与供油管路相通而与油箱切断。

(3)吸油过程中,油箱必须和大气相通。

2. 常用液压泵的结构及特点

液压泵的种类很多,按其结构不同,分为齿轮泵、叶片泵和柱塞泵等。

(1)齿轮泵。如图12-4所示为外啮合齿轮泵的工作原理图。当齿轮按图示方向回转时,泵的下侧由于齿轮轮齿脱开啮合,使密封容积逐渐增大,形成局部真空,故为吸油区;而泵的上侧由于齿轮轮齿进入啮合,使密封容积逐渐减小,故为压油区。

(2)叶片泵。叶片泵按其工作方式不同,分为单作用式叶片泵和双作用式叶片泵两种。

双作用式叶片泵的结构如图12-5所示。它主要由定子、转子、叶片和前后两侧装有端盖的泵体等组成。由于转子每回转一周,每个密封容积完成两次吸油和压油,故称双作用式叶片泵。由于转子与定子同轴,所以不能改变输出流量,故只能作定量泵。

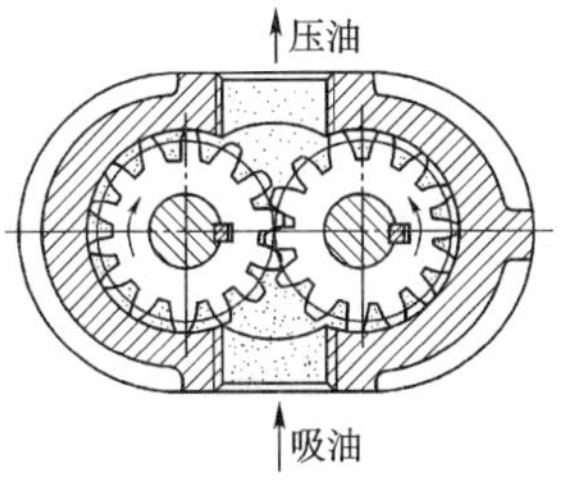

图12-4　齿轮泵

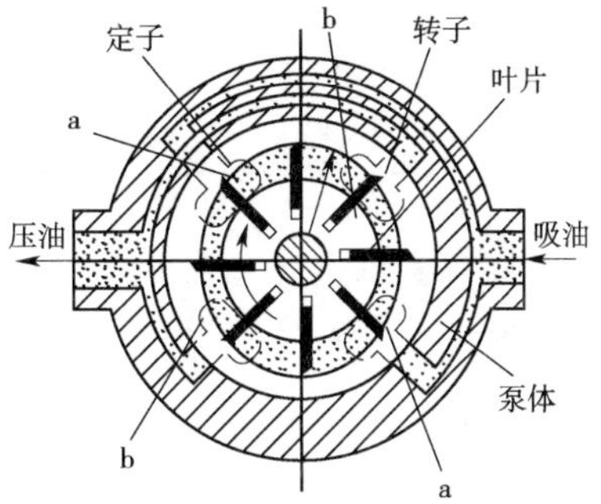

图12-5　双作用式叶片泵的工作原理

a、b-油腔

单作用式叶片泵的结构如图12-6所示。定子表面是一圆形结构,转子与定子间有一偏心距 e,端盖上只开有一条吸油槽和一条压油槽。由于转子每回转一周,每个密封容积完成一次吸油和压油,故称单作用式叶片泵。这种泵可以通过改变转子与定子的偏心距 e 来改变输出流量,故可作变量泵。

(3)柱塞泵。柱塞泵按照柱塞的排列方向的不同,分为轴向柱塞泵和径向柱塞泵。但因径向柱塞泵径向尺寸大,结构较复杂,自吸能力差,且配油轴受到不平衡液压力的作用,柱塞顶部容易磨损等缺点,现已逐渐被轴向柱塞泵替代。

轴向柱塞泵(图12-7)由配流盘、缸体(转子)、柱塞和斜盘等零件组成。

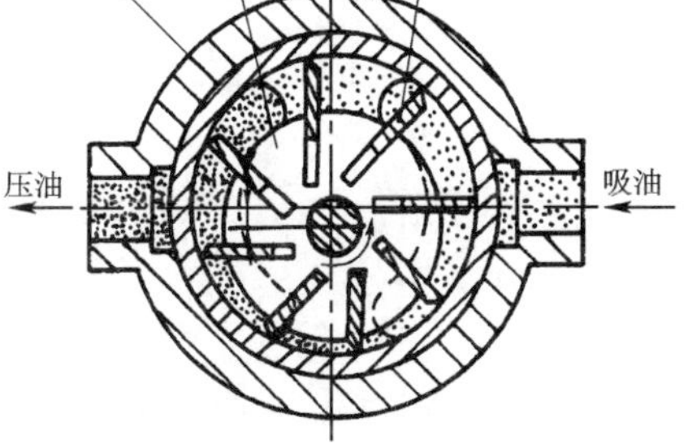

图12-6　单作用式叶片泵的工作原理

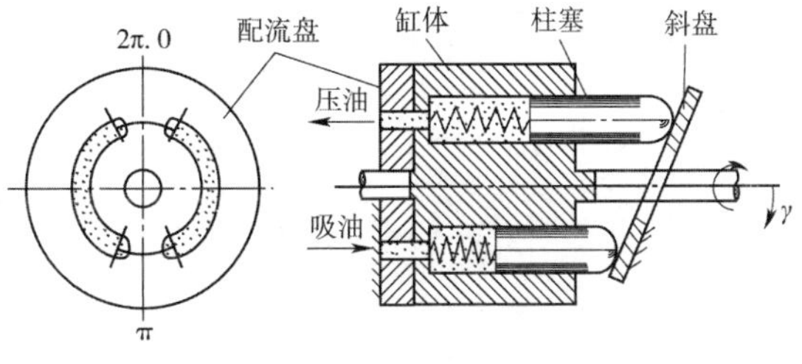

图12-7　轴向柱塞泵的工作原理

当缸体按图示方向回转时,在转角 $0\sim\pi$ 范围时,柱塞向外伸出,柱塞孔密封容积逐渐增大,吸入油液;在转角 $\pi\sim2\pi$ 范围时,柱塞向缸体内压入,柱塞孔密封容积逐渐减小,向外压出油液。改变斜盘倾角 γ 的大小,即可改变泵的输出流量;改变斜盘的倾斜方向,就能改变泵的吸压油方向,因此轴向柱塞泵可作为双向变量泵。

三种常用液压泵的性能比较见表 12-1。

三种常用液压泵的性能比较 表 12-1

类　型	优　点	缺　点	工作压力
齿轮泵	结构简单,不需要配流装置,价格低,工作可靠,维护方便	易产生振动和噪声,泄漏大,容积效率低,径向液压力不平衡。流量不可调	低压
叶片泵	输油量均匀,压力脉动小,容积效率高	结构复杂,难加工,叶片易被脏物卡死	中压
轴向柱塞泵	结构紧凑,径向尺寸小,容积效率高	结构复杂,价格较贵	高压

液压泵是每个液压系统不可缺少的核心元件,合理地选择液压泵对于降低液压系统的能耗、提高系统的效率、降低噪声、改善工作性能和保证系统的可靠工作都十分重要。

选择液压泵的原则是:根据主机工况、功率大小和系统对工作性能的要求,首先确定液压泵的类型,然后按系统所需的压力、流量大小确定其规格型号。一般在机床液压系统中,选择叶片泵;在农业机械、港口机械以及小型工程机械中选择抗污染能力较强的齿轮泵;在负载大、功率大的场合选择柱塞泵。

二、液压缸

液压缸是将液体的压力能转换为机械能的能量转换装置,它是液压系统中的执行元件,一般用来实现往复直线运动。液压缸图形符号见表 12-2。

常用液压缸图形符号 表 12-2

单作用缸			双作用缸		
单活塞杆缸	单活塞杆缸(带弹簧)	伸缩缸	单活塞杆缸	双活塞杆缸	伸缩缸
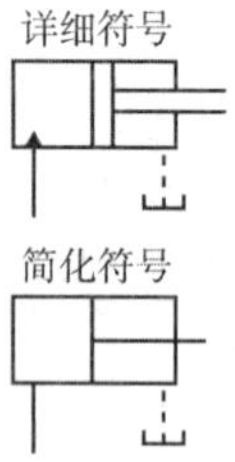	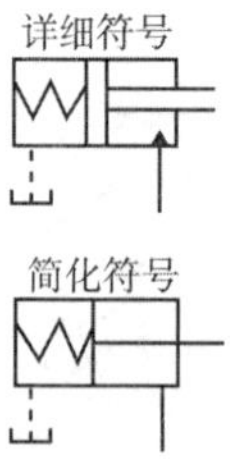	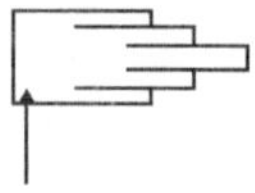	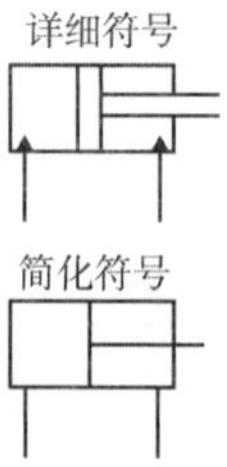	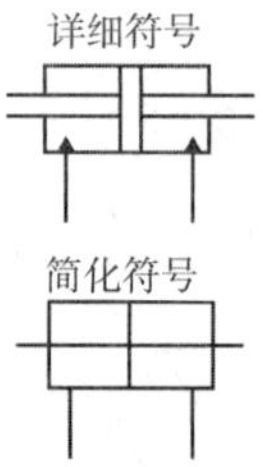	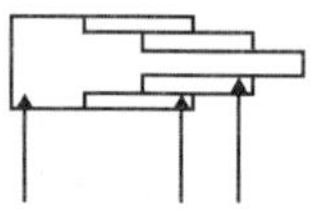

此外,液压马达也是液压系统中的执行元件,一般用来实现往复摆动。液压马达的图形符号如图 12-8 所示。

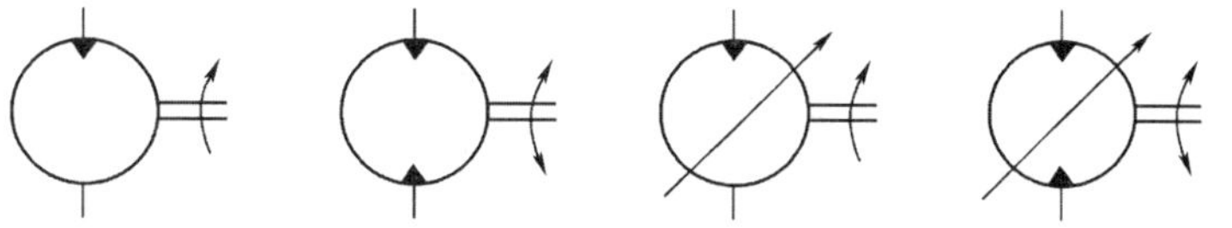

a)单向定量液压马达　b)双向定量液压马达　c)单向变量液压马达　d)双向变量液压马达

图 12-8　液压马达的图形符号

三、液压控制阀

液压控制阀是用来控制液压系统中油液的压力、流量和流动方向，使执行机构的推力、速度和运动方向符合要求。按液压控制阀的功用不同，分为方向控制阀、压力控制阀和流量控制阀三大类。

1. 方向控制阀

方向控制阀是用来控制油液流动方向，接通或断开油路，从而控制执行机构的启动、停止或改变运动方向。按类型分为止回阀和换向阀两大类。

(1)止回阀(也称单向阀)，它分为普通止回阀和液控止回阀两类。

①普通止回阀。普通止回阀的作用是控制油液只能沿一个方向流动，不允许油液反向倒流。按阀芯结构分为球阀式、锥阀式，其结构和图形符号如图 12-9 所示。

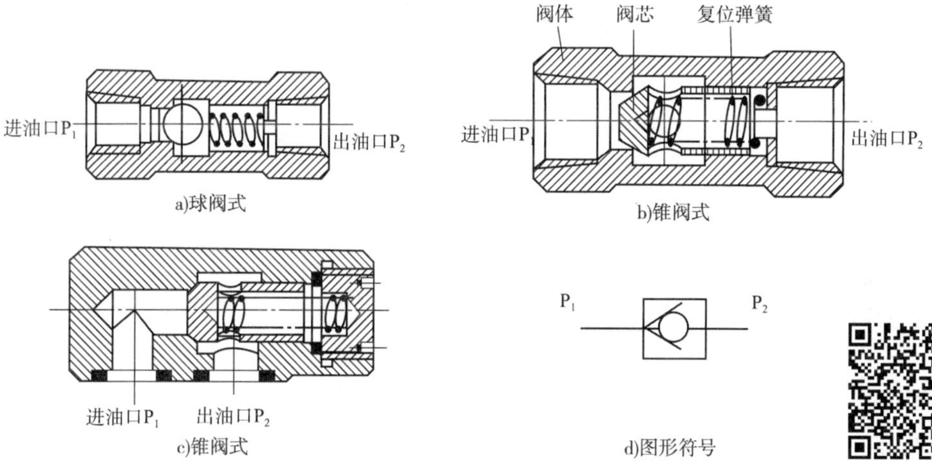

图 12-9　止回阀

②液控止回阀(也称闭锁阀或保压阀)，其工作原理与普通止回阀相同，用以防止油液反向流动；但它在液压回路中需要油液反向流动时又可利用控制油压，打开止回阀，使油液在两个方向都可流动。其结构如图 12-10a)所示，当控制口 K 处无液压油流入时，它的工作机制和普通止回阀一样，液压油只能从通口 P_1 流向通口 P_2，不能反向倒流。当控制口 K 有液压油时，因控制活塞右侧 a 腔与泄油口相通，活塞右移，推动顶杆顶开阀芯，使油道 P_1 和 P_2 接通，油液就可在 P_1 和 P_2 之间的实现两个方向流动。图 12-10b)所示是液控止回阀的图形符号。

(2)换向阀。换向阀是用来改变油液流动路线以改变工作机构的运动方向。它是利用阀芯相对阀体移动，接通或关闭相应的油路，从而改变液压系统的工作状态。按阀芯在阀体的工作位置数和换向阀所控制的油口通路数分，换向阀有二位二通、二位三通、二位四通、二位五通、三位四通、三位五通等类型。

换向阀的工作原理如图12-11所示。P为进油口,T为回油口,而A和B则通液压缸两腔,当阀芯处于图12-11a)位置时,P与B、A与T相通,活塞向左运动;当阀芯处于图12-11b)位置时,P与A、B与T相通,活塞向右运动。

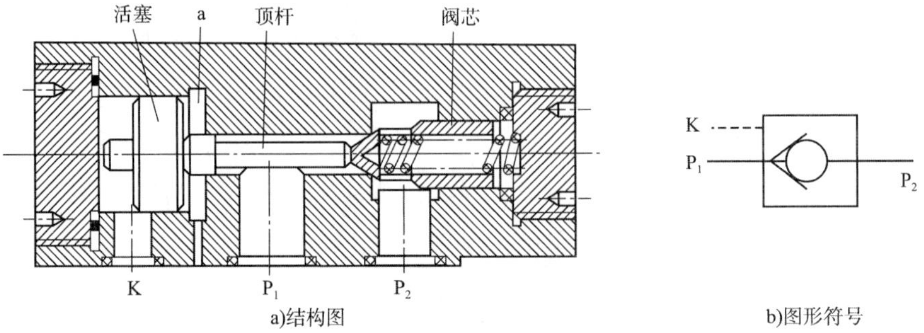

图12-10　液控止回阀

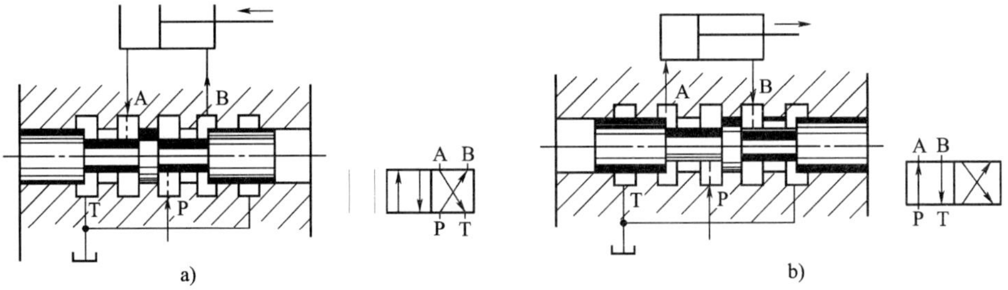

图12-11　换向阀的工作原理

2. 压力控制阀

压力控制阀用来控制液压系统的压力,或利用系统中压力的变化来控制某些液压元件的动作。按其用途不同,压力控制阀分为溢流阀、减压阀、顺序阀和压力继电器等。它们的共同特点是利用油液的液压作用力与弹簧力相平衡的原理工作。

1)溢流阀

溢流阀通常安装在液压泵的出口处,并与之并联。其主要用途有以下两点。

(1)调压和稳压作用。它能保持液压传动系统的压力恒定。

(2)限压保护作用。它能防止液压传动系统过载,故又称安全阀。

根据结构原理不同,溢流阀可分为直动型和先导型两类。图12-12所示为直动型溢流阀,图中P为进油口,T为回油口,它依靠系统中的液压油直接作用在阀芯上而与弹簧力相平衡,以控制阀芯的打开和关闭。

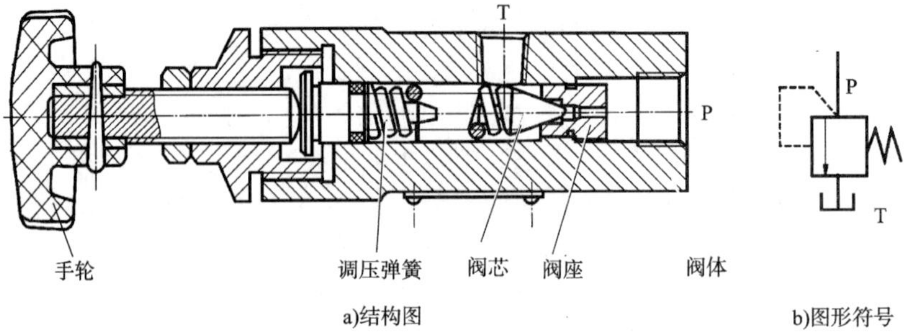

图12-12　直动型溢流图

2)减压阀

减压阀可以用来减压、稳压,将较高的进口油压降为较低而稳定的出口油压。减压阀的工作原理是依靠液压油通过缝隙(液阻)降压,使出口压力低于进口压力,并保持出口压力为一定值,缝隙越小,压力损失越大,减压作用就越强。

减压阀也有直动型和先导型两种,一般采用先导型减压阀。图 12-13 所示为先导型减压阀的结构原理及图形符号。

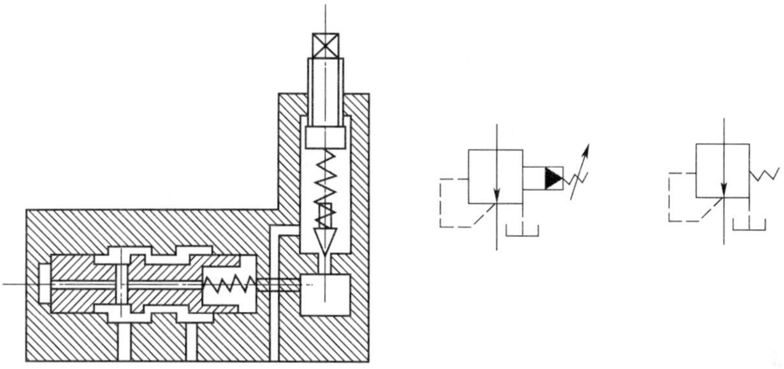

a)结构原理图　　b)先导式图形符号　　c)一般图形符号

图 12-13　先导型减压阀的结构原理

3)顺序阀

它是利用液压系统中的压力变化来控制油路的通断,从而实现某些液压元件按一定的顺序动作。按工作原理和构造,顺序阀分直动型和先导型两类,一般采用直动型顺序阀;按控制油来源,顺序阀有内控和外控之分。图 12-14 所示为内控式直动型顺序阀的结构原理及图形符号。当进油口压力低于顺序阀调定压力时,阀口关闭;当进油口压力超过调定压力时,阀口开启,顺序阀输出的压力油使支路的执行元件动作。调节弹簧的预压缩量即可调节打开顺序阀所需的压力。

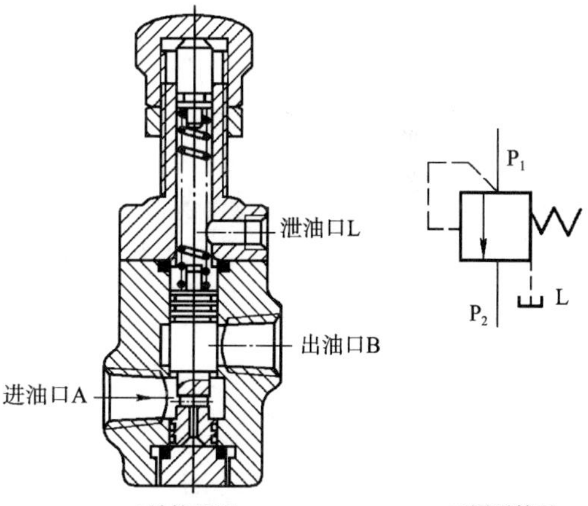

a)结构原理　　b)图形符号

图 12-14　直动型顺序阀的结构原理及图形符号

4)压力继电器

压力继电器是一种将压力信号变换为电信号的转换元件。它是利用液压系统压力的变化,触动微动开关接通或断开有关电路,以实现自动控制或安全保护。如图 12-15 所示为压力继电器的结构原理图,图中液压力作用在柱塞下端,推动柱塞往上移动压缩弹簧。当液压力大于或等于弹簧力时,柱塞上移推动微动开关触头,从而接通或断开电气线路。反之,微动开关触头复位。

3. 流量控制阀

流量控制阀用于控制液压系统中液体的流量,实现对液压系统的速度控制。常用的流量阀有节流阀和调速阀、分流阀等。

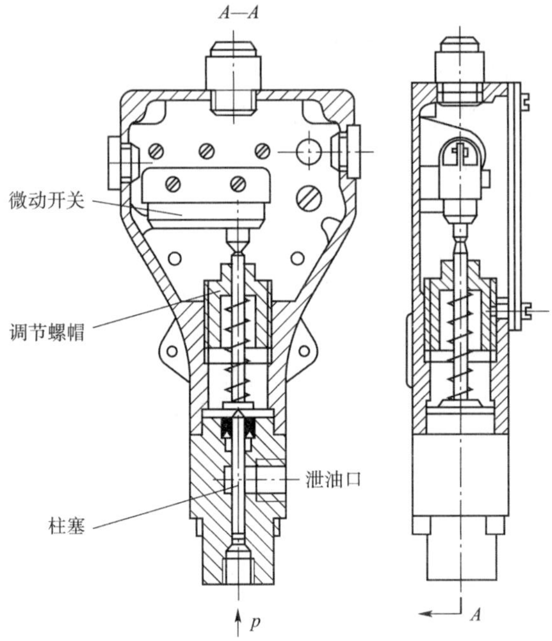

图 12-15　压力继电器的结构原理

1)节流阀

普通节流阀常用的节流口形状有针阀式、偏心式、轴向三角槽式等。

图 12-16 所示为普通节流阀,采用轴向三角槽式节流口,工作时阀芯受力均匀、流量稳定性好、不易堵塞。

2)调速阀

调速阀由定差减压阀和节流阀串联而成,定差减压阀能自动保持节流阀前后压力差不变,使节流阀前后压力差不受负载影响,从而通过节流阀的流量也基本为定值。如图 12-17 所示中,减压阀和节流阀串联在液压泵与液压缸之间。

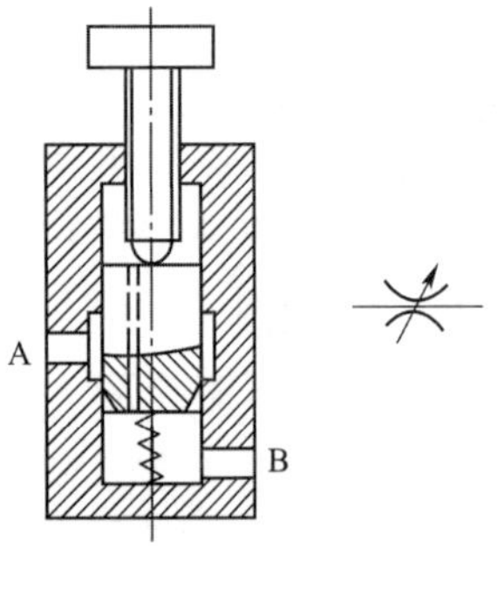

a)结构原理　　b)图形符号

图 12-16　节流阀结构原理

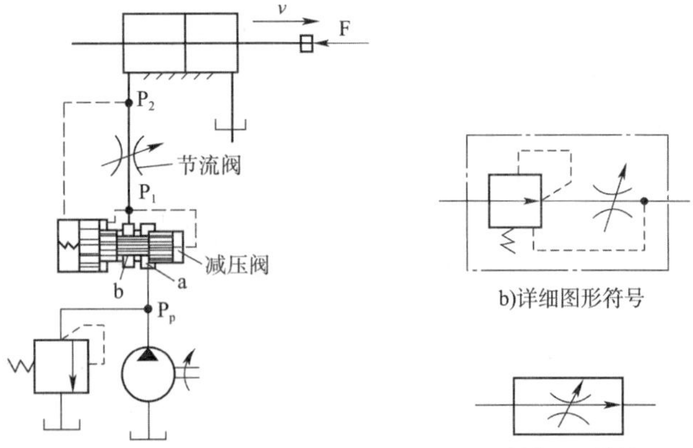

a)工作原理　　b)详细图形符号　　c)简化图形符号

图 12-17　调速阀的工作原理和图形符号

四、液压辅助元件

1. 过滤器

过滤器的作用是净化工作油液，清除油液中的杂物（灰尘、磨屑、油液氧化变质析出物等），防止油路堵塞和元件磨损，确保系统正常工作。

汽车中常用的过滤器有网式、线隙式、烧结式和纸芯式等多种类型。

2. 蓄能器

蓄能器是一种储存压力油的容器。它在系统中的作用是：在短时间内供应大量压力油，以实现执行机构的快速运动；补偿泄漏以保持系统压力；消除压力脉动；缓和液压冲击。

3. 油管和管接头

油管和管接头是各元件组成系统时必需的连接和输油元件。

液压传动中常用的油管有钢管、铜管、橡胶软管（用耐油橡胶制成，有高压和低压之分）、尼龙管和塑料管等。

固定元件间的油管常用钢管和铜管，有相对运动的元件之间一般采用软管连接。在回油路中，可用尼龙管或塑料管。

油管与管接头的连接方式分为：焊接式、卡套式、管端扩口式、扣压式等。

4. 油箱

油箱除了用来储油以外，还起到散热、分离油中杂质和空气的作用。汽车液压系统一般采用单独油箱，汽车在修理设备中一般可利用设备底座作为油箱，这样可使结构紧凑。

课题小结

1. 液压元件主要有液压泵、液压缸、液压控制阀及液压辅助元件等。

2. 常用液压泵有齿轮泵、叶片泵和柱塞泵三种。液压控制阀分为方向控制阀、压力控制阀和流量控制阀三类。

3. 液压元件的工作原理、功用及图形符号。

课题三　液压基本回路及液压系统实例分析

一、液压基本回路

液压基本回路指的是由有关液压元件组成的用来完成特定功能的典型油路结构。按油路的功能不同，基本回路可分为方向控制回路、压力控制回路和速度控制回路等。

1. 方向控制回路

方向控制回路是利用各种方向控制阀来控制油液的通断和变向，从而使执行元件启动、停止或换向。图 12-18 所示为常用的锁紧回路，当换向阀处于左位时，压力油经止回阀 1 进入液压缸左腔，同时压力油亦进入止回阀 2 的控制油口 K，打开止回阀 2，使液压缸右腔的回油可以打开止回阀 2 及换向阀流回油箱，活塞向右运动。反之，活塞向左运动到了需要停留

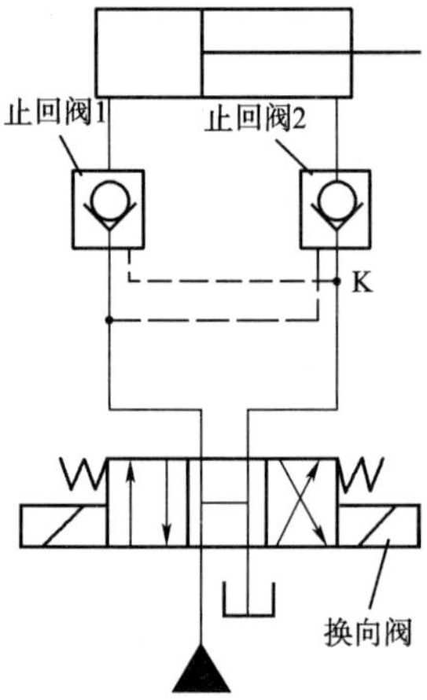

图12-18 锁紧回路

的位置,使换向阀处于中位,阀的中位为H型机能,所以止回阀1和止回阀2均关闭,使活塞双向锁紧。

2. 压力控制回路

压力控制回路是利用各种压力阀控制系统或系统某一部分油液压力的回路,实现调压、减压、增压、卸荷和多级压力等控制,满足执行元件对力或转矩的要求。

图12-19所示为三级调压回路,三级压力分别由溢流阀1、2、3调定,当电磁铁1YA、2YA失电时,系统压力由主溢流阀1调定。当1YA得电时,系统压力由溢流阀2调定。当2YA得电时,系统压力由溢流阀3调定。

3. 速度控制回路

速度控制回路是控制和调节液压执行元件运动速度的基本回路。按被控制执行元件的运动状态、运动方式以及调节方法,速度控制回路有调速、速度换接、制动、限速和同步回路等。图12-20所示为节流调速回路,流量阀安装在进油路上,通过改变流量阀阀口的开度来控制进入液压缸的流量,从而控制其运动速度。

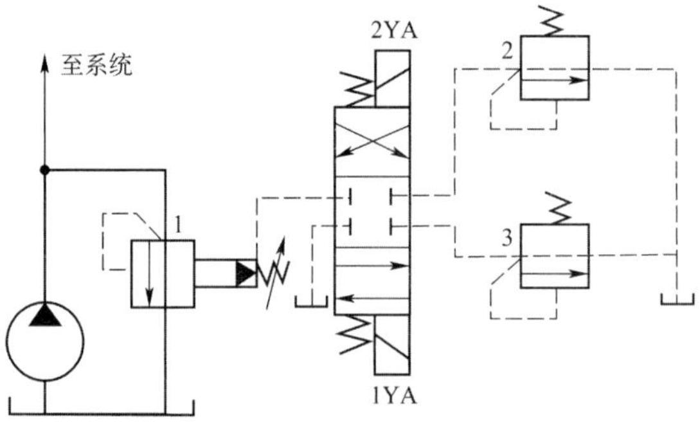

图12-19 三级压力回路

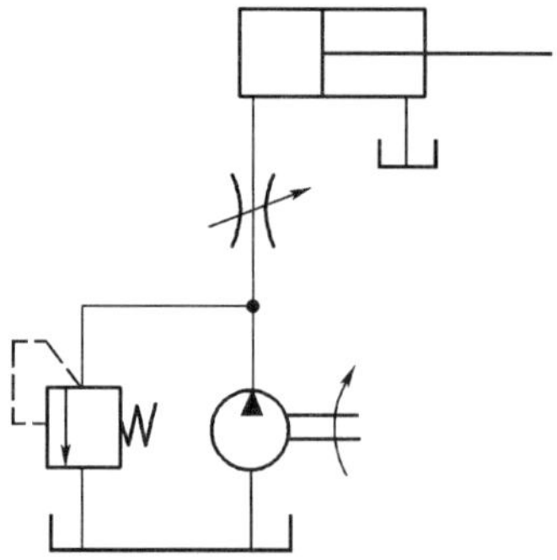
图12-20 节流回路

二、液压控制系统实例

动一动:观察汽车助力转向装置,描述其工作过程。

图12-21所示为汽车液压助力转向装置示意图,驾驶人操作转向盘通过摆杆带动阀芯左右移动,当阀芯左移时,压力油进入活塞的左腔,缸体左移,最终转向连杆机构带动车轮右转,反之左转。

知识链接

在汽车底盘上装设起重设备以完成吊装任务的汽车,称为汽车起重机。图12-22所示为QY-8型汽车起重机外形图。该起重机最大起重量为8t,除行走装置外,均采用液压传动。其特点是结构紧凑、操作方便、工作可靠。

图12-23所示为QY-8型汽车起重机的液压系统原理图。起重机为全回转式,可分为平

台上部和平台下部两部分。整个液压系统除油箱、泵、过滤器、前后支腿和稳定器外,其他液压元件都布置在平台上部。上部和下部的油路通过中心回转接头连接。根据汽车起重机的作业要求,液压系统完成下述工作循环:车身液压支撑、调平和稳定、吊臂变幅伸缩、吊钩重物升降、回转。

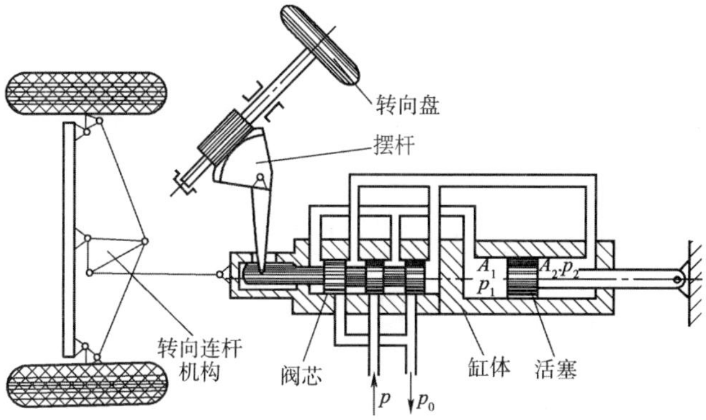

图 12-21　汽车液压助力转向装置示意图

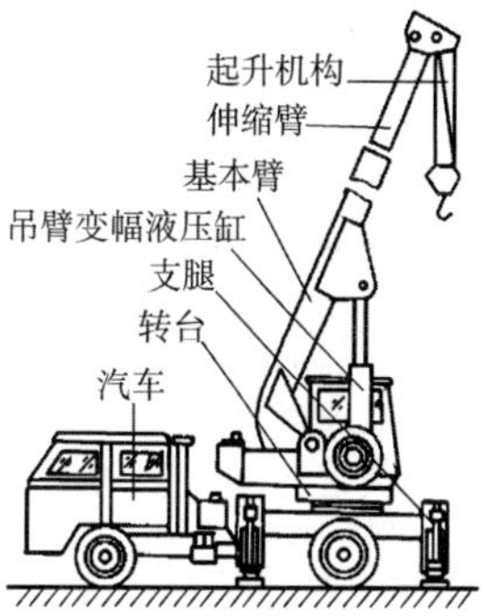

图 12-22　QY-8 型汽车起重机外形图

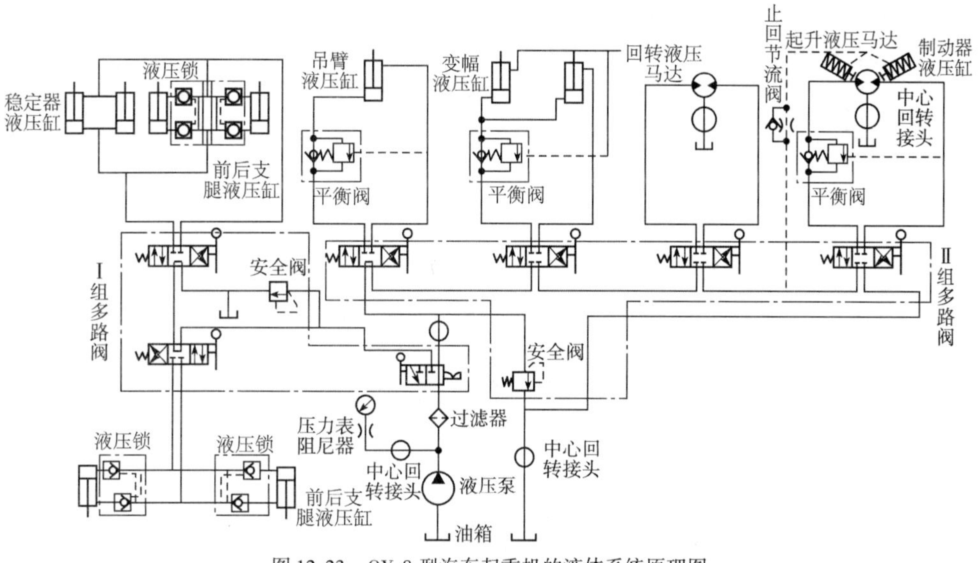

图 12-23　QY-8 型汽车起重机的液体系统原理图

课题小结

1. 液压基本回路是由有关液压元件组成的用来完成特定功能的典型油路结构。按油路的功能不同,它可分为方向控制回路、压力控制回路和速度控制回路等。

2. 汽车上常用的液压控制系统分析。

练习题

一、填空题

1. 液压传动过程共进行两次能量转换。先通过________元件,将机械能转化为压力能;

再通过________元件,将压力能转化为机械能。

2. 液压泵按结构形式常分为________泵、________泵、________泵。

3. 液压系统中,液压控制阀可分为________阀、________阀、________阀等。

4. 液压传动的两个基本原理是______________________和______________________。

5. 常用的流量控制阀有________、________两种。

二、简答题

1. 液压传动的主要优缺点是什么？简述液压传动系统的组成及其作用。

2. 比较直动式溢流阀、减压阀、顺序阀的异同,填写下表。

类　型	图形符号	主要作用	常　态　位
溢流阀			
减压阀			
顺序阀			

3. 简述汽车液压制动系统的工作原理。

4. 如图所示液压系统中:

(1)元件3是________,其作用是将________能转换为________能。

(2)执行元件由________组成,其作用是将________能转换为________能。

(3)溢流阀5、节流阀4、________阀6均属于________元件。

(4)用图形符号来表示系统工作图,只表示元件的__________,可使系统图简化,便于________。

(5)分析该回路所实现的工作情况。

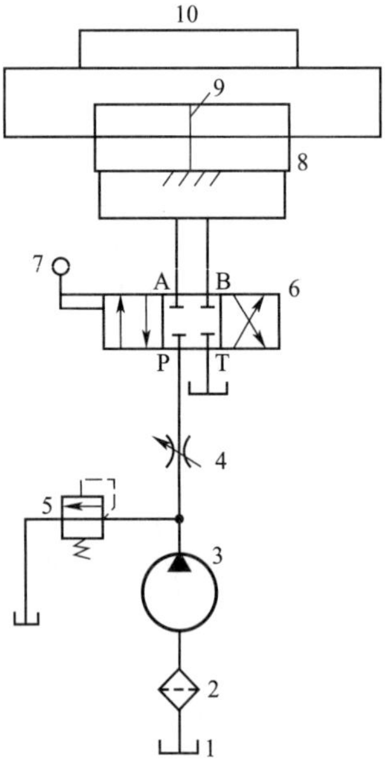

项目十三　汽车常用材料的识别与选用

项目要求

1. 知识目标

知道汽车常用材料的主要性能、结构组成及应用范围。

2. 技能目标

能识读常用材料的牌号含义，能较准确选用汽车常用材料。

3. 素养目标

通过本项目学习，使学生具有一定的汽车材料方面的专业基础知识，为后续专业学习打下良好的基础。

项目叙述

一辆汽车由上万个零部件组装而成，而这些零部件又是采用了不同种材料加工而成的。汽车从生产制造到使用、维护，无一不涉及材料，汽车工业伴随着汽车材料及其加工工艺的发展而不断发展。懂得汽车常用材料的性能，认识和准确选用汽车常用材料，是我们合理使用和维修车辆的重要基础。

本项目主要介绍汽车常用金属材料、非金属材料及其运行材料等主要使用性能、牌号及选用。

建议课时

4 课时。

课题一　汽车常用金属材料的识别

知识链接

我国是世界上最早能进行炼钢的国家。早在公元6世纪的春秋晚期我国就出现了生铁器物，后来又掌握了用生铁炼成钢的技术。而西方国家直到19世纪才从中国学会了生铁炼钢技术。但此后西方国家的冶金技术却远远超过了我国。

汽车中约有80%的零件是用金属材料制成的。汽车常用金属材料分为黑色金属和有色金属两大类。工业上通常把钢铁及其合金称为黑色金属,除钢、铁以外的金属统称为有色金属。

- 金属材料分类
  - 黑色金属
    - 铸铁
    - 钢
      - 非合金
      - 低合金钢
      - 合金钢
  - 有色金属

一、黑色金属材料

黑色金属是指主要由铁、碳元素组成,并含有硅、锰、硫、磷等杂质元素的铁碳合金。

1. 钢

含碳量不大于2.11%时的铁碳合金称为钢;钢按化学成分不同,分为非合金钢、低合金钢和合金钢。按照用途不同,钢又可分为结构钢、工具钢和特殊性能钢。

1)非合金钢

非合金钢是指熔炼时没有有意加入其他合金的钢。非合金钢俗称碳素钢,简称碳钢,它是指含碳量不大于2.11%,并含有少量硅、锰、硫、磷等杂质元素组成的铁碳合金。由于非合金钢容易冶炼,价格较便宜,具有较好的力学性能和工艺性能,因此在机械制造、交通运输、工程建筑等领域中获得广泛应用。

(1)非合金钢的分类。

按钢中的含碳量高低不同分为:低碳钢(含碳量小于0.25%)、中碳钢(含碳量为0.25%~0.6%)和高碳钢(含碳量大于0.6%)。

按钢的用途分类,分为碳素结构钢和碳素工具钢。

按钢的质量分类,分为普通质量非合金钢、优质非合金钢和特殊质量非合金钢。

(2)非合金钢的性能、牌号及应用。非合金钢的编号一般以汉语拼音、字母和数字三部分组合而成。

①碳素结构钢。它是一种普通质量非合金钢。这类钢在冶炼时只考虑力学性能而不考虑化学成分,冶炼成本低,不经热处理而直接使用。钢中杂质较多,强度不高,大量用于建筑、桥梁及制造车轮轮毂、消声器等一些要求不高的零件。

普通碳素结构钢牌号用“Q+屈服点数值+质量等级+脱氧方法”格式表示。“Q”表示屈服点;质量等级分A、B、C、D四级;脱氧程度代号“F”表示沸腾钢,“Z”表示镇静钢,“B”表示半镇静钢。如Q215-A·F,表示屈服强度为215MPa的A级沸腾钢。

②优质碳素结构钢。它是一种优质非合金钢。这类钢的化学成分和力学性能均有严格的控制,可经热处理改善力学性能,可用于制造油箱、齿轮、曲轴、连杆等,是一种应用广泛的机械制造用钢。其按钢中含锰量不同,分为普通锰含量钢(含锰量小于0.8%)和较高含锰量钢(锰含量为0.7%~1.2%)。

优质碳素结构钢的牌号用两位数字表示。数字表示钢中平均含碳量的万分之几;较高含锰量钢,则在数字后加注“Mn”。如30钢表示平均含碳量为0.3%的优质碳素结构钢;

30Mn 钢表示平均含碳量为 0.3%、平均含锰量为 0.7% ~0.12% 的优质碳素结构钢。

③碳素工具钢。它是一种优质或特殊质量非合金钢。这类钢硫、磷等杂质含量少，含碳量高，硬度高，有较高的耐磨性，但韧性较差。可用于制造模具、量具、刀具、弹簧等。

碳素工具钢的牌号用"T + 数字"表示。其中 T 表示碳素工具钢，数字表示钢中平均含碳量的千分之几。如 T8 钢表示平均含碳量为 0.8% 的碳素工具钢。

2）低合金钢

低合金钢是指在碳钢的基础上，为了改善钢的性能，而有意向钢中加入一种或几种合金元素，合金元素总量小于 5%。

（1）低合金钢的分类。

低合金钢按用途不同，分为低合金高强度结构钢（或称工程结构用低合金钢）、其他专用低合金钢（如低合金耐热钢、铁道用低合金钢、矿用低合金钢、低合金耐候钢等）。

按质量等级不同，分为普通低合金钢、优质低合金钢和特殊质量低合金钢。

（2）低合金钢的牌号。低合金高强度结构钢的牌号与碳素结构钢相似，采用钢的屈服点来表示，由"Q + 屈服点数字 + 质量等级"组成，质量等级分 A、B、C、D、E 5 级，由 A ~ E 质量等级依次提高，只是屈服点数值比碳素结构钢高。如 Q345A 钢，表示屈服强度不低于 345MPa，质量等级为 A 级的低合金高强度结构钢。其他专用低合金钢的编号方法与低合金高强度结构钢基本相同，只是附加了一些特定的用途符号，如 Q235NH 表示低合金耐候钢，"NH"表示"耐候"。

（3）低合金钢的性能及用途。

①低合金高强度结构钢。加入的合金元素以锰为主，此外还有钒、钛、铝等。它具有良好的焊接性能，力学性能比碳素钢要高。可用于制作建筑钢筋、汽车大梁等，常用牌号有 Q345、Q390、Q420 等。

②其他专用低合金钢。为适应某些特殊用途需要，在低合金钢的基础上，通过调整化学成分和工艺方法等到的一种专业用钢。如低合金耐候钢，它是一种耐大气腐蚀的钢，钢中加入的合金元素主要有铜、磷、铬、镍等，这些元素能在钢的表面形成一层致密的氧化物保护膜；它可用于制作桥梁、车辆、塔架等要求耐大气腐蚀的结构件。

3）合金钢

合金钢与低合金钢一样，为提高钢的性能，在熔炼时有目的地加入适量的合金元素，获得更高强度、更高韧度、耐磨、耐腐蚀等性能的一种钢。常用合金元素有硅、锰、铬、镍、钨、钛和稀土等。

（1）合金钢的分类。

按用途分类，分为合金结构钢、合金工具钢和特殊性能钢。

按合金元素含量多少分类，分为低合金钢、中合金钢和高合金钢。

（2）合金钢的牌号。

①合金结构钢。它采用"两位数字 + 元素符号 + 数字"格式表示。前两位数字表示钢中平均含碳量的万分之几；元素符号及数字表示钢中主要合金元素及该元素平均含量的百分之几；当合金元素含量小于 1.5% 时不标含量。如 60Si2Mn，表示平均含碳量为 0.60%、平均含硅量为 2%、含锰量小于 1.5% 的合金结构钢。

②合金工具钢。它采用“一位数字 + 元素符号 + 数字”格式表示。前面一位数字表示钢的平均含碳量的千分之几,当含碳量大于或等于 1% 时则不标注;合金元素及含量的标注与合金结构钢相同。如 9SiCr 表示平均含碳量为 0.90%、硅与铬元素含量小于 1.5% 的合金工具钢。

③特殊性能钢。它是指具有特殊物理性能、化学性能的一种高合金钢,如不锈钢、耐热钢、耐磨钢等。其牌号表示法与合金工具钢基本相同,如 3Cr13 表示平均含碳量为 0.3%、铬含量为 13% 的不锈钢。

(3)应用。由于合金钢的综合力学性能优于碳素钢,因此,在载荷大、强度要求高的场合,可用合金钢来制造,如汽车上的各种轴类零件、车架、齿轮、弹簧等。但合金钢的性能须经热处理才能体现。

想一想:碳素钢与合金钢,在化学成分和机械性能上有何区别?

2. 铸铁

含碳量大于 2.11% 的铁碳合金称为铸铁。铸铁与钢相比,具有良好的铸造性、吸振性、耐磨性、切削加工性及良好的抗压性,生产成本低,但抗拉能力较差,脆性大,不可锻造加工,故被广泛用于制造机座、箱体、缸套等零件。

根据碳在铸铁中主要存在形态不同,汽车上常用的铸铁有灰铸铁、可锻铸铁、球墨铸铁等,其牌号、性能及应用等见表 13-1。

铸铁的种类、牌号及应用 表 13-1

类　别	碳存在形态	牌号及说明	主要性能	应　用
灰铸铁	片状石墨	“HT + 数字”。如 HT150 表示最低抗拉强度为 150MPa 的灰铸铁	良好的铸造性、吸振性、耐磨性、切削加工性,承压能力较好,但抗拉强度较差	汽车变速器箱体、缸体、缸盖及轮毂等
可锻铸铁	团絮状石墨	“KTH(或 Z) + 数字-数字”。如 KTH350-10 表示最低抗拉强度为 350MPa,断后伸长率不小于 10% 的铁素体可锻铸铁。H 表示铁素体基体;Z 表示珠光体基体	良好的铸造性、吸振性、耐磨性、切削加工性和承压性;具有较好的抗拉强度、塑性和韧性	汽车后桥壳、转向器壳、主减速器壳和差速器壳等
球墨铸铁	球状石墨	“QT + 数字-数字”。如 QT400-17 表示最低抗拉强度为 400MPa,断后伸长率不小于 17% 的球墨铸铁	良好的铸造性、吸振性、耐磨性、切削加工性和承压性;具有更好的抗拉强度、塑性和韧性	汽车曲轴、凸轮轴、连杆和齿轮等

考一考：可锻铸铁可否进行锻造加工？为什么？

二、有色金属材料

汽车上常用的有色金属主要有铜、铝及其合金等。有色金属具有钢铁材料所不具备的物理性能和化学性能，有一定的力学性能和较好的工艺性能，它是实现汽车轻量化的理想材料，因而在汽车工业中得到广泛应用。

1. 铝及铝合金

1）纯铝

纯铝呈银白色，其密度小（2.72g/cm^3），熔点低（660℃），具有良好的导电性、导热性及良好的塑性，但强度、硬度低，焊接性能较差。由于铝合金表面能生成一层致密的氧化铝保护膜，阻止铝继续被氧化，因此铝在空气中具有良好的抗腐蚀能力。纯铝主要用于制作导线、电气元件、汽车中的内外装饰件等。

2）铝合金

铝合金是冶炼时在纯铝中加入硅、铜、镁、锌、锰等合金元素而形成的。铝合金除保持了纯铝的优点外，还大大提高了其熔点和力学性能，经强化处理其强度甚至可超过钢的强度。

在汽车上，铝合金一般用来制造汽缸体、汽缸盖、活塞、散热器片及装饰件等。

想一想：发动机中的活塞一般采用何种材料制成的？

2. 铜及铜合金

铜及铜合金通常可分为纯铜、黄铜和青铜三大类。

1）纯铜

纯铜又称紫铜，外观呈紫红色。它具有良好的导电、导热性，良好的塑性及较好的耐腐蚀性，但强度较低，价格昂贵。汽车上除用来制作电器零件和导线外，还保用来制造汽缸垫和进、排气歧管垫等密封件。

2）黄铜

铜与锌的合金称为黄铜。它色泽美观，有良好的防腐蚀性及机械加工性能，随着锌含量的增加，其强度不断增加而塑性不断下降。

汽车上，黄铜主要用于制造散热器、油管、油管接头等。

3）青铜

黄铜和铜镍合金以外的所有铜合金称为青铜。它具有良好的耐磨、耐腐蚀性能。汽车上主要用于制造轴承、蜗轮、齿轮及轴套等。

课题小结

1. 汽车常用金属材料分为黑色金属和有色金属两大类。其中，黑色金属又分为钢和铸铁。

2. 黑色金属主要由铁、碳元素组成，当含碳量不大于2.11%时，称为钢；当含碳量大于2.11%时，称为铸铁。

3. 钢按化学成分不同，分为碳素钢和合金钢。

4. 根据碳在铸铁中存在形态不同,汽车上常用的铸铁有灰铸铁、可锻铸铁和球墨铸铁等。

5. 汽车上常用的有色金属主要有铜、铝及其合金等。

课题二 汽车常用非金属材料的识别与选用

汽车上常用的非金属材料分为两大类,一类是有机非金属材料,主要有塑料、橡胶和皮革等;另一类是无机非金属材料,主要有玻璃、陶瓷和摩擦材料等。

一、塑料

塑料是以合成树脂为主要成分,加上多种添加剂(如增塑剂、增强剂、固化剂、稳定剂等)组成的高分子有机化合物。塑料密度小,具有良好的绝缘性、耐腐蚀性、隔热性和减磨性等特点,汽车上采用塑料制品有助于提高汽车安全性、舒适性和经济性。汽车上仪表面板、座椅、转向盘、分电器盖和油箱等都是采用塑料制作而成的。

塑料按受热后所表现的性能不同,可分为热塑性塑料和热固性塑料。按塑料的应用范围不同又可分为通用塑料、工程塑料和耐高温塑料等。

1. 热塑性塑料

它是指经加热后软化,并熔融成流动的黏稠液体,冷却后即成形固化。此过程是物理变化,可反复多次进行,其性能并不发生显著变化。这类塑料成形加工简便,具有较高的力学性能,但耐热性和刚性较差。常用的有聚乙烯、聚丙烯和聚酰胺(尼龙)等。

2. 热固性塑料

热固性塑料经加热后软化,冷却后成形固化,发生化学变化,再加热时不再软化。这类塑料耐热性好,受压不易变形,缺点是力学性能差,但可加入填料提高其强度。常用的有酚醛、环氧、氨基塑料等。

考一考:热固性塑料与热塑性塑料的区别在哪里?

二、橡胶

橡胶是以生胶为原料,加入适量的添加剂(如硫化剂、软化剂、防老化剂和填充剂等)构成的高分子弹性材料。生胶的来源有两种:一种是从橡胶树浆汁中提取的天然橡胶;另一种是以石油、天然气等为原料化学合成的合成橡胶。按照生胶来源的不同,橡胶分为天然橡胶和合成橡胶两大类。

橡胶具有极高的弹性,良好的吸振性、耐磨性、绝缘性和密封性等优点;但导热性能差,抗拉强度低,易老化。

橡胶在汽车上可用于制作轮胎、胶带、胶管、减振配件和耐油配件等。

知识链接

工业上利用废旧橡胶制品再经加工,可重生成为橡胶材料,即再生橡胶。再生橡胶强度较低,加工方便,价格低廉,可用于制造橡胶地毯、各种封口胶条等。

三、玻璃

玻璃是以二氧化硅为主要成分,并含有少量金属氧化物组成的无机物。玻璃具有透明、隔声、隔热、化学稳定性好等特点,但强度较低,易破碎。汽车上玻璃主要用作车窗、风窗玻璃及装饰件等。汽车常用玻璃有钢化玻璃和夹层玻璃等。

1. 钢化玻璃

钢化玻璃是由普通玻璃经一定热处理后制成的。钢化玻璃受撞击破碎时,形成无锐角的颗粒碎片,从而减少了对人体的伤害,有较好的安全性。

2. 新型汽车用玻璃材料

现代汽车所用玻璃在保证安全的前提下,不断追求多用途和外形美观的新品种,朝着绝热、安全和多功能方向发展,以下介绍几种新型玻璃。

(1)夹层玻璃。它是在两层玻璃之间夹一层有弹性的透明安全膜,经热压黏结而成。一旦汽车发生撞碰事故,其碎片会黏在安全膜上,增加了行车安全性。目前,大多用于高级轿车的前风窗玻璃。

(2)除霜玻璃。除霜玻璃是采用网板印刷法将导电性胶印刷在玻璃上,然后在玻璃加热成型时黏结而成。这种印刷电路可加热玻璃起到除霜作用。

(3)天线夹层玻璃。它主要用于电视、收音机、电话和导航等。把印制电路线或不显露网格的透明薄膜天线黏附在玻璃夹层中,用以接收或发送信号。

(4)调光夹层玻璃。它是一种利用光的透射率和散射度可变的玻璃,以达到遮挡太阳、适当采光、隐蔽保护的目的,提高汽车舒适性。典型的调光夹层玻璃有镀铬玻璃(EC)、液晶玻璃(LC)、光致变色玻璃(PC)等。其中,镀铬玻璃(EC)具有色泽鲜艳、无视角依赖特性;其着色深度与电流强度成正比,因而色泽深度可以实现调控;一旦着色后即使切断电源仍能继续保持其状态。

(5)热线反射玻璃。夏天为了控制车内温度的升高,减轻空调负荷,采用热线反射玻璃是有效对策。热线反射玻璃是用喷镀或其他方法使金属薄膜镀在玻璃表面,或把喷镀了金属膜的聚酯薄膜夹在夹层玻璃中间的方法,使玻璃具有反射功能又不影响透明度,将红外线得以充分反射而减少吸收到车内的热量。

想一想:汽车风窗玻璃为何不用普通玻璃制作?

四、陶瓷

陶瓷是以天然或合成的化合物为原料,经成形塑造和高温烧结而成的无机非金属材料。它具有硬度高、耐腐蚀、耐高温和抗氧化性好等优点,但韧性差,易破碎。目前汽车上应用的陶瓷材料主要有普通陶瓷和特种陶瓷两大类。

现代汽车中,陶瓷用途不断获得拓展,除用于制作火花塞、传感器外,还被用来制作发动机部件或整机等,以达到提高发动机热效率、减轻自重等目的。

课题小结

1. 汽车上常用的非金属材料分为有机非金属材料和无机非金属材料。

2. 塑料是以合成树脂为主要成分,加上多种添加剂(如增塑剂、增强剂、固化剂、稳定剂等)组成的高分子有机化合物。

3. 橡胶是以生胶为原料,加入适量的添加剂(如硫化剂、软化剂、防老化剂和填充剂等)构成的高分子弹性材料。

4. 汽车常用玻璃有钢化玻璃和夹层玻璃等。

课题三 汽车运行材料及选用

汽车运行材料主要指燃料、润滑材料、冷却液和制动液等。汽车运行材料使用合理与否将直接影响到汽车能否正常工作、延长汽车使用寿命,降低使用成本等。

一、汽车用燃油及选用

知识链接

汽油和柴油都是从石油中提炼得到的,是由碳、氢元素组成的多种烃的混合物。目前,我国将近一半石油是从国外进口的。近年来科学家们从深海中又发现大量储存着一种称为"可燃冰"的新型燃料,它是一种液态天然气。少数发达国家(包括我国)已成功提取了少量"可燃冰",预计它将成为继石油后的又一种燃料。

目前,绝大部分汽车仍以汽油或柴油作为燃料,汽油和柴油都是从石油中提炼出来的,由碳、氢元素组成的烃类混合物。汽油用于点燃式发动机,柴油用于压燃式发动机。

1. 车用汽油

1)车用汽油的主要使用性能

汽油使用时应具有良好的蒸发性、良好的抗爆性、良好的抗氧化性和腐蚀性小等性能;不允许汽油中含有机械杂质及水分。

2)车用汽油的牌号及选用

(1)车用汽油的牌号。根据国家标准 GB 17930—2016《车用汽油》规定,我国车用汽油划分为 89、92、95、98 等牌号。汽油牌号越高,其抗爆震燃烧的能力越好。

(2)车用汽油的选用。车用汽油的选用原则是在发动机不产生爆震燃烧的条件下应尽量选用低牌号的汽油。若选用的汽油牌号过低,则会使发动机产生爆震;若选用的汽油牌号过高,不仅造成经济上的浪费,还会使汽油着火过慢,燃烧时间延长,从而使热功转换不充分、烧蚀气门或气门座等现象产生。

汽油选用时,首先应选择质量指标符合国家标准规定要求的产品,然后结合汽车使用说明书推荐的汽油牌号选用。

考一考：车用汽油的牌号是否选得越高越好？

2. 车用柴油

柴油可分为轻柴油、重柴油和军用柴油等，汽车发动机上采用的是轻柴油，简称柴油。

1）柴油的主要使用性能

柴油使用时应具有良好的燃烧性、良好的低温度流动性、良好的蒸发性和适宜的黏度等。

2）车用柴油的牌号及选用

根据国家标准 GB 19147—2016《车用柴油》规定，我国车用柴油的牌号按柴油的凝点来划分，共分为 5、0、－10、－20、－35、－50 六个牌号。凝点是指柴油遇冷失去流动性而开始凝固时的温度。

车用柴油的选用是依据汽车使用地区和季节的气温来选择的。气温低的地区和季节，应选用凝点低的柴油；反之，则选用凝点高的柴油。一般，所选用的柴油牌号（凝点）应比汽车使用地区当季风险率 10% 的最低气温再低 4 ~6℃。

考一考：每到初冬气温骤然变冷时，我们总能看到公路边驾驶柴油汽车的驾驶人对燃油管路用火烘烤，这是为什么？

二、汽车用润滑材料及选用

汽车使用过程中，合理使用润滑材料可减少磨损、降低油耗，延长汽车使用寿命。汽车用润滑油可分为发动机润滑油、齿轮油和润滑脂。

1. 发动机润滑油

发动机润滑油简称机油。它具有润滑、冷却、清洗、密封和防锈等作用。

1）机油的主要性能

机油使用时应具有适宜的黏度、良好的黏温性、良好的抗氧化、抗腐蚀等性能。

知识链接

黏度是润滑油的主要性能指标。黏度过小，在高温、高压下易从摩擦表面流失，不能形成足够厚度的油膜；黏度过大，冷车起动困难，润滑阻力增大。

2）机油的牌号及选用

（1）机油的牌号。机油的牌号由质量等级和黏度等级两部分组成。我国国家标准参照采用了美国石油协会（简称 API）使用性能分类法和美国汽车工程师学会（简称 SAE）黏度分类法进行分类，将机油分为汽油机油和柴油机油两大类；为简化用油，还增加了汽油机和柴油机通用的通用油。每一类机油又分别按黏度和使用性能分成若干等级。

①使用性能分类。国家标准《汽油机油》（GB 11121—2006）和《柴油机油》（GB 11122—2006），将机油分成若干等级，具体见表 13-2 所示。各类油品的级号越靠后，其使用性能越好。

机油使用性能等级 表13-2

类　别	使用性能等级
汽油机油系列(S系列)	SE、SF、SG、SH、SJ、SL、SM
柴油机油系列(C系列)	CC、CD、CD-Ⅱ、CE、CF-2、CF-4、CG-2、CG-4
汽油机和柴油机有通用机油	SD/CC、SE/CC、SF/CD

②黏度分类。国家标准采用了SAE黏度分类法,将机油分为冬季用油(W级)和夏季用油两类;为增宽机油对季节适应范围,国家标准还增设了冬、夏季通用的多级油,见表13-3。机油级号的数字越小,机油黏度越小,适应车辆使用地区的温度越低。

机油黏度等级 表13-3

类　别	使用性能等级
冬季用油	0W、5W、10W、15W、20W和25W
夏季用油	20、30、40、50、60
多级油	5W/20、10W/30、15W/40、20W/40

(2)机油的选用。机油的选用分两方面:一是使用性能等级的选择,二是黏度等级的选择。

机油的选用应严格按照汽车使用说明书的规定选用。若无说明书则可依据发动机特性和使用地区的气温情况,分别选用合适的使用性能等级和黏度等级。

2. 车辆齿轮油

知识链接

齿轮油目前尚无国际标准,国际上广泛采用美国API车辆齿轮油分类法。它将车辆齿轮油分为GL—1~GL—6共六个等级,随着数字的增大,齿轮油的使用性能越好。

车辆齿轮油主要用于手动变速器、驱动桥中的齿轮、轴承等零件的润滑、冷却、防锈和清洗等。为保证齿轮传动的正常运转,要求齿轮油具有良好的抗磨性、适宜的黏度、良好的低温流动性、良好的热氧化安定性以及良好的防腐、防锈等性能。

1)车辆齿轮油的分类

目前,国内车辆齿轮油的分类与发动机润滑油分类方法相似。一是使用性能分类,参照API分类法分为普通车辆齿轮油、中负荷车辆齿轮油和重负荷车辆齿轮油;二是黏度分类,采用美国的SAE分类法,分为70W、75W、80W、85W、90、140、250七个等级,带W符号为冬季用油。此外,还增加了80W/90、85W/90、85W/140三个级别冬夏通用的多级油。

2)车辆齿轮油的选用

首先,车辆齿轮油的选用要严格按车辆使用说明书中规定,选用齿轮油的使用性能等级;其次,根据车辆使用地区的季节和气温选用黏度等级,黏度等级可参照表13-4选用。

车辆齿轮油工作条件与黏度等级关系 表13-4

工作条件	选用等级
长江流域及其他冬季气温不低于-10℃的地区	90
长城以北冬季气温不低于-26℃的寒区	80W/90

续上表

工作条件	选用等级
黑龙江、内蒙古、新疆等冬季气温在 -26℃以下严寒地区	冬季75W,夏季90
其他地区全年	85W/90

3. 润滑脂

润滑脂俗称黄油。它是由润滑油、稠化剂和添加剂组成,常温下呈半固体状态的润滑剂。广泛用于汽车各轴承、衬套和钢板弹簧等不宜施加液体润滑油部位的润滑。

润滑脂使用时应具有良好的附着性和抗水性、承压抗磨性强、防腐、防锈、氧化安定性好等性能。

润滑脂的品种很多,常用润滑脂有钙基润滑脂、钠基润滑脂和通用锂基润滑脂等。钙基润滑脂抗水性好,但耐高温性较差;钠基滑润脂耐高温性好,但耐水性差;通用锂基润滑脂耐水、耐高温性都比较好。

各类润滑脂按润滑脂的稀稠程度即稠度,划分为000、00、0、1、2、3、4、5、6九个牌号。

目前,汽车上普遍采用稠度为2号通用锂基润滑脂。

三、其他车用工作液

1. 制动液

制动液是用于液压制动系统中传递压力的工作介质。制动液的性能直接影响到行车安全性。因此,要求制动液具有良好的高温抗气阻性、良好的低温流动性,吸湿性要小、黏度要适当、对橡胶皮碗的膨胀率要小、氧化安定性和防腐性好等性能。

1)制动液的种类

目前汽车上使用的主要是合成型制动液。根据国家标准《机动车辆制动液》(GB 12981—2012)规定,合成型制动液分为HZY3、HZY4、HZY5、HZY6四个等级。其牌号含意为:H、Z、Y分别是“合”“制”“液”三个字的首个拼音字母,意为合成型制动液,数字表示等级号,随着等级号的增加其高温抗气阻性能逐渐升高,低温流动性逐渐下降。

2)合成型制动液的选用

选用时应严格按车辆使用说明书的规定,选用合适等级的制动液,以确保行车安全。合成型制动液的选用也可参照表13-5选用。

各级制动液主要特性和推荐使用范围　　表13-5

等　级	主要性能	推荐使用范围
HZY3	良好的高温抗气阻性和优良的低温性能	我国广大地区及严寒地区
HZY4	优良的高温抗气阻性和良好的低温性能	我国广大地区
HZY5	优异的高温抗气阻性和良好的低温性能	特殊要求的车辆
HZY6	优异的高温抗气阻性和优异的低温性能	特殊要求的车辆及极寒地区

3)制动液使用注意事项

不同规格、不同厂家的制动液不得混用,以防制动液分层而影响制动效果;存放制动液的容器应密封,以防吸入水分而降低制动液的平衡回流沸点,造成制动液因高温抗气阻性能下降而使制动失灵。制动液的更换周期一般为车辆使用1～2年或行驶4万～5万km。

2. 冷却液

知识链接

水冷式发动机可以用水作为冷却液,但由于河水、井水和自来水中含有大量杂质及金属离子,易使水套生锈、形成水垢。

冷却液(或称防冻液)是由防冻剂、水和添加剂按一定比例混合而成的。它具有防冻、防沸、防结水垢和防腐蚀等作用。主要用作水冷式发动机冷却系统的冷却介质,防止冬天因冷却介质冻结而损坏缸体、散热器等零部件。根据防冻剂的不同,冷却液分为乙二醇型冷却液、丙二醇型冷却液及其他类型冷却液三大类。

1)冷却液的类型

目前汽车使用的冷却液95%以上是乙二醇型冷却液。

乙二醇型冷却液是以乙二醇作为防冻剂,乙二醇沸点高(110℃以上),与水混合后可使混合液的冰点显著降低(最低可达-68℃),用不同比例的乙二醇和水可以配制成不同冰点的冷却液;这类冷却液具有沸点高、冰点低、冷却效率高等特点。

2)乙二醇型冷却液的牌号及选用

乙二醇型冷却液分为冷却液和浓缩液两大类。国家标准《机动车发动机冷却液》(GB 29743—2013)冷却液按其凝固点不同,分为-25、-35、-45共三个牌号。浓缩液是为了便于储存,使用时可按产品说明规定的比例,加蒸馏水稀释而成。

冷却液选用是根据车辆使用地区冬季的最低气温来选择的,为防意外,选用的冷却液冰点应比车辆使用地区的最低温度低5～10℃。

3. 自动变速器油

自动变速器油也称液力传动油(简称ATF)。它是由轻质矿物油或合成油为基础油,加入抗氧化剂、防锈剂、抗磨剂等添加剂配制而成。它在液力变矩器或液力耦合器、自动变速器中主要起传递动力、润滑和冷却等作用。

1)自动变速器油的主要使用性能

自动变速器油具有适宜黏度、良好热氧化安定性、抗泡沫性和抗磨性能以及良好的与橡胶的配伍性、防腐蚀、防锈等使用性能。

2)自动变速器油的牌号与选用

按中石油企业标准Q/SYRH 2042—2001规定,自动变速器油分为6、8、8D三种牌号。6号变速器油比8号变速器油具有更好的抗磨性,但黏温性稍差,适用于重型载货汽车自动变速器系统;8号自动变速器油具有良好的黏温性、抗磨性和较低的摩擦系数,适用于轿车和轻型载货汽车的自动变速系统;8D号自动变速器油因其凝点较低,而其他性能与8号自动变速器油相同,专用于严寒地区的自动变速系统。

课题小结

1. 燃油的主要使用性能。

2. 我国目前使用的车用汽油、车用柴油的牌号及选用。

3. 发动机润滑油、车辆齿轮油及润滑脂的主要性能、规格及选用。

4. 其他工作液的主要性能、规格及选用。

练习题

一、填空题

1. 黑色金属主要由________元素组成，当含碳量不大于________时，称为钢；当含碳量大于________时，称为铸铁。

2. 钢按化学成分不同，可分为________钢、________钢和________钢。

3. 根据碳在铸铁中存在形态不同，汽车上常用铸铁主要有________、________、________等三种。

4. 汽车上常用的有色金属主要有________、________及其合金和________等。

5. 汽车上常用的非金属材料分为________和________两大类。

6. 塑料按受热后所表现出来的性能不同，分为________和________。

7. 我国目前使用的车用汽油牌号，主要有________等。

8. 我国轻柴油的牌号按柴油的凝点来划分，共分为________等七个牌号。

9. 发动机润滑油简称________。它具有________、________、________、密封和防锈等作用。

10. 润滑脂俗称________。它是由________、________和________组成的，常温下呈________状态的润滑剂。

11. 冷却液是由________、________和________按一定比例混合而成的。

12. 自动变速器油分为________三种牌号。

二、简答题

1. 解释下列钢的牌号含义：45 钢、60Si2Mn、HT200、QT300—17。

2. 简述车用汽油车用柴油的牌号及其选用。

3. 我国发动机润滑油是如何分类的？如何选用发动机润滑油？

参 考 文 献

[1] 黄英,李小号.画法几何及机械制图[M].北京:高等教育出版社,2019.
[2] 张京辉.汽车机械基础[M].北京:国家开放大学出版社,2018.
[3] 王希波.机械基础[M].北京:中国劳动社会保障出版社,2018.
[4] 刘有星.机械基础(少学时)[M].北京:人民交通出版社,2010.
[5] 王知行.机械原理[M].北京:高等教育出版社,2000.
[6] 郑志祥.机械零件[M].北京:高等教育出版社,2000.
[7] 果连成.机械制图[M].北京:中国劳动社会保障出版社,2019.